Cynthia Bourgeault

Das Herz im Gebet der Sammlung

Das Herz im Gebet der Sammlung

Non-duales Christsein in Theorie und Praxis

Aus dem Englischen
von Helga Jacobsen und
Robert Cathomas

Chalice Verlag

Die Originalausgabe erschien
2016 bei Shambhala Publications, Inc., Boulder,
unter dem Titel *The Heart of Centering Prayer*

Deutsche Erstausgabe

Buchgestaltung: Robert Cathomas
Herstellung: BoD – Books on Demand GmbH
Printed in Germany

ISBN 978-3-942914-50-5

Inhalt

Teil zwei
Der Weg des Herzens

Teil drei
Die Wolke des Nichtwissens *neu betrachtet*

Für
Thomas Keating,
meinen geliebten Lehrer,
spirituellen Vater und Freund

Dank

Ich bin der Narthex Foundation zutiefst dankbar für die finanzielle Unterstützung, die es mir erlaubte, eine Auszeit von meiner Lehrtätigkeit zu nehmen, um dieses Buch zusammenstellen zu können.

Teile dieses Materials habe ich bereits früher in anderen Lehrformaten verwendet und publiziert. Obwohl der ganze hier vorliegende Stoff einer umfassenden Überarbeitung unterzogen wurde, möchte ich an dieser Stelle den Partnern der ursprünglichen Veröffentlichungen meinen Dank bekunden. Teil eins mit dem Titel »Ein Kurzlehrgang zum Gebet der Sammlung« war ursprünglich ein zwölfwöchiger Online-Kurs, den ich im Herbst 2011 auf dem interspirituellen Webportal Spirituality & Practice angeboten habe. Für diese brillante Website und ihre einfallsreiche Programmgestaltung danke ich Fred und Mary Ann Brussat: Leute, ihr seid echte Pioniere! Das Kapitel 3, »Das Gebet der Sammlung und die Aufmerksamkeit des Herzens«, erschien 2007 in einer ersten Version als Essay (mit demselben Titel, aber einem anderen Schwerpunkt) in *The Merton Annual,* Ausgabe 20. Das jetzige Kapitel 4, »Das Gebet der Sammlung als Praxis des Bezeugens« wurde (ebenfalls unter demselben Titel) ursprünglich 2010 in Ausgabe 53 der *Sewanee Theological Review* veröffentlicht. Die Erkenntnisse aus meinem langjährigen Studium der *Wolke des Nichtwissens,* die Teil drei dieses Buches bilden, formulierte ich erstmals in einem Grundsatzreferat am Contemplative Outreach Zentrum in Colorado im März 2013; danach entwickelte ich es weiter zu einer Lehreinheit für die Living School for Action and Contemplation, dessen ordentlichem Lehrkörper ich die Ehre hatte anzugehören. Meinen Kollegen Richard Rohr und Jim Finley, dem Studiendirektor Paul Swanson und allen Absolventinnen und Absolventen des Pilot-Studiengangs an der Living School, die als Erste mit diesem Material arbeiteten, danke ich für ihren Abenteuergeist und ihr hilfreiches Feedback.

Ganz besonders dankbar bin ich Michael Spezio und Brent Field, die sich die Zeit nahmen, mir ihre bahnbrechenden neurowissenschaftlichen Forschungen zum Gebet der Sammlung nahezubringen und mein Kapitel 6 auf seine diesbezügliche Richtigkeit zu überprüfen.

Mein Dank geht auch an Dave O'Neal, meinen langjährigen redaktionellen Partner bei Shambhala (Ich glaube, dies ist unser gemeinsames Buchprojekt Nummer fünf, nicht wahr?): Danke für deine unnachahmliche Art, meine Füße ans Feuer zu halten und dabei, mit Respekt und großer Finesse, so viel mehr aus mir herauszuholen, als ich jemals für möglich erachtete.

Und schließlich geht mein Dank an Thomas Keating, meinen im Oktober 2018 verstorbenen Lehrer, Freund, Wegweiser, Engel meines Jakobs und seit vierzig Jahren Nistplatz meiner Seele: Es gibt keine Worte, die nur ansatzweise ausdrücken könnten, was du mir in meinem Leben bedeutest. Wisse, dass das simple »Danke« in dieser Widmung mit einer Liebe widerhallt, die größer ist als wir beide und uns auch weiterhin zusammenhalten wird. Dessen bin ich mir sicher.

Cynthia Bourgeault

Einführung

VOR ÜBER FÜNFZEHN JAHREN SCHRIEB ICH DAS BUCH *Centering Prayer and Inner Awakening.*[1] Seither ist das Gebet der Sammlung (oder das Zentrierende Gebet) der tragende Pfeiler meiner spirituellen Praxis geblieben und das, was ich darüber denke, hat sich kontinuierlich weiterentwickelt. Das Buch, das Sie nun in den Händen halten, dokumentiert diese Entwicklung. Einige meiner wichtigsten Vorträge und Artikel aus diesen Jahren über das Gebet der Sammlung sind hier zusammengefasst. Doch das vorliegende Werk ist keinesfalls nur eine Anthologie oder eine Neuzusammenstellung von bereits veröffentlichtem Material. Unter der Oberfläche all dieser Darlegungen zeigte sich im Laufe der Zeit ein roter Faden. Der Zweck dieses Buches ist es, diesen Faden hervorzuziehen und einige seiner Verstrickungen und Implikationen genauer zu betrachten, die er für das Gebet der Sammlung selbst mit sich bringt wie auch für die umfassendere christliche kontemplative Tradition, in die er eingewoben ist. Teile dieses Materials mögen dem einen oder der anderen bekannt vorkommen; doch ich bezweifle, dass irgendjemand *alles* kennt oder die Bruchstücke so zusammengesetzt hat, wie ich es hier tun werde.

Obschon diese Vorträge und Essays ursprünglich in unterschiedlichen Formaten und Präsentationsstilen entwickelt wurden, gehen sie alle von der folgenden gemeinsamen Grundannahme aus: *Das Gebet der Sammlung ist eine unverwechselbare Methode und ein ganz eigener Weg der Meditation.* Diese Behauptung mag denjenigen einleuchten, die das Gebet tatsächlich praktizieren, doch wird sie nach meiner Überzeugung von jenen signifikant unterschätzt, die das Gebet bloß kommentieren, und zwar unabhängig davon, ob sie dies aus einer wissenschaftlichen, einer theologischen oder einer

1. Cynthia Bourgeault: *Centering Prayer and Inner Awakening,* Cambridge, MA: Cowley Publications, 2004.

interspirituellen Perspektive tun. In den zahlreichen neuen Beiträgen aus all diesen Blickwinkeln treffe ich immer wieder auf die Meinung, es gebe eine Art »Standardmodell« der Meditation und das Gebet der Sammlung sei lediglich deren christliche Verpackung. Das von Thomas Keating so häufig zitierte radikale Diktum: »Das Gebet der Sammlung wird nicht mit Attention, sondern mit *Intention* praktiziert«, nicht mit Aufmerksamkeit, sondern mit *Absicht,* wird im Allgemeinen übersehen.

Meine erste Aufgabe in diesem Buch wird es also sein, einige Betrachtungen über die Methodik des Gebets der Sammlung anzustellen. Und diese beziehen sich nicht so sehr auf das »Warum« der Methode, sondern auf das »Wie« beziehungsweise auf das, was da während des Praktizierens konkret geschieht. Und dabei werden wir sehen, dass das Gebet der Sammlung wirklich nach ganz anderen Regeln funktioniert und das Gegenteil dessen ist, was die meisten Leute für ein Meditations»standardmodell« halten. Nicht das Mobilisieren der Kräfte konzentrierter Aufmerksamkeit (auf den Atem oder auf ein Mantra) steht im Vordergrund, sondern vielmehr das Kultivieren zweier Fähigkeiten, die im Grunde genommen das *Loslassen* der Aufmerksamkeit (oder genauer gesagt: deren Neukonfiguration) bewirken. Die erste wird mit dem Ausdruck »Wachsamkeit des Herzens« ausführlich im orthodoxen Zweig des Christentums beschrieben (natürlich ohne dass man sich dort ihrer Bedeutung für das Gebet der Sammlung bewusst wäre). Die zweite dieser Fähigkeiten ist meines Wissens in der christlichen Tradition nie explizit diskutiert worden, obwohl sie an gewissen Stellen, wie wir im dritten Teil dieses Buches sehen werden, genau und sogar umfassend beschrieben wird. Ein tibetanischer Buddhist würde diese Fähigkeit problemlos als *objektloses Gewahrsein* oder objektloses Bewusstsein identifizieren.

Beide Fähigkeiten finden wir in jeder umfassenden Systematik der Meditation. In den östlichen Traditionen werden sie im Allgemeinen jedoch als *fortgeschrittene* Fähigkeiten betrachtet, deren man sich nur bedienen kann, *nachdem* eine bewusste willentliche Aufmerksamkeit etabliert ist. Das Gebet der Sammlung ist deshalb so charmant verwirrend, weil es mit diesen Fähigkeiten *beginnt* und somit die traditionelle Meditationspädagogik auf den Kopf stellt. Dies war der hauptsächliche innovative Beitrag von Pater Thomas Keating, dem Hauptarchitekten des Gebets der Sammlung und meinem Mentor in dieser Praxis während vierzig Jahren.

Ob sich seine diesbezügliche Intuition auf lange Sicht als ein Geniestreich oder eher als eine unbesonnene Abkürzung herausstellen wird, ist für mich eine der interessanteren Fragen, denen es sich noch zu widmen gilt. Im Laufe meiner Darlegungen werden Sie sehen, wie ich darüber denke und weshalb.

Da ich bereits im Untertitel des Buches den Begriff »non-dual« einführe (und damit implizit behaupte, das Gebet der Sammlung habe in diesem Kontext einiges beizutragen), sollte ich erklären, was ich mit diesem Wort meine. Obwohl es in der zeitgenössischen spirituellen Literatur offenbar ziemlich in Mode gekommen ist, wurde mir im Laufe meiner Unterrichtstätigkeit klar, dass die meisten Christen keinerlei Vorstellung haben, worum es sich dabei handelt, und den Begriff in einer Vielzahl wirrer und sich widersprechender Richtungen verwenden.

Dieses Durcheinander ist größtenteils auf die Tatsache zurückzuführen, dass das Wort »non-dual« ein relativ neuer Eintrag im westlichen spirituellen Lexikon ist. Es hat sich erst in der zweiten Hälfte des letzten Jahrhunderts verbreitet, und zwar im Zuge eines interspirituellen Dialogs und des Auftauchens jener populär gewordenen schematischen Darstellungen von Bewusstseinsebenen oder -stufen, wie sie von Ken Wilber, der Spiral-Dynamics-Entwicklungstheorie und anderen propagiert wurden. Auf der geläufigeren Straßenkarte des Christentums, die das spirituelle Wachstum im christlichen Osten wie im christlichen Westen über ein Jahrtausend lang geleitet hat, wurde üblicherweise das Wort »vereinigend« benutzt, um die höheren Stufen spiritueller Errungenschaft zu kennzeichnen (wie etwa über die Wegstrecken *via purgativa, via illuminativa* und *via unitiva*). Doch anzunehmen, diese Begriffe meinten schlichtweg ein und dasselbe, ist eine fundamentale Fehleinschätzung, weil die angelegten Maßstäbe sehr verschieden sind. Im Christentum basiert die Straßenkarte nicht auf Bewusstseinsstufen, sondern auf fortschreitenden Graden der Vereinigung, deren Beschreibungen zum überwiegenden Teil eher Gefühls- als Denkkategorien entspringen. Dies führt zu einem andauernden Vergleich von Äpfeln mit Birnen, in dem die überschwänglichen Metaphern der »mystischen Vermählung«, die den christlichen Diskurs über die Vereinigungserfahrung so sehr dominieren, als Beleg einer unreifen (noch immer durch persönliches Begehren charakterisierten) Bewusstseinsstufe missinterpretiert werden statt als indirekte Verweise auf eine Transformation, die sich im Endeffekt nicht auf der Schiene des Denkens zeigt, sondern als eine völlig neue intuitive Wahrnehmungsweise in der »Höhle des Herzens«.

Es besteht ein allgemeines, vages Verständnis dahingehend, dass »non-dual« etwas mit »nicht getrennt« zu tun hat. Doch was genau heißt das? Ist es gleichzusetzen mit einer mystischen Erfahrung (»Mach mich eins mit allem!«) oder mit einem philosophischen Monismus (»Alles ist eins!«) oder mit einem Transzendieren der Polarität oder mit einem Eliminieren von Polarität? Bedeutet es einen dauerhaften Zustand von Glückseligkeit oder Ausgeglichenheit oder »bloß« – wie Bede Griffiths einst bekannterweise vorschlug – die Fähigkeit, wach zu bleiben, in *allen* Zuständen präsent zu sein? Kann man non-dual überhaupt noch *denken,* oder ist dies ein Widerspruch in sich selbst? Ist es dasselbe wie »dauerhafte Erleuchtung«? Das Abfallen des Selbsts? Und wenn dem so ist, wer wären die Vorbilder für diesen Zustand in der christlichen Tradition? Ist es die seltene Errungenschaft eines Heiligen oder ist es heutzutage, da unsere Zivilisation zu einem neuen evolutionären Sprung ansetzt, ein immer häufigeres Phänomen?

In Teil zwei möchte ich versuchen, dieses ganze Durcheinander methodisch zu sortieren. Doch im Strudel all der Fragestellungen kündige ich hier schon mal das in diesem Buch genutzte Kriterium an, das uns hoffentlich einige konkrete Parameter rund um ein offensichtlich schwer zu fassendes Thema liefern wird. Tatsächlich handelt es sich dabei um den »roten Faden«, auf den ich bereits im ersten Absatz angespielt habe und den ich wie folgt ausformulieren möchte:

Wie auch immer das Non-Duale aussehen mag, wenn wir uns ihm durch die klassischerweise zur Beschreibung verwendeten metaphysischen und spirituellen Filter nähern, *neurologisch gesehen hängt das Vermögen, die Wirklichkeit auf diese Weise wahrzunehmen, von einer neuen Organisation unseres Wahrnehmungsfeldes ab* oder, wenn Sie so wollen, von einem Upgrade unseres Betriebssystems. Im Wesentlichen liegt die Essenz des Non-Dualen in einer quantitativen Veränderung nicht des Objektivs, sondern der *Mechanik* unserer Wahrnehmung. Anstelle des »Wahrnehmens durch Unterscheidung« (also des Programms, das vom kognitiven Verstand verwendet wird) beginnen wir, durch *holografische Resonanz* wahrzunehmen: durch die Fähigkeit, das ganze Muster als ein vereinigtes, einheitliches Feld zu erfassen. Und natürlich »sehen«

wir dann »*vom* Ganzen her « (das heißt von der Ganzheit, von der Nichtgetrenntheit).

Um meine Perspektive darzulegen, möchte ich zwei weitere Folgerungen hinzufügen:

Erstens: Der besondere Beitrag des Westens zum Verständnis der Non-Dualität lag, so glaube ich, im Erahnen, dass dieser evolutionäre Vorsprung damit verbunden ist, den Geist oder besser »den Verstand im Herzen zu sammeln«.[2] Das ist eine Wendung, die uns in orthodoxen Berichten über diese Transformation Seite für Seite ins Auge springt und auch, obgleich in einer obskureren Form, in den mystischen Schriften des christlichen Westens zu finden ist. Es ist einfach, dies als bloße sentimentale Anspielung abzutun, da das »Gefühl« in der Transformation das katalytische Element darstellt. Doch jüngste Erkenntnisse im Bereich der Neurowissenschaften (die wir uns in Kapitel 6 anschauen werden) legen nahe, dass wir einen genaueren Blick darauf werfen sollten – und dieses Mal mit einer größeren Offenheit für die Möglichkeit, dass diese alten Mönche tatsächlich mehr wussten über die Neuverdrahtung des Bewusstseins, als es auf Anhieb den Anschein macht.

Zweitens: Das Gebet der Sammlung kann einen ganz spezifischen und substanziellen Beitrag zu dieser Neuverdrahtung des Bewusstseins leisten, und zwar genau in diesen »nicht traditionellen« Aspekten seiner Methodik, nämlich durch eine Kultivierung einer fundamentalen Fähigkeit zur Aufmerksamkeit des Herzens und zum objektlosen Gewahrsein.

Das Buch entfaltet sich in drei Teilen, von denen jeder einen besonderen Beitrag zum Gesamtkonzept liefert. Teil eins könnte Ihnen trügerisch luftig vorkommen – und das ist er in gewisser Hinsicht auch, weil er ursprünglich als Anfängerkurs zum Gebet der Sammlung konzipiert war, der im Jahr 2011 über die Website Spirituality & Practice abgerufen werden konnte (und dort übrigens noch immer für das Selbststudium zur Verfügung steht).[3] Doch der Schein trügt. Auch wenn Sie sich als einen alten Hasen im Gebet der Sammlung betrachten, ermutige ich Sie, diesen Teil nicht zu überspringen, denn Sie werden feststellen, dass ich einige

2. Anmerkung der Übersetzer: In dem Zusammenhang übersetzen wir in diesem Buch *mind* bewusst nicht als »Geist«, sondern als »Verstand«.

3. Erreichbar über die Weiterleitung: www.chalice-verlag.com/cynthia-bourgeault-e-courses.

Dinge ausgesprochen anders anpacke, als es bei der Standardmethodik üblich ist (die beispielsweise in den Einführungskursen des Contemplative Outreach Netzwerks gelehrt wird). Vor allem meine Betonung des Loslassens der Gedanken, als einer einleitenden Übung für das objektlose Gewahrsein, ist für alles in diesem Buch Folgende fundamental und wird für die meisten von Ihnen wahrscheinlich ein neu zu erschließendes Gebiet darstellen.

In Teil zwei skizziere ich das größere Bild und gehe detaillierter auf einige der Aspekte ein, die ich in diesem einführenden Überblick angesprochen habe. Sie werden dort mehr darüber erfahren, was ich damit meine, wenn ich das non-duale Bewusstsein als ein »Betriebssystem« bezeichne. Und wir werden einige Zeit darauf verwenden, jene Lehren zu erforschen, welche die Aufmerksamkeit des Herzens und die Mittel, mit denen diese Aufmerksamkeit gelenkt wird, zum Gegenstand haben. Darüber hinaus werde ich einiges über die beiden gängigen Aspekte zu sagen haben, um die keine Betrachtung des Non-Dualen herumkommt – nämlich die bezeugende Präsenz und das Transzendieren der egoischen[4] Selbstheit –, und welche Rollen sie im Gebet der Sammlung spielen.

Teil drei ist im Wesentlichen ein eingehender Kommentar zum ersten Drittel des spirituellen Klassikers *Wolke des Nichtwissens,* der vielen Praktizierenden des Gebets der Sammlung als dessen eigentliche Quelle bekannt ist. Dieser Teil entstand aus einem Grundsatzreferat, das ich an der Jahreskonferenz des Contemplative Outreach Zentrums in Colorado im März 2013 gehalten hatte und das ich später einer umfassenden Überarbeitung unterzog, die mich zurückführte zu meinen frühen Anfängen als Geisteswissenschaftlerin und Mediävistin (vor meinem ersten Kontakt mit dem Gebet der Sammlung und vor meiner Ordination). Es war ein lohnendes Wiedersehen mit diesen beiden tiefen Strömen meines Lebens.

4. Die Autorin benutzt in ihren Werken anstelle von »egozentrisch« bevorzugt das Adjektiv »egoisch«, das moralisch bedeutend weniger aufgeladen ist. Es ist im Englischen (*egoic*) weit gebräuchlicher als im Deutschen, wird aber hier wie dort hauptsächlich in der psychologischen und philosophischen Literatur verwendet. Früheste Belege für seinen Gebrauch finden sich im Englischen bei Benjamin Ward Richardson: *The Asclepiad,* Volume I, London 1884, Seite 238, im Deutschen in einem Brief von Friedrich Schiller an Gottfried Körner vom 29. August 1787 (»Herder und seine Frau leben in einer egoischen Einsamkeit und bilden zusammen eine Art von heiliger Zwei-Einigkeit, von der sie jeden Erdensohn ausschließen«) [A.d.Ü.].

Trotz der Tatsache, dass die *Wolke* den meisten praktizierenden Christen zumindest oberflächlich bekannt ist, bleibt sie doch für viele schwierig und einschüchternd und das aus gutem Grund. Wegen ihrer beharrlichen Behauptung, »nur Liebe vermag in diesem Leben bis zu Gott vorzudringen, nicht aber das Erkennen des Verstandes«,[5] wird sie üblicherweise als Beispiel christlicher affektiver oder Gefühlsmystik eingestuft. Und doch ist schnell ersichtlich, dass »Liebe« und »Verstand« hier etwas anderes bedeuten, als es zunächst den Anschein hat, und dass, je mehr wir diese Begriffe auf die gewohnte Art und Weise zu verwenden versuchen, die Anweisungen umso frustrierender werden und sich selbst aushebeln.

Ich schlage vor, uns den Zugang zur *Wolke* durch die Brille des »objektlosen Gewahrseins« zu verschaffen, jener nicht konkret benannten Qualität, auf die ich zu Beginn dieser Einführung hinwies. Für mich ist dieser Text nicht so sehr ein typisches Beispiel für »christliche Liebesmystik« als vielmehr die frühste christliche Erkundung der Phänomenologie des Bewusstseins. Sein anonymer Autor ist für mich eindeutig auf der Spur einer anderen Konfiguration des Aufmerksamkeitsfeldes als einem Schlüssel zur Eröffnung einer ganz anderen Art von Wahrnehmungsvermögen, das er erstaunlicherweise gleichsetzt mit *Kontemplation.* Falls er in diesem Punkt recht hat, könnte er damit tatsächlich die größte Äquivalenz zwischen traditionellen christlichen Formulierungen und unserem heutigen Verständnis des Non-Dualen benannt haben. Wir halten uns diese Möglichkeit offen, bis wir uns eingehender damit beschäftigen werden.

Ich praktiziere das Gebet der Sammlung seit nunmehr vierzig Jahren und bin alles andere als blind für seine kantigen Seiten, die ein Weiterkommen mitunter erschweren. Viele dieser Schwierigkeiten entspringen dem bereits erwähnten innovativen Ansatz Keatings, die in den meisten traditionellen Meditationspraktiken üblichen Ausgangspunkte zu umgehen: konzentrierte Aufmerksamkeit, Atem oder Spüren des Körpers. Es stimmt, dass diese Meditationsmethode das Risiko birgt, dass wir uns in Tagträumen verlieren, und dass viele Praktizierende sich dabei in Selbstreflexion verheddern oder ein verworrenes Verständnis des »heiligen Wortes«

5. Willigis Jäger [Hrsg.]: *Wolke des Nichtwissens – Der Klassiker der Kontemplation,* Freiburg im Breisgau: Kreuz Verlag / Verlag Herder, 2012, Seite 55.

entwickeln und dieses Hilfsmittel fälschlicherweise als Mantra oder aber als Minenräumer gebrauchen. Dies sind Schwierigkeiten in der Anwendungspraxis, die von einer nachrückenden Generation von Lehrerinnen und Lehrern des Gebets der Sammlung gründlicher angegangen werden müssen – und tatsächlich hat dies David Frenette, Keatings langjähriger Schüler und Schützling, bereits sehr überzeugend getan.[6]

Aber ich denke nicht, dass das Gebet der Sammlung eine unvollkommene Methode oder ein »spirituelles Leichtgewicht« darstellt, wie einige jüngere Kommentatoren ziemlich abschätzig gemeint haben. Mehr als alles andere bin ich beeindruckt davon, wie sehr es mit dem Kern der christlichen Tradition übereinstimmt und wie gut das Gebet der Sammlung die Praktizierenden – wenn es explizit mit dieser Tradition vertäut ist – zu einem non-dualen Erwachen zu führen vermag und zwar auf einem Weg, der mit authentischem Christentum und westlichen Bezugspunkten korrespondiert. Für jene, »die Ohren haben zu hören«, schwingt in dieser Aussage natürlich ein Subtext mit, nämlich: dass die Standards und metaphysischen Straßenkarten, die unser gegenwärtiges Verständnis des Non-Dualen skizzieren, dem Maßstab und der Reife des christlichen Verständnisses dieser Tradition wie auch ihrem charakteristischen metaphysischen Hintergrund häufig nicht wirklich gerecht werden. Indem ich das Gebet der Sammlung so darlege, dass diese beiden Sichtweisen sich gegenseitig erhellen, hoffe ich, zu dem sich entwickelnden Dialog über dieses Thema auf lange Sicht etwas beizutragen zu können.

6. Siehe insbesondere David Frenette: *The Path of Centering Prayer,* Boulder, CO: Sounds True, 2012, mit seiner erweiterten und hilfreichen Behandlung der Frage des Gebrauchs des heiligen Wortes.

Teil eins

Ein Kurzlehrgang zum Gebet der Sammlung

Überblick

WIE IN DER EINFÜHRUNG ERWÄHNT, BERUHT DIESER ERSTE Teil meines Buches auf einem einmonatigen Online-Kurs vom Herbst 2011 auf der Website von Spirituality & Practice. In seinem Originalformat bestand dieser aus mehreren kurzen Lektionen, begleitet von jeweils einer spirituellen Übung, zusätzlichem Text- und Audiomaterial sowie einem Internet-Forum für den Austausch von Beobachtungen und Fragen unter den Studierenden. Die folgende, etwas verdichtete Version umfasst die acht ursprünglichen Lektionen, die ich leicht modifiziert habe, um sie direkter mit dem Material zu verbinden, das in diesem Buch erkundet werden soll. Den lockeren Gesprächston habe ich bewusst beibehalten, weil er eine wesentliche Zutat für die Gesamtwirkung der Präsentation ist.

Diejenigen unter Ihnen, die das Gebet der Sammlung lediglich vom Hörensagen kennen, nehmen sich hoffentlich die Zeit, sich mit diesen Lektionen vertraut zu machen und, was am wichtigsten ist, die Übung auch tatsächlich auszuprobieren! Wie Ihnen wahrscheinlich schnell klarwerden wird, ist das Gebet der Sammlung sehr viel nuancenreicher, als es zunächst den Anschein hat. Viele der Missverständnisse im Zusammenhang mit dieser Übung entstehen aufgrund der vorschnellen Annahme, das Gebet der Sammlung sei einfach eine christianisierte Version einer allgemeinen Achtsamkeitsübung. Dies ist es ganz klar nicht, und es sind genau diese Unterschiede, in denen sich seine wirkliche Integrität als Methode zeigt – und aus denen sich das Material ergibt, das dieses Buch ausmacht. Falls Sie denken, das Gebet der Sammlung sei wie jede andere Meditationsmethode, werden sie schwerlich verstehen, woher ich komme, wenn ich über objektloses Gewahrsein und Aufmerksamkeit des Herzens spreche. Also nehmen Sie sich bitte Zeit, um mit diesen acht Lektionen zu arbeiten; machen Sie sich vertraut mit der wirklich einzigartigen Methodik des Gebets der Sammlung und nehmen Sie wahr, wie sich diese Übung auf dem

Meditationskissen tatsächlich anfühlt. Ich garantiere, dass die so investierte Zeit vieles klarer werden lässt.

Auch falls Sie das Gebet der Sammlung schon lange praktizieren, möchte ich Sie dazu ermutigen, die Lektionen nicht zu überspringen. Obwohl mein Verständnis dieser Praxis vorwiegend dem hauptsächlichen Kurs der Lehre folgt, so wie sie von Contemplative Outreach während der vergangenen drei Jahrzehnte entwickelt wurde, gibt es Stellen, an denen meine Akzentuierung eine deutlich andere ist: insbesondere beim Verständnis des heiligen Wortes, bei der *Kenosis* als Schlüssel zu allem und bei der Aufmerksamkeit des Herzens, die der Lehre der »Herzensfülle«, wie sie im Netzwerk des Gebets der Sammlung zurzeit verbreitet ist, zwar nahekommt, aber nicht mit ihr identisch ist. Im Allgemeinen ist mein Ansatz wahrscheinlich phänomenologischer (stärker verknüpft mit dem, was tatsächlich in dem Moment geschieht, denn mit theologischen Konstrukten), als Sie es vielleicht gewohnt sind. Auch ist er mehr auf Interspiritualität ausgerichtet als die übliche Unterrichtsform, weil ich ausdrücklich den Dialog mit einer Zuhörerschaft suche, die über die praktizierenden Christen hinausgeht. Also lohnt es sich, auch wenn Sie mit der Standardpräsentation vertraut sind (und sie womöglich sogar bereits Hunderte Male selbst gelehrt haben!), den etwas anderen Geschmack meines Rezepts zum Gebet der Sammlung auszuprobieren. Auch hieraus können sich viele neue Erkenntnisse ergeben.

Ich hoffe, den Stoff einfach und benutzerfreundlich zu präsentieren; also genießen Sie die Reise. Dennoch werden Sie vermutlich schnell erkennen, dass die Konzepte, die ich einführe, alles andere als simpel sind. Denn sie bilden die Kernbausteine einer völlig neuen Wahrnehmungsweise, die heutzutage allgemein bekannt ist als »das Non-Duale«, das seit den frühesten Tagen des Gebets der Sammlung – weitgehend unvermutet – direkt vor unserer Nase liegt. Obwohl die Lektionen schlicht erscheinen mögen, habe ich versucht, die Inhalte dergestalt anzuordnen, dass diese Kernbausteine klarer werden; denn sie sind das, worum es in diesem Buch geht.

Lektion 1

Ein (neuer) Überblick

DAS ERLERNEN DES GEBETS DER SAMMLUNG BEGINNT MIT DEM *Verlernen* von fast allem, von dem Sie bisher glaubten, dass es zu Meditation gehöre:

- Im Gebet der Sammlung geht es nicht darum, einen Zustand der Glückseligkeit, des Friedens oder der Stille zu erlangen.
- Es hat nichts zu tun mit dem Entwickeln einer »auf einen Punkt ausgerichteten Konzentration«.
- Das Ziel liegt nicht darin, ein beständiges »Ich bin« oder eine bezeugende Präsenz zu bilden.
- Es geht nicht um den Abbau von Stress oder das Erlangen physischen oder emotionalen Wohlbefindens (obwohl dies tatsächlich die bekannten Begleiterscheinungen der Übung sind).
- Es geht nicht darum, Botschaften von Gott zu empfangen.

Worum *geht* es denn dann?

Im Wesentlichen geht es im Gebet der Sammlung darum zu lernen, die Aufmerksamkeit von unseren Gedanken zurückzuziehen – jenen unaufhörlichen Produkten unseres geschäftigen Geistes –, um in einer sanften, offenen Wachheit für die Göttliche Wirklichkeit zu ruhen. Dieses sanfte Loslassen der Gedanken wird in der Lehre des Gebets der Sammlung als »Einwilligung« oder »Zustimmung zur Gegenwart und zum Handeln Gottes« bezeichnet. Dies zu tun, ist nicht schwer, aber es zu schätzen, ist – am Anfang – schwierig.

Im Gebet der Sammlung wird »Gedanke« definiert als: *alles, was irgendwie unsere Aufmerksamkeit bindet.* Dabei kann es sich um eine Idee handeln, aber auch um eine Vision, eine Erinnerung, ein

Gefühl oder sogar um ein Jucken der Nase. Wenn irgendetwas Ihre Aufmerksamkeit gefangen nimmt, ist es ein Gedanke, und die grundsätzliche Anweisung lautet, diesen loszulassen, ihn sanft aus dem Griff der Aufmerksamkeit zu befreien. Wenn an dessen Stelle sofort ein weiterer Gedanke auftaucht, ist das völlig in Ordnung; lassen Sie auch diesen los.

Sage ich also im Grunde genommen, dass wir im Gebet der Sammlung meditieren, indem wir einfach einen Gedanken nach dem anderen loslassen? Sicherlich kann das unsere subjektive Erfahrung dieser Übung sein, und genau diese Frustration drückte eine frühere Praktizierende aus, deren Geschichte Eingang in die Annalen des Gebets der Sammlung gefunden hat: In einem der allerersten von Pater Thomas Keating geleiteten Kurse versuchte sich eine Nonne an ihrem ersten zwanzigminütigen Durchgang des Gebets der Sammlung und klagte danach: »Ach, Pater Thomas, ich bin eine solche Versagerin in diesem Gebet. In den zwanzig Minuten hatte ich zehntausend Gedanken!«

»Wie schön«, antwortete Keating ohne Umschweife, »zehntausend Gelegenheiten, zu Gott zurückzukehren.«

Diese Anekdote erfasst die Quintessenz des Gebets der Sammlung. Es ist im Prinzip ein *Pfad der Rückkehr:* Jedes Mal, wenn wir unseren Verstand aus der Bindung an eine Vorstellung oder einen Eindruck lösen, bewegen wir uns von einem kleineren, beengteren Bewusstseinszustand in das offene, diffuse Gewahrsein, in welchem unsere Anwesenheit in der Göttlichen Wirklichkeit sich entlang eines ganz anderen Wahrnehmungspfads zeigt. Dies könnte der Autor des spirituellen Klassikers *Wolke des Nichtwissens* aus dem vierzehnten Jahrhundert gemeint haben mit den Worten: »Von der Liebe lässt Er [Gott] Sich umfassen und halten, vom Denken aber nicht.«[1] »Liebe« ist der bevorzugte Begriff dieses Autors für das offene, diffuse Gewahrsein, das es einer anderen und tieferen Wissensweise erlaubt, nach und nach unser ganzes Sein zu durchfluten. (In Teil drei dieses Buches werden wir uns der *Wolke des Nichtwissens* weitaus umfassender widmen.)

Ein bisschen ist es so, als würden wir lernen, im Dunkeln zu sehen. Bei Tage stützt sich unser normales Sehvermögen vor allem auf die Zäpfchen im Auge: hoch lichtempfindliche Fotorezeptoren, die stark fokussieren und scharf unterscheiden. Wenn das

1. WILLIGIS JÄGER [Hrsg.]: *Wolke des Nichtwissens*, Seite 48.

Tageslicht schwindet, verlassen wir uns hingegen zunehmend auf die Stäbchen in unserer Netzhaut, die peripher wahrnehmen und in der dämmerigen und subtilen Präsenz der Landschaft das Gesamtmuster erfassen. Ich habe es immer als schöne Synchronizität betrachtet, dass die normale Dauer des Übergangs von unserem Tagsehen zu unserem Nachtsehen – nämlich zwanzig Minuten – genau gleich lang ist wie die empfohlene Dauer des Gebets der Sammlung.

In der Begrifflichkeit von Contemplative Outreach, dem von Thomas Keating gegründeten Mitgliedernetzwerk zur Förderung der Praxis des Gebets der Sammlung, wird dieses Loslassen als »Zustimmung zur Gegenwart und zum Handeln Gottes« verstanden. Dies impliziert die innere Bedeutung von »Aber nicht mein, sondern Dein Wille soll geschehen, oh Herr« (Lukas 22.42), den Worten, die Jesus in der Nacht vor seiner Kreuzigung im Garten von Gethsemane sprach. Jedes Mal, wenn wir *ein*willigen, unsere Bindung an einen Gedanken, egal wie fesselnd dieser auch sein mag, loszulassen und zurückzukommen zu diesem einfachen, unbegrenzten Gewahrsein, nehmen wir im Geist – in Solidarität mit Christus – an dieser großen Geste der Selbsthingabe teil, durch welche die Welt erlöst wurde. Dieses traditionelle Andachtsverständnis mag bei Ihnen Anklang finden oder auch nicht; auf jeden Fall findet es eine sehr interessante Bestätigung in neuesten Erkenntnissen der Neurowissenschaften, die nahelegen, dass das Loslassen dessen, woran wir uns mental oder emotional klammern, tatsächlich einige revolutionäre – und evolutionäre – Veränderungen in unserer neuronalen Verdrahtung bewirkt. Wir werden ein wenig später in diesen Lektionen auf diese faszinierende Untersuchung zurückkommen.

In meinen Gesprächen mit Menschen über ihre Schwierigkeiten mit dem Gebet der Sammlung stellte sich fast in jedem Fall heraus, dass sie es verkomplizierten. Die Herausforderung besteht nicht darin, dass es schwierig ist, sondern dass es sehr, sehr einfach ist. »Zehntausend Gelegenheiten, zu Gott zurückzukehren«: Behalten Sie dies einfach im Kopf, dann wird sich der Rest des Bildes allmählich ergeben.

Die direkten Auswirkungen dieser Schlichtheit sind die folgenden:

Erstens: Wenn Sie sich hinsetzen, um diese Übung zu praktizieren, müssen Sie sich nicht darauf konzentrieren, die Gedanken wegzustoßen oder sie daran zu hindern, überhaupt erst aufzutauchen. Die Arbeit des Gebets der Sammlung wird nicht am »Offensichtlichen« oder am Überbau geleistet: an Ihrer Fähigkeit, einen Zustand von Offenheit oder Stille zu erreichen oder zu erhalten. Die Arbeit geschieht am Unterbau: in dem Augenblick, in dem Sie erkennen, dass Sie sich auf einen Gedanken eingelassen haben, und bereit sind, ihn wieder loszulassen. Der Trick liegt in Ihrer *Ein*willigung oder Zustimmung plus der feinen, aber spürbaren Veränderung im Energiefeld der Aufmerksamkeit, wenn Sie diese vom Objekt lösen.

Zweitens bedeutet dies: Das Gebet der Sammlung stellt eine absolute Win-win-Praxis dar. Was auch immer mit uns während einer Meditationssitzung geschieht, es ist in Ordnung. Wenn wir sofort, nachdem wir uns auf den Stuhl oder die Gebetsbank niedergelassen haben, in eine tiefe, zwanzigminütige Stille fallen: Großartig! In diesem Fall erleben wir eine gründliche spirituelle Erholung. Und wenn wir dort sitzen und jede einzelne Minute sich wie zwanzig Minuten anfühlt, unser Verstand sich in Gedanken verbeißt, wir aber weiterhin unser Bestes geben, um diese loszulassen: Das ist genauso großartig! Dann haben wir eben eine gute Aerobic-Einheit für das Training unseres »Muskels« der Zustimmung absolviert.

Im Verlauf dieser Lektionen werden Sie erkennen, dass ich hier nicht nur im übertragenen Sinn rede. Für den Moment jedoch möchte ich einfach nur den Keimling der Idee pflanzen, dass *die wirkliche Arbeit des Gebets der Sammlung darin besteht, die inneren Grundlagen für eine völlig andere Art spiritueller Wachheit zu legen.* Es funktioniert nicht mit der in so vielen Meditationsarten gepriesenen scharfen Klarheit des Verstandes und auch nicht mit der kraftvollen Fokussierung des Willens. Später werden wir verstehen, warum es angemessen ist, diesen Weg der Wahrnehmung, den das Gebet der Sammlung eröffnet, die »Aufmerksamkeit des Herzens« zu nennen. Er wird Sie nach und nach in eine ganz andere Wirklichkeit führen, die einige damit verglichen haben, »die Gesinnung Christi anzunehmen«.

In der nächsten Lektion werden wir den Unterschied zwischen Attention und Intention, zwischen Aufmerksamkeit und Absicht, noch genauer bestimmen und beginnen, uns die einzelnen Schritte der Methode zu erarbeiten. Doch wenn Sie sich auf diese neue Lernkurve einlassen, ist es wichtig, den Überblick zu bewahren, um nicht eine Menge Zeit damit zu verlieren, gegen sich selbst zu arbeiten oder an den falschen Orten nach Resultaten zu suchen. Sie werden zu einer tieferen spirituellen Aufmerksamkeit gelangen, ganz bestimmt, aber über den besonderen, einzigartigen Weg des Gebets der Sammlung.

Lektion 2

Alles, was zählt, ist die Absicht

»DAS GEBET DER SAMMLUNG WIRD NICHT MIT ATTENTION, sondern mit *Intention* praktiziert«, wurde Keating nicht müde, seine angehenden Praktizierenden zu erinnern. Im Unterschied zu anderen Meditationsmethoden konzentrieren wir uns im Gebet der Sammlung nicht auf ein Objekt der Aufmerksamkeit – sei es die Wiederholung eines Mantras, das Verfolgen unseres Atems oder das Beobachten der auftauchenden Gedanken. Vielmehr ziehen wir unsere Aufmerksamkeit einfach von allem ab, worauf sie sich fokussieren will, und kehren immer wieder zu unserer grundsätzlichen Absicht zurück – was die *Wolke des Nichtwissens* als das »nackte, reine Ausgerichtetsein auf Gott« bezeichnet.[2]

Im Gebet der Sammlung beginnt also alles mit der Absicht und kehrt immer und immer wieder zu ihr zurück. Worauf bin ich in diesem Gebet aus? Was ist mein Ziel, wenn ich mich auf meinen Stuhl oder mein Sitzkissen niederlasse und mit der Übung beginne?

Eine Erfahrung in Worte zu fassen, die zutiefst persönlich und intuitiv ist, fällt zugegebenermaßen nicht leicht. Doch allgemein gesprochen, befinden Sie sich auf der richtigen Spielwiese, wenn es Ihre Absicht ist, absolut offen für Gott zu sein: vollkommen erreichbar bis hin zu diesem allerinnersten Punkt Ihres Wesens, der tiefer liegt als Ihre Gedanken, tiefer als Ihre Gefühle, tiefer als Ihre Erinnerungen und Wünsche, tiefer als Ihr gewohntes psycholo-

2. Ebenda, Seiten 40 und 50.

gisches Selbstverständnis. Schließlich vollzieht sich das, was in diesem Gebet geschieht, »im Verborgenen« (um es mit den Worten von Jesus in seinen Anweisungen zum Gebet in Matthäus 6.6 zu sagen): verborgen sogar vor uns selbst, im geheimsten Allerheiligsten unseres Wesens – wo, gemäß der beliebten Formulierung aus dem christlichen Mönchstum, unser Leben »mit Christus in Gott verborgen« ist.

Der Absicht Nachdruck verleihen

»Die Straße zur Hölle ist mit guten Vorsätzen gepflastert.« Dieser bekannte Aphorismus beschreibt treffend die Erfahrung von praktisch allen, die beginnen, mit dem Gebet der Sammlung zu arbeiten. Wir setzen uns in der hehren Absicht auf unser Kissen oder unsere Gebetsbank, uns vollkommen erreichbar für Gott zu machen, und keine zwanzig Sekunden später finden wir uns bereits in irgendein mentales oder emotionales Szenario verstrickt: in unsere Auseinandersetzung, die wir gestern mit unserem Chef hatten, oder in die Überlegung, was wir heute Abend kochen werden. »Ach, dieses Affentheater des Geistes!«, wie die Buddhisten dazu sagen. Und wir fragen uns: »Was ist denn bloß aus unserem ›nackten, reinen Ausgerichtetsein auf Gott‹ geworden?«

Die Methode des Gebets der Sammlung beginnt mit der Zusicherung, dass dies alles absolut normal ist. Anstatt dass wir versuchen, einen stabilen Zustand der Konzentration zu erreichen oder zu erhalten, empfiehlt sie eine elegante Lösung für das Problem des unkontrollierbaren Verstandes. Diese können wir uns als eine Art kleine »Abmachung« vorstellen, die wir mit uns selbst treffen. Die Abmachung lautet: *Sobald wir uns beim Denken ertappen, lassen wir den Gedanken los.*

So einfach ist das. Sie sind nicht verantwortlich für die Gedanken, die Sie nicht erwischen (zumindest nicht am Anfang – später gebe ich Ihnen noch ein paar Details zu dieser Anleitung). Und Sie müssen sich auch nicht mit der Frage herumquälen, wer oder was da »sich selbst erwischt«. Beschäftigen Sie sich nur mit dem, was direkt vor Ihnen liegt; das ist ohnehin schon genug. Wenn wir merken, dass wir uns in einem Gedanken verheddern – ganz unabhängig davon, um was für einen Gedanken es sich dabei handelt –, lassen wir ihn ganz sanft los. Indem wir den Gedanken loslassen, bringen wir uns selbst wieder in Einklang mit unserer ursprünglichen Absicht, die lautet, dass wir diese nackte, formlose Offenheit für Gott erhalten wollten.

Selbstverständlich könnte der nächste Gedanke bereits im Anzug sein und die Dauer unserer nackten, formlosen Offenheit auf eine Nanosekunde verkürzen. Kein Problem – lassen wir auch diesen Gedanken wieder los. Der Kern der Methode liegt im unverzüglichen *Loslassen* der Gedanken; es geht nicht darum, das Auftauchen der Gedanken zu verhindern. Erinnern Sie sich: »Zehntausend Gelegenheiten, zu Gott zurückzukehren.«

Lektion 3

Wählen Sie ein heiliges Wort

WENN IHNEN DIES SO WEIT KLAR IST, HABEN SIE DIE METHODE des Gebets der Sammlung in ihren Grundzügen verstanden. Um die Übung ein wenig zu vereinfachen, kommt noch ein letzter Feinschliff hinzu. Im Gebet der Sammlung wird dieses Loslassen des Gedankens mithilfe von etwas erreicht, das wir ein *heiliges Wort* nennen.

Sie denken an ein Mantra? Nein, das ist es nicht. Ein Mantra ist ein Wort, das Sie während der Meditation wie einen Prüfstein für Ihre Aufmerksamkeit ständig wiederholen. Ein heiliges Wort jedoch übernimmt lediglich die Funktion eines Platzhalters für unsere Absicht. Es ist das spirituelle Äquivalent zu einem Stückchen roten Faden, das wir um unseren Finger wickeln, um uns an unsere Einwilligung in die kleine »Abmachung« zu erinnern. Im Unterschied zu einem Mantra wiederholen wir es nicht ständig; wir bedienen uns des heiligen Wortes nur dann, wenn wir feststellen, dass wir in einem Gedanken verstrickt sind. Dann hilft es uns sanft und umgehend dabei, den mentalen Schutt wegzuräumen und zurückzukehren ins nackte, offene Gewahrsein. Im Gebet der Sammlung wird dieses sanfte Loslassen unserer Gedanken als »Zustimmung zur Gegenwart und zum Handeln Gottes« verstanden.

Wenn Sie mit dem Gebet der Sammlung beginnen, klingt diese Unterscheidung vielleicht ein wenig akademisch – weil Sie einen Gedanken nach dem anderen fallen lassen müssen, mag es Ihnen so vorkommen, als ob Sie das heilige Wort *genau* wie ein Mantra einsetzen. Doch bereits in Ihren allerersten Versuchen mit diesem Gebet wird es »Lücken« geben: Momente, in denen es kein Denken und daher auch kein Wort gibt, und Sie ganz einfach da sind – und mit der Geschwindigkeit der Liebe reisen, wie ich es gerne beschreibe. Genau in diesen Lücken leistet das Gebet der Sammlung seine echte transformative Arbeit.

Die grundlegende Strategie hinter dem heiligen Wort geht zurück auf das Gebet der Sammlung in der *Wolke des Nichtwissens.* Dort, in Kapitel 7, schreibt sein anonymer Autor:

> Wann immer dich die Gnade Gottes zur Kontemplation ruft, richte einfach dein Herz mit einer zarten Regung der Liebe auf Gott. Habe allein Gott im Sinn, Der dich erlöst und voll Gnade zur Kontemplation gerufen hat. Lass keine anderen Gedanken über Gott zu [...], es sei denn, du hättest ein ausgesprochenes Bedürfnis danach. Es genügt völlig ein nacktes, reines Ausgerichtetsein auf Gott, das kein anderes Motiv hat als Ihn selbst.
>
> Falls du dieses Sehnen in ein Wort fassen willst, um es besser gegenwärtig halten zu können, nimm ein einsilbiges; das ist besser als eins mit zwei Silben. Je kürzer es ist, desto besser entspricht es dem Vollzug der Übung. Solch ein Wort wäre »Gott« oder »Lob« [A.d.Ü.: im Urtext: *love*]. Wähle eines von beiden oder auch ein anderes, das dich anspricht. Nimm dieses Wort so tief in dein Herz, dass es dort bleibt, was immer auch geschehe.[3]

Beachten Sie, dass es im Gebet der Sammlung schon immer zulässig war, auch ein zwei- oder dreisilbiges Wort oder sogar eine kurze Phrase zu wählen (vorausgesetzt, es handelt sich um eine *sehr* kurze Phrase wie zum Beispiel »Lass los« oder »Sei still«), auch wenn der Autor der *Wolke* auf das einsilbige Wort bestand. Doch alles Kompliziertere tendiert dazu, unser konzeptionelles Denken anzuregen: Und das wäre genau das Gegenteil dessen, worum wir uns hier eigentlich bemühen.

3. Ebenda, Seite 50.

In vielen Meditationspraktiken ist es üblich, dass uns von unserem spirituellen Lehrer einfach ein Mantra gegeben wird. Beim Gebet der Sammlung wählen wir uns selbst ein Wort, denn, so wird in der Anleitung betont, es ist unsere *Absicht,* die unser heiliges Wort heiligt, und nicht irgendein ihm innewohnender Andachts- oder Schwingungsaspekt. Ich möchte Ihnen hier ein paar Richtlinien empfehlen, an denen Sie sich bei der Auswahl Ihres Wortes orientieren sollten:

- Manche Menschen fühlen sich am wohlsten mit traditionellen religiösen Wörtern wie »Gott« oder »Abba« oder »Jesus« oder »Geist« oder auch mit kurzen Phrasen wie »Komm, Herr.« Andere bevorzugen ein Wort, das eher einen Zustand kennzeichnet und das sie an die offene Verfügbarkeit erinnern soll, zu der wir immer wieder zurückkehren wollen. Solche Worte wären beispielsweise »Frieden«, »offen«, »loslassen«, »ja«. Beide Arten von Worten sind vollkommen in Ordnung.

- Ihr Wort sollte emotional so neutral wie möglich sein. Vergessen Sie nicht: Es fungiert lediglich als Platzhalter für Ihre Absicht. Wenn es zu speziell ist – etwa unser kostbarstes Wort der Liebe für Gott –, kann es dermaßen emotional oder konzeptionell aufgeladen sein, dass es das Denken eher anregt, als es zu mindern.

- Die meisten Menschen, die mit dem Gebet der Sammlung beginnen, »stöbern« eine Weile herum, bis sie sich für ihr Wort entscheiden. Das ist vollkommen normal. Wenn uns das richtige Wort dann einfällt, geschieht dies oft mit einer Kraft und einer Resonanz, dass wir meinen könnten, der Heilige Geist selbst hätte seine Finger im Spiel. Eine Bekannte von mir wankte während einiger Lektionen zwischen den Wörtern »Vertrauen« und »Liebe«. Schließlich beobachtete sie überrascht, wie sich die beiden ganz von selbst zu der kurzen Phrase »Vertrau der Liebe« zusammenfügten, die ihr seitdem als ihr heiliges Wort dient.

- Die einzige eiserne Regel, die es zu beherzigen gilt, lautet, dass Sie nicht während der Zeit des Gebets nach Ihrem Wort suchen dürfen. Der Grund dafür liegt auf der Hand: Sie würden darüber ins Denken kommen!

- Haben wir unser Wort erst einmal gefunden, sollten wir uns längerfristig dafür verpflichten. Mein persönliches Wort habe ich nun seit über zwanzig Jahren. Im Laufe der Zeit prägt es sich tief in unser Unterbewusstsein ein, also an dem Ort, von dem aus es seine Arbeit wirklich leisten kann. Es wird uns nicht nur dabei unterstützen, während der eigentlichen Meditationsperiode unserem Gedächtnis auf die Sprünge zu helfen, vielmehr wird es auch außerhalb der Meditation, in Situationen des reinen Reagierens und im Stress, seine Wirkung entfalten und uns sanft daran erinnern, dass »die Gegenwart und das Handeln Gottes in uns« nichts ist, das mit unserem Aufstehen vom Meditationskissen verschwindet.

- Unser heiliges Wort ist zwar kein Geheimnis, doch ist es auch kein Thema, über das geplaudert oder getratscht werden sollte. Schließlich ist es das Symbol unserer »Absicht für die Zustimmung zur Gegenwart und zum Handeln Gottes«, und dies verleiht dem Wort eine ernsthafte und heilige Absichtlichkeit. Zollen Sie dem heiligen Wort und der Arbeit, die es für Sie leistet, Respekt.

Muss es ein Wort sein?

Die Lehre des Gebets der Sammlung erlaubt es den Praktizierenden, ihr heiliges Wort durch einen »heiligen Anblick« oder einen »heiligen Atemzug« zu ersetzen. Ich muss gestehen, dass ich mich mit diesem Vorschlag nie richtig anfreunden konnte. Das Risiko beim Einsatz eines heiligen Anblicks (der auch als »heiliges Bild« bezeichnet wird), also der Verwendung eines visuellen Symbols anstelle eines Wortes, besteht darin, dass wir zu visualisieren anfangen. Und wenn wir den Atemzug einsetzen, gehen wir das Risiko ein, dass wir dem Atem folgen und ihn zum Mantra für die Prüfung unserer Aufmerksamkeit machen. Die Visualisierung und das Verfolgen des Atems sind klassische Methoden der Meditation, doch im Gebet der Sammlung sind sie nicht anwendbar. Wenn Sie sich trotzdem für eine dieser beiden Alternativen entscheiden, erinnern Sie sich daran, dass Ihr »heiliger Anblick« oder »heiliger Atemzug« auf dieselbe Art und Weise wie das heilige Wort eingesetzt werden muss: als Platzhalter für Ihre Absicht.

Lektion 4

Die Sitztechnik

MEDITATION IST KEINE AUSSERKÖRPERLICHE ERFAHRUNG, auch wenn es zunächst den Anschein haben mag. Wir entschlüpfen nicht unserer Körperlichkeit, um in irgendeine formlose spirituelle Welt einzutreten. Alles, was mit uns in der Meditation geschieht, geschieht im und durch den Körper; in mancherlei Hinsicht trifft dies für das Gebet der Sammlung noch mehr zu als für andere Meditationsarten. Daher ist es wichtig, dass unsere Sitzhaltung dem Körper gerecht wird und dass wir ihn innerlich wie äußerlich mit Respekt und Würde behandeln.

Im Gebet der Sammlung sollte der Körper entspannt, aber wach sein. Er sollte eine möglichst neutrale Haltung einnehmen, damit er uns nicht im Wege steht – weder dadurch, dass er die Aufmerksamkeit auf sich selbst zieht, noch indem er einschläft.

Wie in allen Meditationen ist es von Vorteil, so aufrecht wie möglich zu sitzen und den Kopf mittig auf den Schultern ausbalanciert zu halten, das heißt, ihn weder nach unten hängen zu lassen noch überspannt nach oben zu strecken. Beides wäre bestens geeignet, uns rasch Kopfschmerzen zuzufügen! Im Grunde genommen braucht es dieselbe Haltung wie beim Singen in einem Chor. Sie unterstützt uns dabei, gegenwärtig und aufmerksam zu bleiben, und ermöglicht es unserer Energie, frei in uns zu zirkulieren.

Diese »entspannte Wachheit« bemisst sich immer in Relation zu unserer physischen Belastbarkeit. Wenn Sie Ihren Rücken stützen müssen oder einen gepolsterten Stuhl brauchen, um schmerzende Muskeln abzufedern, tun Sie das unbedingt. Ich habe viele Menschen mit Rückenproblemen gesehen, die das Gebet der Sammlung flach auf dem Rücken liegend praktizierten.

Es spielt keine Rolle, ob Sie auf einem Stuhl, einem Kissen oder einer Gebetsbank sitzen; Sie entscheiden. Ihre Beine allerdings sollten nicht gekreuzt sein, außer Sie sind den Lotossitz gewohnt; das Sitzen mit gekreuzten Beinen erschwert die Energiezirkulation (und lässt häufig Rückschlüsse auf eine innere Einstellung zu!).

Falls Sie eher klein sind und sich für den Stuhl entscheiden, kann Ihnen ein Kissen oder auch ein dickes Buch unter Ihren Füßen dabei helfen, die Knie bequem horizontal zu halten. Falls Sie den Boden gewählt haben, hilft es, wenn das Gesäß etwas höher als die Knie positioniert ist, damit die Beine nicht einschlafen. Ihre Hände liegen dabei bequem auf Ihren Knien, die Handflächen können nach unten oder nach oben gerichtet sein.

Üblicherweise sind die Augen geschlossen. In der Lehre des Gebets der Sammlung wird dies als Teil der »Zustimmung zur Gegenwart und zum Handeln Gottes« verstanden, weil es ein Loslassen dessen ist, was um einen herum und in einem selbst vor sich geht. Aber verlieren Sie bei all dem nicht Ihren gesunden Menschenverstand: Falls Sie drohen einzuschlafen, öffnen Sie kurz Ihre Augen und lassen Sie Ihren Blick vor sich ruhen, sodass Sie wieder zurückgebracht werden.

Ach, »Bruder Esel!«

Als »Bruder Esel« bezeichnete der heilige Franziskus häufig humorvoll seinen eigenen Körper. Im Verlauf der Gebetsperiode ist es durchaus nicht ungewöhnlich, dass Bruder Esel sich ein wenig an uns rächt. Plötzlich juckt es an der Nase, etwas kratzt im Hals oder man muss husten; auch schläft gerne mal ein Bein ein, schmerzt oder verkrampft sich. Einiges davon (vor allem Muskelverspannungen in der Halsgegend oder im oberen Rücken) kann darauf zurückgeführt werden, dass Sie sich zu sehr anstrengen – Entspannen Sie sich! –, aber teilweise funktioniert das Gebet der Sammlung eben genau auf diese Art und Weise. In unserem geschäftigen äußeren Leben nehmen wir häufig eine übermäßig angespannte oder unnatürliche Haltung ein, die sich dann auf unser Innenleben überträgt. Die tiefe Entspannung im Gebet der Sammlung (Thomas Keating bezeichnete es gerne als einen »Kurzurlaub von uns selbst«) ermöglicht es diesen inneren Versteifungen, sich wieder zu lösen. Schmerz- oder Verspannungsknoten, die wir unbewusst in unserem Körper tragen, können sich plötzlich lockern. Das sind gute Nachrichten für den Körper, während des Gebets jedoch häufig unangenehm oder auch peinlich, insbesondere wenn wir uns in einer Gruppenübung befinden.

Die Leute fragen sich häufig, wie sie am besten mit diesen uneingeladenen physischen Gästen umgehen. Soll ich den Juckreiz oder den Husten wie einen Gedanken behandeln und versuchen, ihn loszulassen? Soll ich meine Aufmerksamkeit für einige Augenblicke direkt darauf lenken, bis es sich legt? Oder soll ich ganz einfach dem Hustenreiz nachgeben oder meine Körperhaltung ändern und ihn so loswerden? Bekennende Hedonistin, die ich nun mal bin, entscheide ich mich häufig für diesen dritten Weg. Warum sollte ich mich eine ganze Gebetsperiode lang mit dem Versuch abquälen, nicht an den Hustenreiz zu denken, wenn ich doch mit ein paar wenigen Sekunden des Hustens die ganze Episode hinter mich bringen kann? Falls wir in einer Gruppe praktizieren, braucht es allerdings einige Überlegungen hinsichtlich der äußeren Gegebenheiten. Mit Rücksicht auf die allgemeine Stille ist es wichtig, sich zu bemühen, nicht herumzuzappeln oder längere Zeit bei körperlichen Äußerungen (Husten, Weinen, schweres Atmen) zu verweilen, durch die sich die anderen gestört fühlen könnten. In solchen Fällen ist es völlig in Ordnung, still den Raum zu verlassen und draußen wieder zur Ruhe zu kommen.

Werden Sie zu einer Gebetsikone

Selbstverständlich ist das Gebet der Sammlung eine innere Erfahrung und keine äußerliche Performance. Doch es hat auch einen gewissen Yoga-Aspekt, der in seiner bisherigen Lehre stets zu wenig betont worden ist. Wenn wir in der Meditation sitzen, präsentieren wir uns tatsächlich als eine Ikone für eine der archetypischsten und edelsten menschlichen Aktivitäten: die Gemeinschaft mit dem Unendlichen. Sind wir uns der natürlichen Würde und Schönheit dieses Archetyps bewusst, wird es unserem Körper helfen, seine Haltung leichter zu finden. Gleichzeitig stellt dies für alle anderen, die mit uns gemeinsam in einer Gruppe meditieren, eine wertvolle Hilfe dar.

Lektion 5

Setzen wir alles zusammen

WIE SIEHT NUN ALSO EINE EINHEIT DES GEBETS DER SAMMlung konkret aus? Nachdem wir uns die wichtigsten Bestandteile im Einzelnen erarbeitet haben, sollten wir daraus nun ein Gesamtpaket schnüren.

Wenn Sie bereits viel Erfahrung mit dem Gebet der Sammlung gemacht haben, wird dies für Sie ein vertrautes Gebiet sein; wahrscheinlich haben Sie das Ganze bereits Hunderte oder gar Tausende Male exerziert! Doch es gibt immer bestimmte Nuancen, die einer Verfeinerung bedürfen, und auch falls die Instruktionen bekannt sind, kann es zu unerwarteten Einsichten führen, wenn sie aus einer anderen Perspektive betrachtet werden. Also lassen Sie uns einen kurzen Durchlauf üben.

Setzen Sie sich zunächst einmal auf einen Stuhl, eine Gebetsbank oder ein Kissen. Ihre Augen sind geschlossen, Ihr Körper ist entspannt und zugleich wach. Vielleicht möchten Sie sich an Ihre Absicht mit einem kurzen Gebet erinnern, wie etwa: »In Deine Hände befehle ich meinen Geist«, oder »Oh Gott, ich bin hier; oh Gott, Du bist hier«, oder Sie nehmen ein paar bewusste Atemzüge. Das Gebet der Sammlung beginnt erst in dem Augenblick, in dem Sie Ihr heiliges Wort innerlich aussprechen – still, sanft und am Anfang stets als ein Symbol Ihrer Zustimmung zur Gegenwart und zum Handeln Gottes während dieser Gebetszeit.

Der nächste Schritt in dieser Übung ist entscheidend und auch am schwierigsten zu erklären. In der Frühzeit der Lehre des Gebets der Sammlung lautete die Standardanweisung ungefähr wie folgt: »Wenn Sie merken, dass Sie nicht länger zu Gedanken hingezogen werden, können Sie das heilige Wort loslassen...«

Aber natürlich konterkariert sich diese Anweisung selbst und war ein Fluch für viele Praktizierende, die versuchten, das Gebet richtig zu handhaben. Wie können wir »merken«, dass wir nicht mehr denken, ohne zu denken? Wie können wir »entscheiden«, das heilige Wort loszulassen, ohne dass dies bereits wieder ein Gedanke ist?

In Wirklichkeit haben wir es hier schlicht und einfach mit Magie zu tun, die wiederum zurückzuführen ist auf die Wirkung dessen, was wir bereits in der Darlegung des heiligen Wortes angesprochen haben: die Teilnahme unseres Unterbewusstseins. Was hier geschieht, beschreibt vielleicht am treffendsten die französische Floskel *«il se droppe»* – das Wort fällt nämlich ganz von allein weg. Es verläuft sehr ähnlich wie das abendliche Einschlafen: Den Augenblick, in dem wir tatsächlich in den Schlaf gleiten, können wir gar nicht wahrnehmen; es passiert einfach.

Beim Gebet der Sammlung ist es im Grunde genommen dasselbe. Für den entscheidenden Moment wird gesorgt. Wir brauchen uns nicht darum zu »kümmern«; er findet von ganz allein statt, denn er ist einprogrammiert in unsere ursprüngliche Herzensabsicht, uns zutiefst für Gott zu öffnen. Sie werden also den Augenblick, in dem Sie aufhören zu denken, gar nicht bemerken. Was Sie hingegen merken werden, ist der Moment, in dem Sie *erneut* zu denken beginnen. Sie werden sich inmitten eines Gedankens wiederfinden, worauf Sie sich Ihrem heiligen Wort zuwenden, damit es Sie wieder in jene Offenheit zurückbringt. Und dann taucht ein weiterer Gedanke auf, und mit ihm erfolgt eine weitere Hinwendung zum heiligen Wort... »Zehntausend Gelegenheiten, zu Gott zurückzukehren.«

Während der zwanzig Minuten, in denen wir das Gebet praktizieren, geht es immer so weiter. Es verläuft wie eine Sinuskurve in einem rhythmischen Auf und Ab. Die einzigen Momente, an die wir uns nachher subjektiv erinnern werden, sind jene, in denen wir mit unseren Gedanken gerungen haben. In Tat und Wahrheit jedoch werden diese aufgeregteren Augenblicke an der »Oberfläche unserer selbst« aufgewogen von jenen des tiefen Ruhens in unserem Innersten. Natürlich wird es uns nicht gelingen, diese letzteren festzuhalten, weil sie im Augenblick unseres Nachdenkens darüber verschwinden. Doch wir werden eine bleibende Erinnerung daran behalten – in einem nicht zu erklärenden Gefühl von Erfrischung und manchmal auch in dem lebendigen Gefühl, dass wir tief in unser Herz hinuntergezogen wurden oder am Rande einer unglaublichen Vertrautheit und Zartheit gesessen haben.

Und beides ist wahr. Während jener Nanosekunden der Lücken im Bewusstseinsstrom haben wir im Fluss »reinen Bewusstseins« geruht, und dieser flutete durch unser Sein wie ein Herbstregen nach einer langen Trockenheit. Später, wenn die Praxis stetiger geworden ist und sich das Wissen darüber, wie Sie dorthin gelangen, um das loszulassen, woran Sie sich klammern, tief in Ihr Herz eingeprägt hat, wird sich Ihre Aufmerksamkeit von ihrer Flugbahn zwischen Subjekt und Objekt lösen. Und dann werden Sie nach und nach entdecken, dass diese innere Weite nicht länger ein »Ort« ist, »an den Sie hingehen«, sondern ein »Ort, von dem Sie *herkommen*«. Er bietet Ihnen immer stärker ein neues Zuhause für Ihr tiefstes Selbstgefühl.

Dies sind überaus wichtige Beobachtungen, die im etablierten Korpus der Lehre vom Gebet der Sammlung kaum Erwähnung finden, die jedoch, wie Sie bald herausfinden werden, die Erfahrungsgrundlage für das meiste bilden, worauf ich in diesem Buch hinauswill.

Das also war unser Schnelldurchgang. Zum Schluss möchte ich Ihnen noch empfehlen, aus dem Gebet der Sammlung sanft herauszukommen und es Ihren Augen zu erlauben, langsam vom geschlossenen Zustand zu einem weichen Blick zu wechseln und ein oder zwei Minuten in diesem Übergang zu verweilen, bevor der scharfkantige Fokus des Verstandes seine gewohnte Handhabung der Aufmerksamkeit wieder übernimmt. Auf diese Weise werden Sie von der im Gebet der Sammlung berührten inneren Weite mehr »behalten« können, während Sie sich durch Ihren Tag bewegen.

Überlegungen zum zeitlichen Rahmen

Die Standarddosis für das Gebet der Sammlung ist »zweimal täglich zwanzig Minuten«. So lautete die Empfehlung von Thomas Keating und Contemplative Outreach für Einsteigerinnen und Einsteiger, mit der während mehr als dreißig Jahren Zehntausende von Menschen auf die Reise geschickt wurden. Ich werde manchmal gefragt, ob auch eine einzige Gebetszeit am Tag ausreichen würde, und obwohl diese Frage in den »offiziellen« Lehren zum Gebet der Sammlung mit einem eindeutigen »nein, nein« beantwortet wird, tendiere ich diesbezüglich zur Nachsicht. Zweimal pro Tag ist sicherlich wünschenswert, doch wenn das eine Mal täglich der einzige Weg ist, auf dem Sie mit dem Gebet der Sammlung beginnen können, denke ich, es ist besser, mit diesem einen Mal zu beginnen, anstatt das ganze Projekt aufzugeben, nur weil zwei Mal zurzeit einfach nicht möglich sind.

Wie wir wissen können, wann die zwanzig Minuten vorbei sind? Wir können auf jeden Fall einen Timer stellen. (Heutzutage verfügt jedes Mobiltelefon über schöne Glockenspielklänge, deren Klingelton uns nicht gleich durch die Decke gehen lässt.) Meine eigene Lösung ist noch einfacher: Ich schaue ab und zu auf meine Armbanduhr. Das Aufmerksamkeitsmuster im Gebet der Sammlung ist ohnehin ein Auf und Ab, und falls wir einmal etwas länger entrückt sein sollten und die vereinbarten zwanzig Minuten ein wenig überziehen, welchen Schaden könnte das schon anrichten?

Aber grundsätzlich ist es am besten, sich an die zwanzig Minuten zu halten und die Meditation zur vorgenommenen Zeit zu beenden. Dies bewahrt eine gewisse Objektivität in der Übung und hält uns davon ab, die Gebetszeit an das subjektive Erleben des Meditationsverlaufs zu knüpfen und dementsprechend die Dauer zu verlängern oder zu verkürzen. »Ich habe gerade eine tiefe, wunderbare Meditation; ich werde die Zeit etwas verlängern«, zieht dann leicht nach sich: »Ach, heute bin ich so unruhig; ich glaube, ich höre mal früher auf.« Häufig ist es nämlich genau dieses Durchhalten solcher Unruhen, in welchem wir die wichtigste innere Arbeit leisten.

Die »offiziellen« Regeln

Seit über dreißig Jahren sind es dieselben Prinzipien in Form von vier Grundregeln, anhand deren weltweit Zehntausende von Menschen in das Gebet der Sammlung eingeführt wurden. Die Erfahrenen in dieser Praxis kennen diese Anleitung gut; wenn Sie hier das erste Mal davon erfahren, werden Sie sehen, dass sie eine kurze Zusammenfassung derselben Grundlagen darstellt, die wir bereits von einem leicht anderen Ansatzwinkel her behandelt haben. Lesen Sie sie sorgfältig durch und überlegen Sie, wie diese vier Regeln mit dem Material zusammenpassen, das ich bisher dargelegt habe, und auch mit Ihren eigenen ersten Erfahrungen, nachdem Sie das Gebet nun in einem ganzen Durchlauf praktiziert haben:

1. Wählen Sie ein heiliges Wort als Symbol für Ihre Intention der Zustimmung zur Gegenwart und zum Handeln Gottes.

2. Setzen Sie sich bequem und mit geschlossenen Augen hin, sammeln Sie sich kurz und führen Sie das heilige Wort schweigend als das Symbol Ihrer Zustimmung zur Gegenwart und zum Handeln Gottes ein.

3. Wenn Sie von Ihren Gedanken abgelenkt werden, kehren Sie behutsam zum heiligen Wort zurück.

4. Am Ende der Gebetszeit bleiben Sie ein paar Minuten mit geschlossenen Augen in Stille.

Lektion 6

Umgang mit Gedanken

NACH IHREM ERSTEN »OFFIZIELLEN« DURCHLAUF DES GEBETS der Sammlung ist es nun an der Zeit, zur Frage zurückzukehren, wie wir mit den Gedanken umgehen können, die in der Gebetsperiode auftauchen. Mittlerweile haben Sie einiges an konkreter Erfahrung, mit der Sie arbeiten können. Auch wenn uns die »zehntausend Gelegenheiten, zu Gott zurückzukehren« als vertrauter Refrain erhalten bleiben, ist es wichtig, uns daran zu erinnern, dass Gedanken keine Hürde im Gebet der Sammlung darstellen, sondern eine *Gelegenheit.* Jeder neu auftauchende Gedanke gibt uns die Möglichkeit, unseren »Muskel« des Loslassens zu trainieren.

In dieser Lektion möchte ich Ihnen einen Überblick über einige der Standardlehren in den Kreisen des Gebets der Sammlung zum Umgang mit Gedanken während der Gebetszeit geben und ein paar meiner eigenen Erkenntnisse hinzuzufügen.

Das Allerwichtigste, woran Sie sich erinnern sollten, ist, dass es nicht das Ziel des Gebets der Sammlung ist, die Gedanken zum Stillstand zu bringen, *sondern eine gelöste Haltung ihnen gegenüber zu entwickeln.* Gegen unsere Gedanken anzukämpfen, ist sinnlos; sie zu befreien, ist selig.

In einer seiner bildhaften Unterweisungen beschreibt Thomas Keating diesen Prozess mit der Metapher von Booten auf einem Fluss. Der Fluss, sagt er, ist unser Bewusstsein – das tatsächlich ein permanent fließender Strom ist. Auf diesem Fluss treiben Boote, die unsere Gedanken symbolisieren. Diese können harmlose kleine »Kajaks« sein, gleich der plötzlichen Überlegung, ob wir die Autoschlüssel im Wagen haben stecken lassen oder ob für den morgigen Tag der Abfall an die Straße gestellt werden muss. Die Gedanken können aber auch als riesige, mit rohen Gefühlen und Streitsucht beladene Schlachtschiffe daherkommen, wie beispielsweise das nochmalige Durchleben einer Auseinandersetzung von vergangener Woche mit unserem Vorgesetzten. Auch kann es sich um bereits halb versunkene, an der Wasseroberfläche kaum auszumachende Schiffsrümpfe handeln: Schmerzen und Erinnerungen aus der Vergangenheit. Sie alle treiben immer weiter den Fluss hinunter.

Dieser Metapher zufolge ist es am besten, wenn wir uns dem Gebet der Sammlung nähern, als wären wir ein Taucher, der auf einem Felsen auf dem Grund des Flussbettes sitzt. Von dieser Warte aus können wir nach oben schauen und die verschiedenen vorüberziehenden Bootskörper registrieren. Solange sie weitertreiben, ist das in Ordnung. Wir brauchen rein gar nichts zu tun, um sie am Kommen und Gehen zu hindern.

Die Versuchung besteht allerdings darin, dass ein bestimmtes Boot auf unser Interesse stößt, wir an die Oberfläche schwimmen und an Bord klettern. Anders ausgedrückt: Wir verheddern uns in einem bestimmten Gedanken. Statt der entspannten, gelösten Haltung, in der wir die Boote haben kommen und gehen lassen, werden wir nun selbst stromabwärts getrieben!

Sie mögen sich erinnern, dass im Gebet der Sammlung ein »Gedanke« nicht bloß eine Vorstellung sein kann, sondern alles, was unsere Aufmerksamkeit in den Fokus nimmt. Es kann sich um ein Gefühl, eine Erinnerung, einen inneren Dialog, ein Bild oder, ebenso leicht, um eine äußere Ablenkung handeln, wie etwa das elektrische Summen einer Lampe über unserem Kopf, oder einen plötzlichen Rückenschmerz. *Der entscheidende Faktor ist die Konfiguration Ihrer Aufmerksamkeit, nicht der Inhalt des Gedankens.*

An diese wichtige Unterscheidung gilt es sich zu erinnern, denn ansonsten ist es sehr schwierig, nicht in die Falle des Beurteilens unserer Gedanken zu tappen, in der wir diejenigen verjagen, die uns zufällig, negativ oder »nicht-spirituell« erscheinen, aber bei jenen verweilen, die wir für heilig oder inspirierend halten. Die gesamte jüdisch-christliche Tradition prädisponiert uns dazu, Stille für den Ort par excellence zu halten, an dem wir Gottes Botschaften empfangen können; diesen tief eingeprägten Habitus zu durchbrechen, ist äußerst schwierig.

Und hier nun eine Knacknuss: Gehen wir zurück zur Metapher mit den Booten und dem Fluss und stellen uns vor, dass inmitten der Flottille ganz plötzlich Jesus Christus ruhig über das Wasser gehend auf uns zukommt und lächelnd die Hand ausstreckt. Der mystische Hauptgewinn! Was tun wir? Wir legen im Gebet der Sammlung eine Pause ein und ergreifen seine Hand, nicht wahr?

Aber das ist falsch. Die Anweisung bleibt gültig: »Wenn Sie sich beim Denken ertappen, lassen Sie den Gedanken los.«

Autsch!

Die Lehre des Gebets der Sammlung, den Weg unbeirrt fortzusetzen, ist absolut richtig. Sobald Sie das Grundprinzip dieser Lehre erfasst haben, werden Sie mit dem Programm leichter vorankommen. Auch in diesem Fall geht es wieder um Ihre Aufmerksamkeit. In dem Augenblick, in dem Sie den Köder schlucken und sich an eine dieser prickelnden Erkenntnisse oder verlockenden Visionen klammern, fällt Ihre Aufmerksamkeit sofort zurück in den Subjekt-Objekt-Modus, in die Standardeinstellung Ihres egoischen Verstandes. Alles ist wieder wie gewohnt, der Verstand macht, was er immer macht, und vermittelt Ihnen Ihre Wirklichkeit durch seine eingebaute Bifokalbrille.

In diesen tieferen Gewässern des Gebets der Sammlung werden Sie sich ganz allmählich an ein völlig neues Betriebssystem gewöhnen: und zwar an eines, das Ihr Wahrnehmungsfeld nicht zu zerteilen braucht, um überhaupt wahrnehmen zu können. Stellen wir es uns sozusagen als ein Upgrade für unser Gehirn vor. Es wird nach und nach dazu beitragen, die physiologischen Grundlagen für das bereitzustellen, was wir als non-duales (oder vereinendes) Bewusstsein kennen. Imstande zu sein, unsere Aufmerksamkeit als ein dehnbares Bewusstseinsfeld aufrechtzuerhalten (»zitternd wie Quecksilber« lautet eine Metapher des Dichters Rūmī hierfür, die mir besonders gefällt), ist ein Kernelement dieser »Neuverdrahtung« des Bewusstseins. Genau das ist es, was wir im Gebet der Sammlung praktizieren!

Bei solchen Ködern nicht anzubeißen, auch wenn sie uns überwältigend verlockend erscheinen, ist also wesentlich wichtiger, als es scheinen mag. Mystische Visionen, spirituelle Tröstung und verlockende Erkenntnisse kommen und gehen ständig auf dem mystischen Weg. Doch wenn Sie erst einmal gelernt haben, in dieser ungeteilten Wahrnehmungssphäre zu bleiben, wird sich Ihr ganzes Leben, innerlich wie äußerlich, auf eine subtile, aber unumkehrbare Art und Weise verändern. Strahlender Glanz und Gnade sind dann keine außergewöhnlichen Vorkommnisse mehr, sondern ganz einfach die normale Atmosphäre der Liebe, in der Sie zu leben beginnen.

Deshalb konnte Thomas Keating (mit dem für ihn typischen Augenzwinkern) sagen: »Auch wenn die Heilige Jungfrau persönlich während Ihrer Meditation erscheint und anbietet, Ihnen einen Dorn aus dem Fleisch zu ziehen, lautet die Antwort: ›Nicht jetzt, meine Liebe, ich bin gerade in meinem Gebet der Sammlung.‹«

Die vier B

In den Einführungsworkshops zum Gebet der Sammlung wird diese sanfte Haltung des Laissez-faire gegenüber unseren Gedanken durch die einfache Formel »die vier B« bekräftigt:

Bekämpfen Sie keinen Gedanken.

Bewahren Sie keinen Gedanken.

Beantworten Sie keinen Gedanken.

Besuchen Sie immer wieder sanft Ihr heiliges Wort.[4]

Probieren Sie aus, ob Ihnen diese Formel dabei hilft, Ihre Gedanken schneller und sanfter wieder loszulassen, und denken Sie immer daran: »Zehntausend Gelegenheiten, zu Gott zurückzukehren.«

4. Im englischen Original lautet die Formel *"the four R's"* und steht für: *Resist no thought. Retain no thought. React to no thought. Return ever so gently to the sacred word* [A.d.Ü.].

Lektion 7

Die Gesinnung Christi annehmen

ICH HABE LANGE GENUG IN INTERSPIRITUELLEN ZUSAMMENhängen gearbeitet, um zu wissen, dass echte spirituelle Übungen ziemlich universell sind. Für fast jede Praxis lässt sich in jeder Tradition ein Pendant finden, wenn man weiß, wo nach ihm zu suchen ist. Das liegt daran, dass das Rezept für die spirituelle Transformation im Grunde genommen überall dasselbe ist: Hingabe, Aufmerksamkeit, Mitgefühl. Auf dem einen wie auf dem anderen Weg gehen wir alle durch dasselbe Nadelöhr, welchen Pfad wir auch immer einschlagen.

Trotzdem hat das Gebet der Sammlung Aspekte, die es eng an seine christliche Wurzel und Umgebung binden. Damit sage ich nicht, dass es in anderen Traditionen keine vergleichbaren Übungen gibt; es gibt sie. Doch besteht hier eine besondere Affinität zum Christentum. Unterdessen glaube ich, dass die ungewöhnliche Methode des Gebets der Sammlung nur in einem christlichen theologischen Bezugsrahmen vollständig Sinn ergibt. Und umgekehrt: Sein einfacher und zugleich kraftvoller Weg der Transformation beleuchtet besser als jede andere von mir jemals ausgeübte Praxis, was es bedeutet, »die Gesinnung Christi anzunehmen«.

Erst nach zehn Jahren des Übens habe ich erkannt, dass die theologische Grundlage des Gebets der Sammlung im Prinzip der Kenosis liegt, der selbstentäußernden Liebe Jesu, die den Kern seines Selbstverständnisses und seiner Lebenspraxis bildete. (Warum hat mir das nie jemand gesagt?) Der heilige Paulus erläutert dieses Prinzip in seiner wunderschönen Hymne in Philipper 2.6–11 und leitet seine Erklärung mit den Worten ein: »Lasst denselben Geist in euch sein, wie es der in Christus Jesus war.«

> Obgleich sein Zustand der von Gott war,
> betrachtete er, Gott gleich zu sein, nicht als etwas,
> an dem er festhalten sollte.

Vielmehr entäußerte er sich,
und im Annehmen des Zustands eines Knechts
wurde er in Menschengestalt geboren.

Der Ausdruck »entäußerte er sich« in der vierten Zeile ist die deutsche Übersetzung des griechischen Verbs *kenosein,* das die Wurzel für das Wort *Kenosis* bildet. In diesem Zusammenhang können wir dessen Bedeutung genau erkennen: Es ist das Gegenteil des Wortes »festhalten« in Zeile drei. Jesus praktiziert ein sanftes Befreien oder Loslassen. Und er bleibt in jedem Augenblick seines Lebens bei dieser Übung, wie der nächste Vers (2.8) der Hymne klarmacht:

Er, der als einer von uns erkannt wurde,
erniedrigte sich selbst und war gehorsam bis zum Tod,
gar bis zum Tod am Kreuz.

Wie wunderschön einfach – der verborgene Weg Jesu ist hier nicht zu übersehen. Obwohl es einigen Christen noch immer widerstrebt, an Jesus als jemanden zu denken, der einen Weg lehrt (Reicht es denn nicht, Gottes Sohn zu sein?), verdeutlichen die Evangelien, dass er uns ausdrücklich zu dieser Reise einlädt und uns zeigt, wie sie unternommen werden kann. Sobald wir das begriffen haben, erkennen wir auch den Prüfstein in all seinen Lehren: Lass los! Klammere dich nicht! Lege dir keine Vorräte an! Bestehe nicht auf deine Wichtigkeit! Sorge dich nicht! »Fürchte dich nicht, du kleine Herde! Denn euer Vater hat beschlossen, euch das Reich zu geben« (Lukas 12.32). Und genau diese Geste ist es, die wir auch im Gebet der Sammlung so zentral praktizieren: Gedanke um Gedanke um Gedanke… Das Gebet der Sammlung lässt sich zusammenfassen als *Kenosis in Meditationsform.*

Aus diesem Grund schafft es diese einzigartige, nicht unbedingt intuitive Methode des Gebets der Sammlung, das christliche Herz so gut aufzuschließen. Erinnern Sie sich an die erste Lektion, in der ich davon sprach, dass es beim Erlernen des Gebets der Sammlung wichtig sei, alles zu vergessen, was Sie bisher über Meditation zu wissen glaubten? Das Gebet der Sammlung zielt nicht darauf ab, Konzentration zu entwickeln, einen klaren Geist, bewusste Gegenwart, ein starkes bezeugendes »Ich« oder irgendeinen anderen gewünschten Zustand zu erlangen. Im Gebet der Sammlung üben Sie einfach immer aufs Neue den zentralen kenotischen Antrieb:

»Loslassen, Raum-Schaffen, Öffnen« – Gedanke um Gedanke um Gedanke.

Jenseits dieses kenotischen Gebiets macht das Gebet der Sammlung möglicherweise nicht wirklich Sinn. Und in der Tat wird Kritik daran manchmal von jenen geübt, die an stärker auf Konzentration ausgerichtete Meditationsmethoden gewöhnt sind und die Sinnhaftigkeit des Loslassens von allem infrage stellen, einschließlich der »Ich bin«-Gegenwart und des heiligen Wortes. Doch wenn diese Instruktion nicht als die bewusste Kultivierung eines inneren Vakuums (eines »Verstandessenkens«,[5] wie es manchmal genannt wird) begriffen wird, sondern vielmehr als eine bereitwillige Veräußerung aller Besitztümer einschließlich des persönlichen Bewusstseins, wird ihre Eignung offensichtlich – und ihr Vermögen, das christliche Leben strahlend zu durchdringen. Langsam, aber stetig prägt das Gebet der Sammlung in seinen Praktizierenden das Muster, das ich als die Quintessenz der Antwort Jesu verstehe: jeder Lebenssituation mit einer vollständigen, freien Hingabe seiner selbst zu begegnen.

Eine faszinierende Bestätigung, dass Kenosis tatsächlich eine evolutionäre menschliche Verhaltensweise ist, liefern ausgerechnet neuere Erkenntnisse der Neurowissenschaften. Anhand von Daten, die, vor allem am HeartMath Institute in Kalifornien, mittels fMRT (funktioneller Magnetresonanztomografie) gesammelt wurden, lässt sich mittlerweile bis ins Detail verifizieren, dass die Art und Weise, wie wir auf einen Reiz aus der Außenwelt reagieren, bestimmt, welche unterschiedlichen neuronalen Bahnen in unserem Gehirn sowie zwischen unserem Gehirn und unserem Herz aktiviert werden. Wenn wir mit irgendeiner Form anfänglicher Negativität antworten (die physiologisch als Zusammenziehung übersetzt wird) – wenn wir erstarren, uns versteifen, uns klammern, uns anspannen und so weiter –, wird die Bahn zu unserer Amygdala (unserem Mandelkern oder Reptiliengehirn) aktiviert: dem primitivsten Teil unseres Hinterhirns, der ein Repertoire von hochenergetischen Kampf-oder-Flucht-Reaktionen kontrolliert. Wenn wir uns jedoch in einen solchen Reiz *hinein* entspannen können – wenn wir uns öffnen, erweichen, nachgeben, loslassen –, führt die aktivierte neuronale Bahn durch die evolutio-

5. Als Gegensatz zu »Verstandesdenken«; ein in der buddhistischen Terminologie verwendeter Begriff, basierend auf dem Wortspiel von *thinking mind* und *sinking mind* [A.d.Ü.].

När höherentwickelten Teile unseres Vorderhirns, worauf sich Gehirn- und Herzrhythmen überraschenderweise angleichen.

Als ich über das Trainieren dieses »Muskels« des Loslassens schrieb, habe ich also, wie Sie nun unschwer erkennen, nicht bloß eine Metapher verwendet. Jedes Mal, wenn es uns im Gebet der Sammlung – in »innerer Zustimmung zur Gegenwart und zum Handeln Gottes« – gelingt, einen Gedanken loszulassen, wird diese Geste tatsächlich auch *körperlich* vollzogen. Es ist nicht nur eine geistige Haltung; etwas »lässt los und fällt« wirklich in der Region unseres Solar Plexus, was wir in Form einer feinen inneren Entspannung fühlen. Wenn wir also dieses »sanfte Loslassen« auf einer größeren, äußeren Skala üben, vollziehen es unsere Nerven und Muskeln auf einer Miniaturskala nach. Und mit der Zeit erzeugt dieses sanfte und beharrliche »innere Aerobic«, das wir unter dem besonderen Banner des Gebets der Sammlung und in Solidarität mit Jesu eigenem kenotischen Weg praktizieren, in uns mehr und mehr die »Gesinnung Christi« als unser wahres Selbst.

Das Wort *metanoia*, das häufig mit »Buße« übersetzt wird (oder: »Wechseln Sie die Richtung, in der Sie nach Glückseligkeit Ausschau halten!«), bedeutet buchstäblich »über den Verstand hinausgehen« oder »in den großen Verstand gehen.« Genau dazu lädt das Gebet der Sammlung Sie ein.

Lektion 8

Die Früchte des Gebets der Sammlung

»DIE FRÜCHTE DES GEBETS DER SAMMLUNG SIND IM ALLTAG zu finden.« Diese oft zu hörende Litanei war schon von Anfang an ein fester Bestandteil der Einführungsworkshops und bleibt bis heute einer der wertvollsten Ratschläge. Unermüdlich werden die Praktizierenden ermahnt, während der Gebetsperiode nicht nach Zeichen Ausschau zu halten, die dieses Gebet in ihren subjektiven Erlebnissen hervorruft – denn selbstverständlich wären dies wiederum Gedanken, die es loszulassen gilt! Nach Resultaten suchen wir besser in dem, was geschieht, *nachdem* wir von unserem Meditationskissen aufgestanden sind.

Wenn dieses sanfte Loslassen, das im Gebet der Sammlung immer wieder eingeübt wird, sich nach und nach in ihr »System« einprägt, beginnen die meisten Menschen in ihrem Alltag eine größere Weite und Flexibilität zu erfahren und damit einhergehend eine Verbesserung ihrer persönlichen Beziehungen. (Oft sind es die engsten Freunde und Bekannte, die diese Veränderungen als Erste wahrnehmen.)

Noch heute muss ich über eine Geschichte schmunzeln, die uns eine damalige Online-Kurs-Teilnehmerin erzählte: Nach der ersten Kurswoche bemerkte sie keine fünfzig Meter vor der Kieferorthopädenpraxis, zu der sie seit mehreren Monaten regelmäßig ihre Söhne brachte, eine riesige Skulptur eines fliegenden Adlers. »Stand diese Plastik schon immer hier?«, fragte sie. »Ach, Mama«, erwiderte ihr jüngerer Sohn, »du hast sie nie gesehen, weil du immer so in Eile bist, uns pünktlich herzubringen.« Ein Klassiker im Zusammenhang mit dem Gebet der Sammlung – und das nach nur einer Woche des Sitzens!

Die Zeit vergeht langsamer, wenn wir nicht mehr versuchen, den Fluss anzutreiben. Eine weitere meiner Lieblingsgeschichten über die typischen Früchte dieser Übung erzählte uns eine Mitstudentin während meiner eigenen ersten Einkehrtage im Gebet der Sammlung vor über einem Vierteljahrhundert. Sie, eine toporganisierte Typ-A-Persönlichkeit, ehemalige Professorin für Psychologie sowie Fachbereichsleiterin einer Universität und gerade erst in den Ruhestand getreten, berichtete davon, wie sie durch ihre ehrenamtliche Arbeit als Helferin im örtlichen Obdachlosenheim ein Ventil für ihre Energie gefunden habe. »Bevor ich mit dem Gebet der Sammlung begann«, erzählte sie, »konnte ich die Anliegen von fünf Klienten in der Stunde bearbeiten, jetzt sind es nur noch zwei.«

Werden Sie langsamer, riechen Sie den Duft der Rosen, nehmen Sie sich die Zeit, am Leben zu sein! Das ist die innere Transformation, welche das Gebet der Sammlung bei uns fördert, und zwar nicht nur emotional, sondern auch physiologisch. Die bloße Tatsache, dass das Gebet der Sammlung kein Ziel verfolgt – außer der tiefen, offenen Verfügbarkeit für die Gegenwart Gottes – und dass es diese Verfügbarkeit erneuert durch das sanfte Freilassen dessen, woran wir uns gerade in dem Moment festklammern, prägt in Ihnen allmählich die Erkenntnis, dass dies schlicht und einfach eine gute Art zu leben ist!

Das Unbewusste heilen

Damit will ich nicht sagen, alles sei ein Beet aus Rosen. Dieses sanfte Loslassen bringt es manchmal mit sich, dass schmerzvolle, tief in unserem Unterbewusstsein vergrabene Dinge beginnen, auf diese Einladung zu antworten, und während des Gebets in Form von schmerzlichen Erinnerungen, Tränen, plötzlichem emotionalem und physischem Schmerz in unserem Bewusstsein aufsteigen.

Thomas Keating war einer der ersten zeitgenössischen spirituellen Lehrer, die diesen Prozess als das bezeichneten, was er ist: eine Reinigung, oder *Heilung*, des Unbewussten. Seine diesbezüglichen Lehren, die er unter der Überschrift »Göttliche Therapie« entwickelte, werden zu Recht geschätzt und haben Tausenden von Menschen geholfen, mit solchen Phasen klarzukommen. (Im Netzwerk des Gebets der Sammlung wird diese Reinigung oftmals etwas nüchterner als »Entladen des Unbewussten« bezeichnet.)

Normalerweise geschieht dies erst, wenn Sie sich gut in der Praxis des Gebets der Sammlung zurechtfinden, doch selbst dann wird es zumeist nur während Einkehrtagen wirklich bemerkbar, wenn Sie täglich drei Stunden oder mehr ins Gebet der Sammlung vertieft verbringen. Während der empfohlenen »Dosis« von zwanzig Minuten zwei Mal täglich ähnelt diese Reinigung eher einem sanften Reiben, welches den größten Teil der Arbeit erledigt, ohne dass sie es überhaupt registrieren. Doch falls Ihnen dieses »Entladen« geschieht, können Sie sicher sein, dass es absolut normal ist; versuchen Sie, es wie jeden anderen Gedanken zu behandeln, der während der Gebetszeit in Ihnen auftaucht: Lassen Sie es einfach los. Contemplative Outreach stellt Praktizierenden eine Menge von Artikeln und Videos zur Verfügung, die Ihnen helfen können, diesen Prozess besser zu verstehen und konstruktiv damit umzugehen.[6] Vergessen Sie nicht: das Endergebnis besteht in einer deutlich größeren inneren Freiheit und Freude.

6. Diese finden Sie zum Beispiel auf der Website www.contenplativeoutreach.org unter dem Menüpunkt “Resources” [A.d.Ü.].

Die Wachsamkeit des Herzens

Die vielleicht zarteste Frucht dieser Praxis (und die köstlichste!) ist eine nach und nach zunehmende Fähigkeit, im Zustand der »Wachsamkeit des Herzens« zu verbleiben, wie man sie in der Christenheit des Ostens kennt. Wir können dies als einen dauerhaften Zustand der Achtsamkeit oder der »bezeugenden Präsenz« beschreiben, allerdings vom Herzen ausströmend und nicht vom Kopf und somit frei von der Einmischung jenes plumpen mentalen »inneren Beobachters«, der uns von der Unmittelbarkeit unseres Lebens abzutrennen scheint. Die Essenz dieser Art von Wachsamkeit wird vielleicht in den Worten des Hohelieds der Liebe am besten auf den Punkt gebracht: »Ich schlafe, aber mein Herz wacht« (Hohelied 5.2). Wenn Sie den Dreh einmal heraushaben, erlaubt Ihnen die Aufmerksamkeit des Herzens, vollständig präsent für Gott zu sein, doch gleichzeitig ebenso präsent für die jeweilige Situation, gebend und nehmend aus der Spontaneität Ihrer eigenen authentischen, hingegebenen Präsenz.

Derart gegenwärtig zu sein, ist eine Fähigkeit, die sich allmählich in uns entwickelt, während wir im Gebet der Sammlung lernen, unsere Aufmerksamkeit aus ihrer üblichen Subjekt-Objekt-Stellung zurückzuziehen, sodass wir in diesem diffusen, objektlosen Gewahrsein verweilen können. Mit dem Anwachsen dieser Fähigkeit spüren wir sie nach und nach als einen Schwerpunkt in uns, als den Ort, an dem das Pendel unseres Seins ganz natürlich zur Ruhe kommt. Es ist nicht so sehr ein Ort, *auf den* wir unsere Aufmerksamkeit richten, sondern ein Ort, *von dem* aus wir aufmerksam sind. Und wenn wir dort zu verweilen beginnen, wird das Leben zu einem nahtlosen Ganzen.

Aus meiner Sicht besteht der Zweck des Gebets der Sammlung darin, unsere Beziehung zu Gott (und gleichzeitig zu unserem allerinnersten Selbst) zu vertiefen, und zwar innerhalb jener Bandbreite der formlosen, objektlosen Aufmerksamkeit, welche die Grundlage des non-dualen Bewusstseins bildet. Dort werden Sie entdecken, dass Sie, Gott und die Welt »dort draußen« keine voneinander getrennten »Wesenheiten« sind, sondern nahtlos ineinander fließen in einer unaufhaltsamen Dynamik der sich selbst hingebenden Liebe, die das wahre Wesen der Wirklichkeit ist und der Grund von allem. Dort werden Sie die Bedeutung von Thomas Keatings berühmter Aussage verstehen: »Die Vorstellung, Gott sei abwesend, ist die fundamentale Illusion des menschlichen Zustands.« Und dieser Spur – des Gebets der Sammlung als Grundlage und als Zugangsroute zu einem stabilen non-dualen Bewusstsein –, will dieses Buch nun weiter folgen.

Teil zwei

Der Weg des Herzens

Die Autorin mit Pater Thomas Keating in der Trappistenabtei Saint Benedict's Monastery, Snowmass, Colorado, 2012

Kapitel 1

Was ist Non-Dualität?

WIE SIE WAHRSCHEINLICH BEREITS GEMERKT HABEN, IST DER Begriff »non-dual« heutzutage auf dem spirituellen Markt groß in Mode, und irgendetwas mit »non-dual« zu etikettieren, soll bekräftigen, dass es »gut«, »fortschrittlich« und »erleuchtet« ist. Falls Sie die Frage nach der Bedeutung von Non-Dualität ein wenig in Verlegenheit bringt, befinden Sie sich jedoch in guter Gesellschaft. Während der letzten Jahrzehnte hat das Wort die Hitparaden förmlich gestürmt und einen Tross sich überschneidender und teilweise miteinander wetteifernder Bedeutungen angesammelt, die im Grunde genommen mehr Verwirrung als Aufklärung stiften. Meines Erachtens hat »non-dual« mittlerweile mit »Seele« gleichgezogen als ein Begriff, dessen Bedeutung derart vage und schwierig geworden ist, dass es möglicherweise besser wäre, ein Moratorium für seinen Gebrauch zu verhängen, bis alle Welt sich zumindest auf eine Basisdefinition einigen kann.

Ein Großteil der Verwirrung resultiert aus der Tatsache, dass der Begriff *Non-Dualität* nicht zum Vokabular der christlichen spirituellen Tradition gehört. Die Linguisten würden ihn als »Lehnwort« bezeichnen: ein Begriff, der durch den Kontakt mit einer anderen Sprache oder Kultur in die eigene importiert wird – in diesem Fall mit dem metaphysischen Bezugssystem der östlichen Religionen, die erst während der zweiten Hälfte des zwanzigsten Jahrhunderts im Westen weithin Verbreitung fanden. Vor dieser Zeit finden wir den Begriff nirgendwo im gebräuchlichen Vokabular und mystischen Selbstverständnis des Westens, wo man sich die spirituelle Reise anhand einer völlig anderen Straßenkarte vorstellte. Und so kam es zu einem großen Durcheinander, als gewisse Kreise versuchten aufzuholen und herauszufinden, was in unserer westlichen christlichen Erfahrung am ehesten mit dem korrespondiert, was der Osten mit *non-dual* meint. Wie zu erwarten war, gleicht dieser Versuch ein wenig den fünf Blinden, die einen Elefanten beschreiben, von dem jeder von ihnen einen Körperteil ertastet.

Non-Dualität als Nicht-Polarisierung

Mein Kollege Richard Rohr veranschaulicht es vielleicht am einfachsten: Er verwendet den Begriff *non-dual,* um die persönliche Fähigkeit zu bezeichnen, Paradoxes und Mehrdeutiges ertragen zu können. Gemäß seinem einflussreichen (und enorm praktischen) Verständnis haben wir es mit »dualistischem« Denken zu tun, wenn dieses gekennzeichnet ist durch eine rigorose »Entweder-oder«-Dichotomie und dem Beharren auf Schwarz-Weiß-Lösungen, die alles andere ausschließen. »Non-dual« findet Ausdruck in der Fähigkeit, die Spannung von Gegensätzen auszuhalten, sich in Zweideutigkeit bewegen zu können und der Neigung zur Dämonisierung und Ausgrenzung zu widerstehen. Wie Rohr so treffend beobachtet, ist es eine Grundvoraussetzung für jedwede kundige prophetische Arbeit in der heutigen pluralistischen Kultur.

Damit hat er natürlich teilweise recht: Alles starre und ausschließende Denken ist per se dualistisch. Der Umkehrschluss ist jedoch nicht unbedingt zutreffend: Offenes, inkludierendes und Paradoxa tolerierendes Denken ist nicht in jedem Fall non-dual, zumindest nicht nach den rigoroseren kognitiven Maßstäben, von denen sich der Begriff ursprünglich herleitet. Wenn wir irgendeine der bekannten schematischen Darstellungen der Bewusstseinsstufen zu Rate ziehen (insbesondere diejenige von Ken Wilber, die sich eng an seine östlichen metaphysischen Quellen hält), zeigt sich die Fähigkeit, Paradoxie und Mehrdeutigkeit auszuhalten, auf der *rationalen* Stufe – also gut drei oder vier Ebenen unterhalb der eigentlichen non-dualen Stufe – und ist genaugenommen der Stempel der pluralistischen (oder »grünen«) Bewusstseinsstufen, deren Motto »Koexistenz« lautet.[1] Die Fähigkeit, mit Mehrdeutigkeiten umgehen zu können, ist ganz ohne Zweifel ein Zeichen der Evolution in der frühen psychologischen und moralischen Entwicklung, doch liefert sie als solche noch keinen Beweis für ein stabiles non-duales Vermögen.

1. Ich gehe davon aus, dass viele Leserinnen und Leser mit dieser Karte vertraut sind, die er erstmalig 1981 publizierte in KEN WILBER: *Up from Eden;* deutsch: *Halbzeit der Evolution,* Frankfurt am Main: Fischer-Taschenbuch-Verlag, 2009. In den folgenden vierzig Jahren arbeitete er weiter an der Verfeinerung dieses Themas. Die neueste Version finden wir in KEN WILBER: *Integral Spirituality;* deutsch: *Integrale Spiritualität,* München: Kösel, 2007, Seiten XL, 349 und 350.

Non-Dualität als mystische Erfahrung

Non-Dualität mit einem mystischen Erlebnis gleichzusetzen – oder mit mystischer Erfahrung im Allgemeinen –, ist ein weiterer beliebter Ansatz. Doch auch hier funktioniert es nur in eine Richtung. Jede mystische Erfahrung ist per Definition non-dual. (Erinnern Sie sich an den alten Witz: Was sagte der Mystiker zum Hot-Dog-Verkäufer? *"Make me one with everything"* – »Mach mir einen [und: Mach mich eins] mit allem!«) Die klassischen Beschreibungen mystischer Erfahrung sprechen stets von diesem kurzen, überwältigenden Gefühl, über sich auflösende Grenzen hinaus mit allem eins zu sein: ob wir nun wie William Blake den »Himmel in einem Sandkorn sehen«, oder wie Thomas Merton in seiner mitreißenden Epiphanie in Louisville, an der Ecke Vierte/ Walnut Straße, erkennen, dass »ich all diese Menschen liebte, dass sie mir gehörten und ich ihnen, sodass wir uns nicht fremd sein konnten, auch wenn wir füreinander absolute Unbekannte waren.«[2] Solange die Erfahrung andauert, lösen sich die Grenzen auf, die Einheit flutet herein und die Welt erstrahlt im Glanz innerer Ganzheit.

Das Problem dabei ist, dass die meisten mystischen Erfahrungen vorübergehender Natur sind. Es sind »Zustände«, keine »Stufen« des Bewusstseins, wie Wilber in diesem Zusammenhang hilfreich erklärt.[3] Sobald der strahlende Glanz nachlässt – und das tut er unweigerlich –, finden wir uns in derselben alten scharfkantigen Welt wieder. Was noch problematischer ist, wie Wilber unterstreicht: Jeder Mensch interpretiert diese mystischen Intuitionen des Einsseins entsprechend der Bewusstseinsstufe, die er dauerhaft erreicht hat. (Ein klassisches Beispiel hierfür ist der heilige Paulus, dessen außergewöhnlichen Vorahnungen, »in den dritten Himmel aufgenommen zu werden«, Hand in Hand gehen mit seinen barschen, dualistischen Morallehren wie beispielsweise, »Frauen sollten in den Kirchen schweigen.«) Und da diese mystischen Erfahrungen per Definition *ex-statisch* sind (das heißt, uns aus uns selbst heraus-

2. Thomas P. McDonnell [Hrsg.]: *A Thomas Merton Reader,* New York: Doubleday/Image Books, 1989, Seite 345.

3. Ken Wilber: *Integrale Spiritualität,* Kapitel 4, »Zustände und Stufen«. Im Wesentlichen ist ein Zustand ein ›Ort‹, an den wir gelangen, eine Stufe jedoch der ›Ort‹, von dem wir herkommen. Eine Stufe ist eine dauerhaft erreichte und konsolidierte Bewusstseinsebene.

holen), entsteht der Eindruck, dass »non-dual« von Natur aus Glückseligkeit, Exotik oder »veränderter Bewusstseinszustand« bedeute – all dies sind indes Kategorien, die verraten, dass hier noch immer eine Dichotomie von »Erfahrung« und »Erfahrender« herrscht und wir somit leider noch keine non-duale Stufe verwirklicht haben.

Non-Dualität als vereinigende Errungenschaft

Doch was würde geschehen, wenn diese mystischen Erfahrungen auf unbestimmte Zeit anhielten und sich als andauernder Bewusstseinszustand etablierten? Wäre das non-dual? Diese Annahme scheint dem dritten wesentlichen Ansatz zugrunde zu liegen, welcher Non-Dualität (um Raimon Panikkars Schlüsselbegriff zu verwenden) als ein zeitgenössisches »homöomorphes Äquivalent«[4] begreift, das die christliche Tradition herkömmlicherweise als den »vereinigenden Zustand« ansah: die höchste Ebene der spirituellen Errungenschaft gemäß der traditionellen Wegbeschreibung über die drei Phasen »läuternd«, »erleuchtend« und »vereinigend«.[5] Auch dieser Ansatz kann sich ein beachtliches Verdienst zuschreiben. Metaphysisch betrachtet sind sie Parallelen: »non-dual« lautet das Ziel auf der östlichen Karte, »vereinigend« auf der westlichen. Beide Traditionen deuten eine andauernde und unumkehrbare Verschiebung im Sitz der Selbstheit an sowie im Wahrnehmungsfeld, das aus dieser neuen Identität entspringt. Die ehemals kernhafte Selbstheit löst sich auf und an ihrer Stelle entsteht das Vermögen, ein fließendes, unbegrenztes Leben zu führen, in dem die Person »vereint« wird mit Gott (wie Juliana von Norwich es bekanntermaßen ausdrückte) und vereint mit ihren Mitmenschen und ohne Bedürfnis nach Rändern oder Zentren in der grundsätzlichen Matrix der Liebe fließt. »Es könnte sein, dass alle echten Personen Kreise sind, deren Zentren nirgendwo und deren Um-

4. RAIMON PANIKKAR: *Christophany*, Maryknoll, NY: Orbis Books, 2004, Seite 44; deutsch: *Christophanie – Erfahrung des Heiligen als Erscheinung Christi*, Freiburg i.Br.: Herder, 2006.

5. Das dreifache Schema wurde vom spirituellen Meister Pseudo-Dionysius Areopagita im sechsten Jahrhundert entwickelt und übte einen entscheidenden Einfluss auf die östlichen und auf die westlichen Strömungen des christlichen mystischen Verständnisses aus.

fänge überall sind. Und somit könnten sie sich alle gegenseitig überlappen und durchdringen mit einer Intimität, die wir uns kaum vorzustellen vermögen«, gibt die zeitgenössische christliche non-duale Lehrerin Beatrice Bruteau in einer wunderbaren Beschwörung dieses vereinenden Fließens zu bedenken.[6]

Trotzdem wird hier gewissermaßen »was nicht passt, passend gemacht«, und das führt zu einer unbeabsichtigten Unschärfe des fundamental unterschiedlichen metaphysischen Charakters dieser ansonsten parallelen Zustände der »dritten Rangordnung« nach Wilber. Im Osten neigt diese Erfahrung dazu, monistisch zu sein oder das, was Wilber als »Ich-Ich«-Verwirklichung bezeichnet.[7] Dabei erkennen wir unsere tiefste Essenz und Natur als *identisch* mit dieser Einheit, diesem Grundleuchten, diesem einheitlichen Feld – »Ich bin das.« Im Westen wird dieser vereinende Zustand immer als *relational* betrachtet, als eine mystische Vermählung, in der wir vollständig in Liebe mit Gott verbunden und durch diese Liebe in Gott eingeschlossen sind. Doch dabei *werden* wir nicht zu Gott; eine non-duale Verwirklichung ist immer eine der Vereinigung (»zwei werden eins«), nicht der Identität. Dies verleiht der vereinenden Erfahrung des Westens eine entschieden andere Grundstimmung.

Wenn wir die rigoroseren Kriterien der östlichen metaphysischen Modelle zugrunde legen, muss auch ganz offen gesagt werden, dass nicht alle, von denen das Christentum sagt, sie hätten den vereinenden Zustand erreicht, die Merkmale des non-dualen Bewusstseins tatsächlich aufweisen. Ganz gewiss gibt es einige, die das tun – auf Anhieb kommen uns da Meister Eckhart und Hadewijch aus Brabant in den Sinn sowie Marguerite Porete und vielleicht aus unserer Zeit Bernadette Roberts. Doch viele zeigen in der Vereinigung mit dem Göttlichen Geliebten eine eher gefühlsbetonte und persönliche Haltung – statt einem Transzendieren der Subjekt-Objekt-Polarität, die Liebende(n) und Geliebten überhaupt erst erschafft. In einer ihrer scharfsinnigsten Einsichten weist die zeitgenössische Mystikerin Roberts darauf hin, dass selbst

6. Cynthia Bourgeault: "Beatrice Bruteau's 'Prayer and Identity'" in *Sewanee Theological Review* 50:3, Pentecost 2007, Seite 399. Zweitveröffentlichung in der Anthologie Thomas Keating [et al.]: *Spirituality, Contemplation, and Transformation: Writings on Centering Prayer*, New York: Lantern Books, 2008, Seite 111 ff.

7. Ken Wilber: *Integrale Spiritualität*, Seite 123.

Johannes vom Kreuz, der Karmeliter-Meister, der sozusagen »*das* Buch« über die christliche vereinigende Errungenschaft schrieb, das vereinende Terrain nicht vollständig durchquerte und nicht an dessen Endpunkt gelangte, der in der Auflösung dieser Subjekt-Objekt-Polarität liegt.[8] Obwohl sie sich hartnäckig weigert, dem Begriff »non-dual« im Rahmen des Christentums irgendeine Bedeutung beizumessen, stimmt dieser »unsagbare« nächste Schritt, den sie in ihren Büchern *The Experience of No-Self* und *The Path to No-Self* so entschlossen beschreibt, viel genauer mit jener Schwelle überein, die der Osten als das authentisch Non-Duale versteht, als mit irgendetwas anderem, auf das wir normalerweise in westlichen Typologien der Vereinigungserfahrung stoßen. Kurzum: Nicht alle, von denen der Westen annimmt, sie hätten die Vereinigung erreicht, sind auch non-duale Denker. Und umgekehrt, so seltsam es auch klingen mag, sind nicht alle, die das Non-Duale erreicht haben, automatisch Meister der Vereinigung – und zwar aus Gründen, von denen ich hoffe, dass sie Ihnen im weiteren Verlauf dieses Buches klar werden.

Non-Dualität als Veränderung der Struktur der Wahrnehmung

Diese »enge, aber nicht vollkommene« Affinität zwischen dem westlichen Vereinenden und dem östlichen Non-Dualen legt nahe, dass wir uns die *phänomenologischen* Aspekte dieses Übergangs etwas genauer betrachten sollten – oder anders ausgedrückt: das, was die Muster der Wahrnehmung unter all der Metaphysik und Andachtspraxis eigentlich bewirken. Ganz offensichtlich kommt es zwischen den »dualistischen« und den »non-dualistischen« Bewusstseinsstufen zu einer deutlichen Veränderung der Wahrnehmung, die in diesen charakteristischen Erfahrungen von Einheit und einem grenzenlosen, fließenden Selbstgefühl resultiert. Doch was, wenn es in dieser Veränderung gar nicht in erster Linie darum ginge, *was* wir sehen, sondern *wie* wir sehen? Wenn sie nicht so sehr das Erlangen einer neuen Bewusstseinsstufe bedeutete, sondern eine permanente Veränderung der Bewusstseinsstruktur

8. Bernadette Roberts: *The Path to No-Self*, Boston: Shambhala, 1985, Seite 141.

als solcher – gewissermaßen eine Neuverdrahtung des »Betriebssystems«?

Jedenfalls ist das der Forschungsschwerpunkt, dem ich dieses Buch widmen will. Ich finde ihn deshalb nützlich, weil er die Diskussion über die traditionellen innerlichen und subjektiven (lies »verschwommenen«) Kriterien anhebt, nach denen non-duale Errungenschaft gemessen wird (»Woher wissen Sie, ob Sie bereits erleuchtet sind?«), und sie in einen direkten Dialog mit einigen objektiven, quantitativen Kennzeichen bringt, die auf dem sich rasant entwickelnden Gebiet der Neurowissenschaften zunehmend verifizierbar werden. Er ermöglicht es uns, das Konzept und die Erfahrung der Non-Dualität nicht durch die Brille unserer persönlichen spirituellen Verwirklichung anzuschauen, sondern durch die der kontinuierlichen Evolution des Bewusstseins.

Wenn wir uns die »niedrigeren« Bewusstseinsstufen (der ersten und zweiten Rangordnung auf Ken Wilbers Karten bis und mit der »integralen« Ebene) auf diese Art betrachten, zeichnen sich diese aus durch eine zunehmend anspruchsvollere Verfeinerung der klassischen binären Festverdrahtung, der »Wahrnehmung durch Unterscheidung«. Das Gehirn strukturiert das Wahrnehmungsfeld in ein implizites »Innen« und »Außen« (mit unserem intimsten Gefühl für Identität mitten im Zentrum des Inneren, das die Stellung des »Ichs« behauptet). Die draußen um uns herumwirbelnde Welt wird dann navigierbar, indem wir sie in einzelne Bytes zerlegen (bekannt als »Deskriptoren« oder als individuelle Eigenschaften), die sich durch einen Satz standardisierter binärer Operationen handhaben lassen – wie »mehr / weniger«, »besser / schlechter«, »gut / schlecht« und so weiter. Dieses Betriebssystem verleiht Identität durch das, was uns von allem anderen unterscheidet, und »uns unserer selbst bewusst zu sein«, bedeutet, fähig zu sein, außerhalb unseres eigenen Selbsts zu stehen und über uns selbst nachzudenken, oder imstande zu sein, mittels Erinnerung und Imagination entlang des Zeitpfeils rückwärts- und vorwärtszunavigieren. Dies ist dann das sagenumwobene »selbstreflexive Bewusstsein«, der Geist, der die westliche Welt geschaffen hat – der Geist des »Ich denke, also bin ich«, auf dem die Fundamente unserer modernen Zivilisationen ruhen. Und ganz gewiss ist er ein Wunder, ein außergewöhnlicher evolutionärer Durchbruch. Aber er ist nicht alles und er stellt nicht im Entferntesten den Endpunkt dar.

Stellen Sie sich vor, es gäbe eine andere Art der Strukturierung des Wahrnehmungsfeldes, eine alternative Weise, das Gehirn zu verdrahten, die nicht abhängig wäre von dieser anfänglichen Zweiteilung des Wahrnehmungsfeldes in Innen und Außen, in Subjekt und Objekt. Stattdessen würden wir das gesamte Muster als ein Ganzes begreifen – *holografisch* – und zwar durch eine Wahrnehmungsmodalität, die quantitativ unmittelbarer und sinnlicher wäre und mehr mit Schwingungsresonanz als mit Abstraktionsvermögen arbeiten würde. Dann erführen wir tatsächlich jenes charakteristische Einheitsgefühl – nicht, weil wir in ein ganz neues Reich spiritueller Erfahrungen vorgedrungen wären, sondern weil dieser ermüdende »Übersetzungs«mechanismus des selbstreflektierenden Gehirns endlich abgelöst wäre. Wir würden die Einheit sehen, weil wir *aus* der Einheit heraus sehen.

Dies ist meine Arbeitsdefinition von »Non-Dualität«.

Aus einer solchen, einem Quantensprung gleichkommenden Veränderung der Festverdrahtung unserer Wahrnehmung ergeben sich die vielbeschworenen spirituellen und moralischen Errungenschaften dann ganz natürlich, weil ein Verstand, der nicht zu trennen und auszuschließen braucht, um die Wirklichkeit wahrzunehmen, im Strom des Lebens auf weitaus weniger Widerstand trifft und anderen auch wesentlich weniger Gewalt antut. Jedoch sind dies die *Früchte* dieser Bewusstseinstransformation, und nicht ihre Natur. Ihre Natur liegt im Vermögen, Informationen entlang einer völlig neuen Verlaufsbahn neurologischer Synapsen zu empfangen und zu verbinden. Und das ist messbar. Und es kann wachsen.

Dieser Ansatz klärt endlich so viel von jenem Durcheinander von Äpfeln und Birnen auf, das unvermeidlich entsteht, wenn wir versuchen, metaphysische Systeme nach sehr unterschiedlichen Maßstäben und Werten miteinander zu vergleichen. Wir haben nun die Möglichkeit, ins Auge zu fassen, was wirklich in unserem Gehirn vor sich geht und wie die Verbindungen tatsächlich hergestellt werden, ganz egal ob es das Gehirn eines Buddhisten ist, der sich der Leere der Shunyata nähert, oder das einer Christin, die die mystische Vereinigung aller Dinge in Christus erfasst. Wir können jetzt die Muster in den Blick nehmen, die unserer Aufmerksamkeit, unserem Selbstverständnis und unserer Synchronität (im Gegensatz zu unserer Linearität) zugrunde liegen und die echte Hinweise auf das Vorhandensein einer stabilen non-dualen Wahrnehmung sind.

Insbesondere glaube ich, dass dieser Ansatz uns auch quantifizierbarere Kriterien an die Hand gibt für unsere Annäherung an die christliche Kernintuition, dass dieses Upgrade unseres Betriebssystems etwas damit zu tun hat, »den Verstand ins Herz zu bringen.« Dies wird direkt und indirekt das Grundthema des zweiten Teils dieses Buches sein. Wir haben es hier mit einem populären Klischee zu tun, ganz speziell im christlichen Osten. Doch wir müssen hinhören – *wirklich hören* –, was es aussagt.

Und unter »ferner liefen«...

Da sich dieses Kapitel nun dem Ende zuneigt, will ich auf zwei Dinge hinweisen, die mit »non-dual« *nicht* gemeint sind. Die beiden folgenden Klischees stehen für erhebliche Missverständnisse.

Zuerst einmal bedeutet »non-dual« *nicht* den Verzicht auf die Fähigkeit, kritisch zu denken. Dies war eine beliebte Vorstellung in den 1990er-Jahren, als der Begriff in den »spirituellen, aber nicht religiösen« Kreisen erstmals so richtig einschlug. Jeder Versuch, den Verstand einzuschalten und genauer begründete Argumente heranzuziehen, stieß auf die Erwiderung: »Das ist dualistisch!« (Und das damit einhergehende Klischee lautete natürlich: »*Er* ist in seinem Kopf, aber *sie* ist in ihrem Herzen.«) Hier haben wir es definitiv mit einem Boomeritis-Non-Dualismus zu tun, der Erleuchtung mit der Ablehnung jeglicher intellektueller Verantwortung gleichsetzt.[9]

Doch es geht nicht darum, den Kopf seines Amtes zu entheben, sondern darum, ihn in einem tieferen Grund zu verankern und mit bedeutungsvolleren Gedanken zu beschäftigen. Wenn wir Seiner Heiligkeit dem Dalai Lama zuhören oder sorgfältig die Arbeiten einiger unserer einflussreichsten westlichen mystischen Denker und Denkerinnen lesen (angefangen von Jesus über Meister Eckhart bis zu Raimon Panikkar und Edith Stein), werden wir verstehen, dass non-duale Wahrnehmung sich tatsächlich in den besten menschlichen kognitiven Fähigkeiten ausdrückt, vorausgesetzt, dass sie auf etwas Tieferem basieren als auf bloßer Abstraktion und reinem Intellektualismus.

9. *Boomeritis* lautet der Titel eines Romans von Ken Wilber (Hamburg: Phänomen-Verlag, 2008 [A.d.Ü.].

Zweitens ist »non-dual« nicht dasselbe wie philosophischer Monismus. Der Monismus ist eine alte philosophische Tradition, deren reinste Form wir in einigen Zweigen des hinduistischen Vedanta finden. Dort wird im Wesentlichen davon ausgegangen, dass alles in dem Einen beginnt und zu dem Einen zurückkehrt und dass der Eindruck von Komplexität und Differenzierung lediglich Teil der Illusion dieser Welt ist. Nun ist es einem non-dual verwirklichten Bewusstsein sicherlich möglich, sich dieser philosophischen Position anzuschließen und darin zu gedeihen. Doch sind die beiden nicht bedeutungsgleich. Es ist auch in einem streng dualistischen und autoritären Bewusstseinsmodus möglich, an einem philosophischen Monismus festzuhalten. Und ebenso können wir die Welt von einem non-dualen Standpunkt aus betrachten und dennoch die Wirklichkeit all der Veränderung, Bewegung und Struktur bejahen, mit der sich das Formlose so wunderbar drapiert; wir sehen es einfach aus der Perspektive der Einheit. Es besteht keine implizite Notwendigkeit, die Vielfachheit auf eine uranfängliche Einheit zu reduzieren, wenn wir für uns eine non-duale Wahrnehmung behaupten. Viele Schulen des Advaita-Vedanta geben zu verstehen, dass der advaitische Zustand »weder eins noch zwei« ist, »sondern eins und zwei«. Und dies ist von entscheidender Bedeutung im Hinblick auf die mystischen Traditionen des Westens; denn wenn wir uns an die strikte Definition halten, dass »non-dual« die monistische Position impliziert, folgt der unausweichliche Schluss, dass in den westlichen Traditionen nichts die Bezeichnung »non-dual« verdient.

Und das hieße wohl ganz gewiss, das Kind mit dem Bade auszuschütten.

Kapitel 2

Der Weg des Herzens

»BRINGE DEN GEIST INS HERZ...« »SAMMLE DEN VERSTAND IM Herzen...« »Stehe vor deinem Herrn mit der Aufmerksamkeit im Herzen...« Derselbe Refrain erklingt, auffallend nachdrücklich und deutlich, Seite um Seite in der *Philokalie,* der als heilig verehrten Anthologie spiritueller Schriften des christlichen Ostens. Wie auch immer wir uns diese erhabenene Stufe spiritueller Verwirklichung vorstellen – ob wir »Erlösung«, »Erleuchtung«, »Kontemplation« oder »Einssein mit Gott« dazu sagen –, *so* ist die innere Konfiguration, in der wir sie erreichen. So und nicht anders.

Es stellen sich dabei die Fragen, was diese alten spirituellen Meister tatsächlich *wussten* und – falls es auch nur entfernt so präzise und anatomisch begründet ist, wie es klingt – warum dieses Wissen in heutigen Typologien des Bewusstseins keine größere Rolle spielt.

Teil des Problems ist der moderne Filter, durch den wir diese alten Lehren heute zwangsläufig hören und der unserem Verständnis nicht gerade zuträglich ist. In unserer Zeit wird das Wort »Herz« vor allem mit Emotionen in Verbindung gebracht (und den mentalen Funktionen des Verstandes gegenübergestellt), weshalb die Anweisung unvermeidlich verstanden wird als »Raus aus deinem Verstand und rein in deine Gefühle!« – und das ist leider so ziemlich 180 Grad dem entgegengesetzt, was die Unterweisung tatsächlich besagt.

Ja, es trifft gewiss zu, dass die Muttersprache des Herzens Affektivität ist – dass es durch ein tiefes Empfinden wahrnimmt. Doch es mag moderne Suchende sehr überraschen zu erfahren, dass das, was wir heutzutage mit dem Gefühlsleben identifizieren – Leidenschaft, Drama, Enthusiasmus, emotionale Zwänge –, Eigenschaften sind, die in den alten anatomischen Abhandlungen nicht mit dem Herz in Verbindung gebracht wurden, sondern mit der *Leber!* Sie sind eher Zeichen von Unruhe und Vernebelung (von einem Überfluss an Galle!) als von authentischer Empfindlichkeit. Tatsächlich werden sie üblicherweise als *Hindernisse* für ein authentisches Gefühlsleben begriffen, als Saboteure, die dessen Energie stehlen und die wahre Natur des Fühlens verzerren.

Bevor wir also anfangen können, die Weisheit dieser alten Texte zu entschlüsseln, müssen wir unsere gegenwärtige Faszination für das Emotionale als dem Königsweg zu spiritueller Authentizität beiseiteschieben und zum klassischen Verständnis zurückkehren, dem diese Lehren entsprungen sind und das dem Herzen eine weitaus breitere und glänzendere Rolle einräumt.

Entsprechend den großen westlichen Weisheitstraditionen (des Judentums, des Christentums und des Islams) ist das Herz zuallererst *ein Organ für die spirituelle Wahrnehmung.* Seine wichtigste Funktion besteht darin, über das Offenkundige hinaus- und durch die begrenzende Oberfläche der Dinge hindurchzuschauen, hinein in eine verborgene Wirklichkeit, die sich aus einer unbekannten Tiefgründigkeit erhebt und sich an der Oberfläche dieses Lebens unwägbar abspielt, ohne dass sie sich dort fassen lässt: in eine Welt, in der Bedeutung, Einsicht und Klarheit auf eine ganz andere Art zusammentreffen. Der heilige Paulus spricht von dieser anderen Wahrnehmungsart als »Glaube« – »Glaube aber ist: Grundlage dessen, was man erhofft, ein Zutagetreten von Tatsachen, die man nicht sieht« (Hebräer 11.1) –, doch das Wort »Glaube« selbst wird vom linearen Verstand häufig missverstanden. Tatsächlich steht Glaube nicht für einen Sprung ins Dunkel (wie so häufig falsch gedeutet wird), sondern für ein scharfes *Sehen* in der Dunkelheit, eine Art spiritueller Nachtsichtigkeit, die es uns ermöglicht, mit innerer Gewissheit zu erkennen, dass der von innen erblickte, schwer fassbare goldene Faden tatsächlich irgendwohin führt.

Die vielleicht umfassendste Definition dieser weitläufigeren spirituellen Wahrnehmungsfähigkeit stammt von Kabir Helminski, einem modernen Sufi-Meister. Mir ist bewusst, dass ich sie in fast jedem meiner Bücher zitiere; doch ich tue dies, weil sie so grundlegend ist für die Weisheitstradition, die ich als das authentische Herz des Christentums begreife. Hier also noch einmal die Definition:

> Wir verfügen über feine, unterbewusste Fähigkeiten, die wir nicht nutzen. Jenseits unseres begrenzten analytischen Verstandes liegt ein unermesslicher Bereich des Geistes, der mediale und übersinnliche Möglichkeiten einschließt: Intuition,

> Weisheit, ein Einheitsgefühl, ästhetische, qualitative und kreative Fähigkeiten sowie Kapazitäten der Vorstellungskraft und der Symbolik. Obwohl diese Fähigkeiten so zahlreich sind, geben wir ihnen aus gutem Grund nur einen einzigen Namen, weil sie nämlich im Zusammenspiel am besten funktionieren. Sie beinhalten einen Geist und darüber hinaus, in spontaner Verbindung mit dem kosmischen Geist, jenen vollständigen Geist, den wir »Herz« nennen.[10]

»Das Herz«, fährt Helminski fort,

> ist die Antenne, welche die Emanationen subtilerer Seinsebenen empfängt. Das menschliche Herz hat seinen eigenen Funktionsbereich jenseits der Grenzen des oberflächlichen, reaktiven Ego-Selbsts. Das Herz oder den spiritualisierten Verstand zu erwecken, ist ein unaufhörlicher Prozess, den Verstand sensitiver, fokussierter, energiegeladener, subtiler und verfeinerter zu machen, ihn mit seinem kosmischen Umfeld zu verbinden, der Unendlichkeit der Liebe.[11]

Vielleicht mag es einige von Ihnen verunsichern, hier etwas aus der islamischen Lehre zu hören und nicht aus der christlichen. Aber es ist durchaus möglich, dass wir dieses Verständnis des Herzens als »spiritualisierter Verstand« – als »das von Gott für die Kontemplation eingerichtete Organ«[12] – in seiner durchdachtesten und umfassendsten Artikulation bei den großen islamischen Sufi-Mystikern finden. Bereits im zehnten Jahrhundert legte al-Ḥakīm at-Tirmidhīs meisterhafte *Abhandlung über das Herz* die Grundlagen für ein hoch entwickeltes sufisches Verständnis des Herzens als ein dreiteiliges – physisches, emotionales und spirituelles – Organ.[13] Auf dieser Grundlage entstand nach und nach ein breites Repertoire an spirituellen Übungen, die diese zunehmend »sensiti-

10. Kabir Helminski: *Living Presence: A Sufi Way to Mindfulness and the Essential Self,* New York: Jeremy Tarcher, 1992, Seite 157.

11. Ebenda, Seite 158.

12. Sidney H. Griffith: "Merton, Massignon, and the Challenge of Islam" in Rob Barker und Gray Henry [Hrsg.]: *Merton and Sufism: The Untold Story,* Louisville, KY: Fons Vitae, 1999, Seite 65. Eine deutsche Ausgabe erscheint voraussichtlich 2022 im Chalice Verlag.

13. Für ausführliche bibliografische Informationen zu diesem Werk siehe: "A Treatise on the Heart", übersetzt von Nicholas Heer, in: Ebenda, Seiten 79–88.

ve, fokussierte, energiegeladene, subtile und verfeinerte« Einstimmung des Herzens fördern.

Doch auch im Christentum können wir auf dieses Verständnis stoßen. Abgesehen von den orthodoxen Lehren über das Herzensgebet, die in der *Philokalie* gesammelt sind, ist es vollkommen biblisch. Schlagen Sie einfach die Seligpreisungen (Matthäus 5.8) auf und lesen Sie die Worte, die direkt von Jesus stammen: »Selig, die rein sind im Herzen; denn sie werden Gott schauen.«

Zu gegebener Zeit werden wir auf die Bedeutung von »rein im Herzen« zurückkommen. Jedenfalls ist es offenkundig, dass Jesus ein grundlegendes Verständnis vom Herzen als einem Organ für die spirituelle Wahrnehmung hatte und seine eigene hoch spezialisierte Methode propagierte, wie sich dieser Quantensprung im menschlichen Bewusstsein katalysieren lässt. Ausführlich habe ich darüber in meinem Buch *Jesus: Meister der Weisheit* geschrieben, in welchem ich die Prinzipien seiner kenotischen Spiritualität (des »Loslassens«) als einen Weg der bewussten Transformation darlege, der zu non-dualem Erwachen führt. Dort können Sie nachlesen, wie dieses Ziel den Kern seiner Lehre bildete, der nun seit zwanzig Jahrhunderten vor aller Augen offen verborgen ist. Wo immer dieses Material für unsere gegenwärtige Untersuchung zweckdienlich ist, werde ich es erneut heranziehen. Im Moment geht es aber hauptsächlich darum, schlicht und einfach zu erkennen, dass die Lehren über das Herz keine intrinsisch »islamische« Offenbarung sind, genauso wenig wie eine ausschließlich »christliche«. Wenn überhaupt irgendwo, dann befindet sich ihr Quellgebiet im Inkubator des Judentums, in welchem die großen israelitischen Propheten in jenen letzten Jahrhunderten vor unserer Zeitrechnung einen neuen evolutionären Stern am Bewusstseinshorizont aufsteigen sehen. Jahwe ist dabei, etwas Neues zu unternehmen und den Einsatz zu erhöhen auf der andauernden Reise der wechselseitigen Selbstenthüllung, welche die Grundlage des Bundes mit Israel bildet. Der Prophet Ezechiel erfasste es am klarsten, wie es die folgenden Worte der Offenbarung aus seinem Mund und direkt aus dem Herzen Gottes zeigen:

> Ich nehme euch heraus aus den Nationen, Ich sammle euch aus allen Ländern und Ich bringe euch zu eurem Ackerboden. Ich gieße reines Wasser über euch aus, dann werdet ihr rein. Ich reinige euch von aller Unreinheit und von allen euren

> Götzen. Ich gebe euch ein neues Herz und einen neuen Geist gebe Ich in euer Inneres. Ich beseitige das Herz von Stein aus eurem Fleisch und gebe euch ein Herz von Fleisch. Ich gebe Meinen Geist in euer Inneres und bewirke, dass ihr Meinen Gesetzen folgt und auf Meine Rechtsentscheide achtet und sie erfüllt. Dann werdet ihr in dem Land wohnen, das Ich euren Vätern gegeben habe. Ihr werdet Mir Volk sein und Ich, Ich werde euch Gott sein (Ezechiel 36.24–28).

Eine neue Innerlichkeit dämmert da am Horizont, eine neue Fähigkeit, das Muster von innen heraus zu lesen: den Bund ohne die Notwendigkeit äußerer Formen und Regulierungen zu leben, ihn einfach aus einer inneren Integrität zu leben. Und zum ersten Mal in der Geschichte des Westens ist diese Fähigkeit, von innen heraus zu sehen, ausdrücklich an das Herz gebunden und insbesondere an das »Herz aus Fleisch«.

Ohne den wuchtigen theologischen und historischen Parametern ausweichen zu wollen, die sich um dieses Thema etabliert haben, lauten die Grundzüge meiner Ansicht nach, dass Jesus als der »Meisterkardiologe« gekommen ist, als der nächste in der großen Abfolge hebräischer Propheten, die sich dieser Herzchirurgie verschrieben haben, die erstmals von Ezechiel verkündet wurde. Und seine kraftvolle originale Methode (zumindest im Vergleich zu dem, was man bis dahin in den semitischen Ländern gesehen hatte) zur Erweckung der Wahrnehmungsfähigkeit des Herzens – durch ein radikales Nichtverhaftetsein oder »Loslassen« – wird sich in der Tat als die Spurstange erweisen, die alles, worüber ich in diesem Buch spreche, miteinander verbindet.

Meine ich wirklich das physische Herz?

Ohne naiv klingen zu wollen – aber ja, genau das meine ich. Wir sprechen hier tatsächlich über das physische Herz, jedenfalls insoweit es unseren körperlichen Anker für all die wundersamen Reisen in die weit ausströmenden spirituellen Reiche darstellt.

Die östliche orthodoxe Tradition ist in diesem Punkt alles andere als zweideutig. Um der Möglichkeit vorzubeugen, dass wir das Wort lediglich als Symbol irgendeiner »innersten Essenz« einer Person verstehen könnten, verweisen uns die Texte unmittelbar auf den Brustbereich, wo das Zeichen für die Wirkung des Gebets in körperlicher Wärme spürbar wird:

> Über das Herz zu wachen, mit dem Verstand im Herzen zu sein, vom Kopf zum Herzen hinunterzusteigen – all dies ist ein und dasselbe. Der Kern der Arbeit besteht in der Konzentration der Aufmerksamkeit und darin, vor dem unsichtbaren Herrn zu stehen, nicht im Kopf, sondern in der Brust, nah am Herzen und im Herzen. Wenn die Göttliche Wärme auftritt, wird all dies deutlich.[14]

Die folgende Anweisung ist sogar noch spezifischer:

> Wenn wir in den Schriften der Väter über den Ort des Herzens lesen, den der Geist oder der Verstand durch das Gebet findet, müssen wir darunter dieses spirituelle Vermögen verstehen, das in unserem Herz existiert. Vom Schöpfer im oberen Teil des Herzens platziert, unterscheidet dieses spirituelle Vermögen das menschliche Herz vom Herz der Tiere. [...] Das intellektuelle Vermögen in der menschlichen Seele, obwohl spirituell, wohnt im Gehirn, das heißt im Kopf. Auf dieselbe Art und Weise wohnt das spirituelle Vermögen, das wir, obschon spirituell, den »Verstand des Menschen« nennen, im oberen Bereich des Herzens, nah an der linken Brustwarze und ein wenig darüber.[15]

Einige Leserinnen und Leser mag eine solch explizite Körperlichkeit befremden, doch finden wir in Robert Sardello, einem Phänomenologen aus unseren Tagen, einen weiteren starken Fürsprecher einer vollständigen Einbeziehung des körperlichen Organs in jede ernsthafte Erörterung der Spiritualität des Herzens. Wenn er in seinem bemerkenswerten Buch *Ganzheit als Mysterium* über das Herz spricht, bezieht er sich immer auf »das physische Organ des Herzens«, das diese besonders präzise Betrachtung verdient, da »es gleichzeitig als ein physisches, psychisches und spirituelles Organ funktioniert.«[16] Es ist diese nahtlos ineinander über-

14. E. Kadloubovsky und E.M. Palmer [Hrsg.]: *The Art of Prayer: An Orthodox Anthology*, London: Faber and Faber, 1966, Seite 194.
15. Ebenda, Seite 190.

gehende dreigliedrige Natur des Funktionsbereichs des Herzens, die ihm seine ungewöhnlichen transformativen Kräfte verleiht. Zwar gibt es viele spirituelle Traditionen, die sich »auf das Herz als das Instrument, durch das die religiösen Praktiken [...] stattfinden«, konzentrieren, doch Robert Sardello spürt: »Diese Traditionen fokussieren sich nicht auf die dem Herzen innewohnende Tätigkeit, die ja an sich schon eine Handlung spiritueller Art ist.«[17]

Um zu veranschaulichen, wie diese »inhärent spirituelle Natur« des Herzens sich anfühlen könnte, nimmt Sardello seine Leserinnen und Leser mit auf eine tiefgründige Entdeckungsreise in ihre eigenen inneren Herzkammern. Anhand von Aufmerksamkeit und Wahrnehmung, diesen beiden klassischen Werkzeugen der inneren Arbeit, lehrt er uns, durch konzentrierte Wahrnehmung (anstelle von Visualisierung oder Gefühl) Zugang zum Herzen zu erlangen und dort dessen inhärente Schwingungssignatur zu entdecken, und zwar als »reine Intimität«, als »Intimität, ohne dass mit ihr irgendetwas oder irgendjemand verbunden wäre.«[18]

Ich habe diese Übung einige Male befolgt und muss sagen, dass ich über die Resultate wirklich erstaunt war. Etwas von dieser »reinen Intimität« hatte ich bereits vorher erlebt, einer goldenen Zartheit gleich, die manchmal eine Periode des Gebets der Sammlung umgibt. Doch nie zuvor hatte ich sie mit dieser Kraft und Klarheit erfahren als einen deutlichen inneren Bereich, der mit »seinem kosmischen Umfeld, der Unendlichkeit der Liebe« (um Kabir Helminskis Worte zu benutzen), vollkommen synchron mitschwingt. So ist es nicht weiter verwunderlich, dass der körperliche Aspekt der Herzensspiritualität eine solch große Bedeutung hat! Denn es geschieht nur durch Wahrnehmung – das heißt durch »im Herzen konzentrierte Aufmerksamkeit« –, dass diese Erfahrung äußerster Fülle und Zugehörigkeit zugänglich wird.[19]

16. ROBERT SARDELLO: *Silence: The Mystery of Wholeness,* Benson, NC: Goldenstone Press, 2006; deutsch: *Ganzheit als Mysterium,* Norderstedt: Books on Demand, 2018, Seite 119.

17. Ebenda, Seite 120.

18. Ebenda, Seite 124.

19. Kein Wunder also, dass der körperliche Aspekt der Herzensspiritualität so wichtig ist! Falls Sardello hier richtigliegt (und meine eigene Arbeit bestätigt dies), lautet die atemberaubende Schlussfolgerung, dass *es keinen Mangel gibt.* Dieser uranfängliche Hunger nach Intimität und Zugehörigkeit, den wir in unserem Versuch, Erfüllung zu finden, so verzweifelt auf andere projizieren, *ist bereits er-*

Sardello ist nicht die einzige Stimme auf diesem Gebiet. Es existiert heute ein beachtenswerter und wachsender Korpus von »Brückenliteratur«, welche die klassischen spirituellen Lehren über das Herz mit neuen Erkenntnissen auf dem Feld der Neurobiologie verbindet. Ich habe bereits auf die Pionierarbeit des HeartMath Institute verwiesen, doch möchte ich auf zwei weitere faszinierende und nützliche Bücher für spirituell abenteuerlustige Laien eingehen: *The Biology of Transcendence* von Joseph Chilton Pearce[20] und *The Secret Teaching of Plants* von Stephen Harrod Buhner.[21] Hier werden beachtliche Mengen an wissenschaftlichen Daten in einem Format bereitgestellt, das dem Nicht-Spezialisten einen einfachen Zugang ermöglicht, und beide Bücher legen dar, wie weit die heutige Wissenschaft uns über die Vorstellung vom Herz als mechanische Pumpe hinausgebracht hat und es nun als »elektromagnetischen Generator« betrachtet,[22] der auf einer breiten Spanne von Schwingungsfrequenzen gleichzeitig arbeitet, um seine verschiedenen Aufgaben der internen und externen Selbstregulierung und des Informationsaustauschs zu erfüllen. (Ein »Organ für die spirituelle Wahrnehmung« kann in diesem Kontext durchaus als elektromagnetischer Generator verstanden werden, der Informationen über weitaus subtilere Schwingungsbandbreiten aufnimmt.) So wie das HeartMath Institute, machen beide Bücher auf die verschlungenen Rückkoppelungsschleifen zwischen Herz und Gehirn aufmerksam: Der Mensch scheint ausdrücklich zur Erleichterung dieses Austauschs verdrahtet zu sein, der gemäß Pearce grundsätzlich zwischen dem Universellen (im Herzen getragen) und dem Besonderen (im Gehirn getragen) vonstattengeht. Er drückt diesen Sachverhalt folgendermaßen aus: »Das Herz nimmt das subtile individuelle Kolorit einer Person an, ohne seine essenzielle Universalität zu verlieren. Es scheint zwischen unserem

füllt – dort in der »Unendlichkeit der Liebe«, die holografisch bereits in unserem eigenen Herzen wohnt, wenn wir wirklich gelernt haben, uns auf ihre Frequenz einzustimmen und dem zu vertrauen, was sie widerhallt. In diesem Sinne ist unser physisches Herz die Quintessenz des »im Feld vergrabenen Schatzes«.

20. Joseph Chilton Pearce: *The Biology of Transcendence*, Rochester, VT: Park Street Place, 2002; deutsch: *Die Biologie der Transzendenz*, Freiamt: Arbor Verlag, 2004.

21. Stephen Harrod Buhner: *The Secret Teachings of Plants: The Intelligence of the Heart in the Direct Perception of Nature*, Rochester, VT: Bear and Company, 2004.

22. Ebenda, Seite 71.

individuellen Selbst und einem universellen Prozess zu vermitteln, während es selbst diesen universellen Prozess repräsentiert.«[23] Hard-core-Wissenschaftler mögen bei solch gewagten Aussagen ihr Gesicht verziehen, doch von der spirituellen Seite der Brücke her sind sie leicht nachvollziehbar und liefern eine zusätzliche Bestätigung dafür, dass »den Verstand ins Herz bringen« nicht bloß eine merkwürdige spirituelle Metapher ist, sondern eine exakte und wesentliche Information enthält hinsichtlich der psychologischen Untermauerung bewusster Transformation.

Was steht dem entgegen?

Gemäß dem westlichen Verständnis muss das Herz nicht erst »zum Wachsen« gebracht oder »entwickelt« werden. Jedes Herz ist bereits ein perfektes Hologramm des Göttlichen Herzens und bietet in seinem Inneren den Zugang zur Information über das Ganze. Doch es muss *geläutert* werden, wie Jesus lehrte. In seinem spirituellen Vermögen ist das Herz im Wesentlichen ein Funkleitstrahl-Empfänger, der uns erlaubt, auf jene »Emanationen feinerer Seinsebenen« ausgerichtet zu bleiben, auf die sich Helminski bezieht, und somit dem authentischen Weg unseres eigenen Entfaltens zu folgen. Doch wenn die Signale durch die Interferenz eines Lärms von niedrigerer Ebene gestört werden, vermag es seine Funktion als Leitinstrument nicht länger auszuüben.

Die christlichen Weisheitstraditionen erklären übereinstimmend, dass die Quelle dieses Lärms von niedrigerer Ebene »die Leidenschaften« sind. Wie die *Philokalie* wiederholt hervorhebt, stellen die Leidenschaften ein Problem dar, weil *sie das Herz zerteilen.*[24] Ein zerrissenes Herz, hin- und hergezogen im Wettstreit innerer Agenden, ist wie ein vom Wind hin- und hergeworfenes Meer: ohnmächtig, das Bild des Mondes auf seiner Oberfläche deutlich zu reflektieren.

Wir haben es hier wiederum mit einer Lehre zu tun, die Menschen unserer Zeit nervös machen kann. Ich weiß das aus persön-

23. Joseph Chilton Pearce: *The Biology of Transcendence*, Seiten 64–65.

24. Für eine besonders klare und überzeugende Erörterung dieses Punktes siehe E. Kadloubovsky und G.E.H. Palmer [Hrsg. u. Übers.]: *Unseen Warfare – as edited by Nicodemus of the Holy Mountain and revised by Theophan the Recluse,* New York: St. Vladimir's Seminary Press, 1987, Seiten 241–244.

licher Erfahrung, weil diese Frage fast in jedem meiner Workshops zur Sprache kommt. Für unsere westlichen Hörgewohnheiten ist »Leidenschaft« positiv besetzt, ähnlich dem *élan vital,* der schöpferischen Lebenskraft, der Quelle all unserer Lebendigkeit und Motivation. Sie muss gestärkt werden, nicht gehemmt. An einer Veranstaltung, die ich kürzlich leitete, brachte ein Bischof diesbezügliche Bedenken vor und erklärte, er habe es, indem er den Empfehlungen eines Kirchenberaters gefolgt sei, in seiner Diözese geschafft, Moral und Produktivität um einen signifikanten Prozentsatz zu steigern und zwar einfach dadurch, dass er die Mitglieder seines Klerus dazu ermutigt habe, »ihren Leidenschaften zu folgen.« Die Idee der »Leidenschaftslosigkeit« (eine von den Wüstenvätern und -müttern unermüdlich angestrebte Eigenschaft) wird heutzutage beinahe überall mit »emotionalem Hirntod« gleichgesetzt. Was bleibt denn noch übrig, wenn wir uns die Leidenschaft nehmen lassen?

Wir müssen also noch einmal mit etwas Decodierung beginnen.

Wenn Sie ein Lexikon zur Hand nehmen, werden Sie erfahren, dass das Wort »Passion« vom lateinischen Verb *patior* stammt, was »leiden« bedeutet (*passio* lautet es in der ersten Person Singular). Doch dies bringt uns noch nicht viel weiter, weil die wörtliche, nun größtenteils archaische Bedeutung des Verbs »leiden« (»etwas durchmachen« oder »erleben«) buchstäblich besagt, dass *etwas auf uns einwirkt.* Wir haben es hier also mit einem unfreiwilligen und mechanischen Aspekt einer »Transaktion« zu tun. Und laut den traditionellen Weisheitslehren ist es genau dieser unfreiwillige und mechanische Aspekt des »Ergriffenseins«, der zum Leiden in dem Sinne führt, wie wir den Begriff heute verwenden. Gemäß den alten Einsichten, auf denen diese spirituelle Lehre beruht, bedeutet »Leidenschaft« folglich nicht *élan vital,* Lebensenergie oder Lebendigkeit. Vielmehr bezeichnet sie einen Zustand, in dem wir festgefahren, ergriffen und blindlings reaktiv sind.

In den einflussreichen Lehren des Wüstenvaters Euagrios Pontikos aus dem vierten Jahrhundert steht diese ursprüngliche Bedeutung im Vordergrund. Dieser bei einigen als der erste spirituelle Psychologe im christlichen Westen geltende Mönch entwickelte eine erstaunlich feinsinnige Lehre über die fortschreitende Natur der gefühlsmäßigen Verstrickung, die schließlich in der umfassenden Lehre über die sieben Todsünden ihre Früchte trug. Seine zentrale Erkenntnis lautete, dass die ersten Regungen dessen, was am Ende zu echten leidenschaftlichen Ausbrüchen führt, auf dem Bildschirm unseres Bewusstseins zuerst als »Gedanken« erscheinen – als *logismoi* in seinen Worten –, als Ströme assoziativer Logik, die den gut konditionierten inneren Gleisen folgen. Am Anfang sind es bloß »Gedankenschleifen«, einfach nur Treibgut auf dem sich endlos bewegenden Fluss des Verstandes. Aber an irgendeinem Punkt verfängt sich eine dieser Gedankenschleifen in unserem Identitätsgefühl – plötzlich steht ein emotionaler Wert oder Standpunkt auf dem Spiel – und schon hängen wir am Haken. Eine Leidenschaft ist geboren und unsere Emotionen schäumen über. Thomas Keating hat diese alte Lehre wunderbar neu verpackt in seinem Diagramm des Lebenszyklus eines Gefühls,[25] einem zentralen Aspekt seiner Lehre über das Gebet der Sammlung. Diese Darstellung zeigt auf: Wenn die Emotion erst einmal eingesetzt und das »Ich«-Gefühl sich darin verhakt hat, folgt ein ausgewachsener emotionaler Aufruhr – welcher dann, wie Pater Keating verdeutlicht, das Syndrom tiefer und tiefer in das Unterbewusste hineintreibt, wo es noch unfreiwilliger und mechanischer wird.

Wie lässt sich dieses Syndrom durchbrechen? Für Euagrios liegt die Befreiung in einer sich *immer weiter entwickelnden inneren Fähigkeit zu bemerken, wenn ein Gedanke anfängt, eine emotionale Färbung anzunehmen, und diesen durch Dis-Identifizierung oder Distanzierung im Keim zu ersticken, bevor er zu einer Leidenschaft wird.* Dies ist die Essenz der Lehre, die seit mehr als tausend Jahren in unserer Tradition herrscht.

Nun gibt es selbstverständlich verschiedene Wege, diese Distanzierung anzugehen. Die moderne Psychologie brachte das gewichtige Kriterium ein, dass ein Sich-Distanzieren nicht dasselbe ist wie *Verdrängung* (die bedeuten würde, das Thema einfach unter den psychologischen Teppich zu kehren), und entwickelte Methoden, die es dem Menschen ermöglichen, sich der Aufregung bewusst zu werden, die in ihm gärt, und diese »einzugestehen«. Doch gesagt werden muss auch, dass ein »Eingeständnis« nicht automatisch ein »Durchspielen« oder »verbales Ausdrücken« dieses emotionalen Aufruhrs bedeutet. Das Geniale dieser frühen Tradition liegt darin, dass sie besagt: Wenn wir uns dieser Identifizierung – diesem in einem fixen Referenz- oder Werterahmen feststeckenden

25. Wiedergegeben in CYNTHIA BOURGEAULT: *Centering Prayer and Inner Awakening,* Seite 136.

»Ich«-Gefühl – zu entziehen vermögen, dann kann diese zusätzliche, in nutzloser Erregung verschwendete Energie auf einer höheren Ebene wieder eingefangen werden, um die Intensität und Klarheit der Wahrnehmungsfähigkeit unseres Herzens zu stärken. Statt das »reaktive Ego-Selbst« anzufeuern, kann die Energie ihrem »kosmischen Umfeld, der Unendlichkeit der Liebe«, wieder zugeführt werden. Und dies stellt im Wesentlichen das Ziel der Läuterung dar – zumindest wie sie im Dienst der bewussten Transformation verstanden wird.

Emotion versus Gefühl

Auch in diesem Zusammenhang steuerte Robert Sardello eine wichtige Erläuterung bei. In einem klassischen Verständnis der christlichen inneren Tradition (auf die ich zum ersten Mal im Werk von Georges Iwanowitsch Gurdjieff gestoßen bin)[26] weist er darauf hin, dass die meisten unter uns die Begriffe »Gefühl« und »Emotion« austauschbar und wie Synonyme verwenden. Das sind sie jedoch nicht. Emotion ist technisch gesehen ein »festgefahrenes« Gefühl, ein Gefühl, das an einen festen Standpunkt oder Referenzpunkt gebunden ist. »In unserem Emotionsleben sind wir unfrei«, betont er, da »Emotionen ziemlich automatisch als Reaktion auf etwas entstehen, was uns zustößt.«[27] Das würde mit dem korrespondieren, was Helminski »das Herz im Dienst des reaktiven Ego-Selbsts« nennt.

Jenseits dieser begrenzten Sphäre öffnet sich ein riesiges Reservoir des Fühlens oder der Empfindlichkeit. Hier fließen die Ströme schnell und stark, immer mit einem Anstrich von Mehrdeutigkeit, in der sich die festgelegten klaren Begrenzungen, die eine Emotion von der anderen unterscheiden, miteinander vermischen. Glück ist von Traurigkeit getrübt, Kummer berührt in seiner bodenlosen Tiefe das mysteriöse Aufsteigen von Trost, Einsamkeit wird von Vertrautheit durchflutet und der tiefe Schmerz des Sehnens nach einem abwesenden geliebten Menschen wird zum paradoxen Sakrament der Anwesenheit. »Denn das Schöne ist nichts als des Schrecklichen Anfang, den wir noch gerade ertragen«, beobachtet

26. Siehe dazu Fußnote 55, Seite 95.
27. ROBERT SARDELLO: *Silence: The Mystery of Wholeness*, Seite 72.

Rainer Maria Rilke, »und wir bewundern es so, weil es gelassen verschmäht, uns zu zerstören.«[28]

Dieser Art ist die Wahrnehmung des Herzens, wenn es beginnt, in jenen tieferen Gewässern zu schwimmen und wiederzuerwachen für sein Geburtsrecht eines Organs der spirituellen Wahrnehmung. Es leuchtet natürlich ein, dass die Erfahrung des Herzens gefühlvoll ist, weil dies sein Modus Operandi ist; es sammelt Informationen, indem es das Innere der Dinge betritt und mit ihnen mitschwingt. Doch dies ist ein Fühlen ganz anderer Ordnung, das nicht länger einem persönlichen Selbstzentrum verhaftet ist, sondern in holgrafischer Vereinigung mit dem fließt, was immer fließt und nur fließen kann: mit der großen Dynamik der Liebe. »Fühlen als eine Form des Wissens«[29] wird zum Weg dieses anderen Wahrnehmungsmodus; es wird intensiver, aber eigenartig vertraut und mühelos.

Die große Hypothese, welche die westliche innere Tradition am Lagerfeuer diskutiert, lautet: Wenn jemand fähig ist, das Herz von seiner Versklavung durch die Leidenschaften zu befreien, kommt dieses andere Herz zum Vorschein – dieses »Organ der Kontemplation«, des klaren Sehens und des mitfühlenden Handelns. Denn was wir »sehen« und worauf wir uns einlassen, ist nichts anderes als diese höhere Ordnung Göttlichen Zusammenhalts und Mitgefühls, die als objektiv *real* verifiziert werden kann, jedoch nur dann zugänglich wird, wenn das Herz imstande ist, sich zu dieser höchsten Ebene zu erheben und seine kosmisch vorgesehene Funktion auszuüben. Dann fließt Gnade über Gnade durch dieses vibrierende Schilfrohr und hinaus in eine verklärte Welt: verklärt durch die Gnade, die gerade darin besteht, in diesem ungeteilten Licht gebadet zu werden.

»Selig, die rein sind im Herzen; denn sie werden Gott schauen.« Dieser eine Satz vermittelt die ganze Lehre. Wir müssen zu einem umfassenderen Verständnis dessen gelangen, wie diese Läuterung eigentlich zustande gebracht wird: eine zentrale Frage, in der die christliche Tradition sich alles andere als einig ist. Dies wird der Gegenstand unseres nächsten Kapitels sein.

28. Rainer Maria Rilke: »Die erste Elegie« in *Rainer Maria Rilke – Gesammelte Werke,* Stuttgart: Reclam Bibliothek, 2015, Seite 757.

29. Robert Sardello: *Silence: The Mystery of Wholeness,* Seite 72.

Kapitel 3

Das Gebet der Sammlung und die Aufmerksamkeit des Herzens

IN DEN DREISSIG JAHREN, SEIT DAS GEBET DER SAMMLUNG sich erstmals über die Mauern der Saint Joseph's Abbey in Spencer, Massachusetts, hinaus verbreitete und zu einer Laienbewegung geworden ist, hat es im Kanon der christlichen kontemplativen Praxis gewiss tiefe und (so ist zu hoffen) dauerhafte Wurzeln geschlagen. Trotzdem muss es noch immer gegen die Mauern der überlieferten Tradition ankämpfen. Ich spreche hier nicht von einer Angst, wie sie von Fundamentalisten geschürt wird (»Wenn du deinen Verstand leer machst, wird dich der Teufel holen!«), sondern von den ernsthaften Bedenken derjenigen, die tief durch die christliche kontemplative Tradition geprägt sind und meinen, dass dieses Gebet irgendwie »gegen die Regeln verstößt«. Gemäß klassischer Darlegung vollzieht sich das christliche Gebet »in Etappen«, es durchläuft Stufen. Und die kontemplative Stufe wird traditionsgemäß als die höchste oder subtilste betrachtet. »Man nimmt das Königreich nicht durch Gewalt«, heißt es in den abschließenden Worten eines kürzlich erschienenen, gedankenvollen Beitrags eines sehr erfahrenen Kommentators.[30] Der Kontemplation nähert man sich schrittweise von der Läuterung über die Erleuchtung bis zur Vereinigung: vom Kataphatischen zum Apophatischen.[31] Die Vorstellung von der »Leiter« des spirituellen Aufstiegs ist im Christentum derart tief verankert, dass es nahezu unmöglich anmutet, diese Reise auf eine andere Art und Weise zu begreifen: Das kontemplative Gebet ist »höher« angesiedelt und kann nur stufenweise über einen ansteigenden Weg der Läuterung und inneren Vorbereitung erreicht werden.

30. PETER FELDMEIER: "Centering Prayer and the Christian Contemplative Tradition" in *Spiritual Life* (Winter 2003), Seite 239.

31. Das heißt: von einer Stufe, auf der Gott noch mit Worten beschrieben wird (also einem begrifflichen Glauben), zu einer Stufe, die nur noch negative Aussagen über Gott zulässt (also einem Glauben jenseits von Begriffen) [A.d.Ü.].

Aber ist dem wirklich so?

»Man muss Dualität über eine lange Zeit erlebt haben, bis einem klar wird, dass es sie nicht gibt«, sagte Thomas Merton an einem Vortrag, den er vor Nonnen des Redwoods Klosters in Kalifornien hielt, kurz bevor er für die letzte Teilstrecke seines menschlichen Lebens ein Flugzeug nach Asien bestieg. »Denken Sie nicht, dass das dualistische Gebet einer niedrigen Stufe angehört. Das Niedrige ist höher. Es gibt darin keine Stufen. Sie können in jedem beliebigen Augenblick zur grundlegenden Einheit durchbrechen; das ist das Geschenk Gottes in Christus. Letztendlich ist es der Lobpreis, der lobpreist. Es ist die Danksagung, die danksagt. Es ist Jesus, der betet. Offenheit ist alles.«[32]

Diese Worte über vereinigende, verwirklichte Meisterschaft verdeutlichen, dass Merton »dort angekommen ist«. Aber wie? War dieser Erkenntnisdurchbruch das Ergebnis seines langen Hinaufsteigens auf der traditionellen Leiter? Oder anders gefragt: Ist er das »Paradebeispiel« für die Behauptung, dass das klassische klösterliche Modell funktioniert? Oder ist sein vereinigendes Erwachen vergleichbar mit der Situation von Dorothy in der Schlussszene des *Zauberers von Oz,* als sie erfährt, dass sie die Schuhe, die sie nach Hause zu bringen vermögen, schon die ganze Zeit über an ihren Füßen getragen hat?

Natürlich kann diese Frage nicht beantwortet werden, und das will ich auch gar nicht versuchen; ich möchte sie lediglich als einen Hebel verwenden. Wie Philip Booth, der Poet aus Maine, schreibt: »*Wie* du dahin kommst, ist, *wo* du ankommst«,[33] und Mertons Reise konnte nur die Reise von Merton sein. Und doch kann die Tür, die er schließlich fand, nur als ein zeitloses und universales Tor betrachtet werden. Wie einige andere vor ihm und ein paar wenige bedeutende Mönche nach ihm (allen voran Thomas Keating), stieß er ganz einfach, so schätze ich es ein, auf diese verborgene »Hintertür« oder dieses »Wurmloch« im christlichen Weg, das uns aus dieser Reise »in Etappen« entlang der linearen Zeit heraustransportiert und uns hineinbefördert in die augenblickliche, nahtlose Fülle, aus der Gebet immer entsteht.

32. Zitiert in Patrick Hart [Hrsg.]: *Thomas Merton, Monk,* Garden City, NY: Image Books, 1976, Seite 90.

33. Philip Booth: "Heading Out" in: *Selves,* New York: Penguin Books, 1990, Seite 28.

Und er stieß auf diese »Hintertür« auf dieselbe Weise wie alle, die sie finden: im wachsenden Bewusstsein, dass die Höhle des Herzens nicht nur – und auch nicht vorrangig – durch Läuterung und Konzentration betreten wird, sondern durch Selbsthingabe und Loslassen. Dies ist der verborgene Pfad durch die Hintertür, den wir in diesem Kapitel erforschen wollen. In der christlichen spirituellen Tradition hat es ihn schon immer als Alternative zu jener »Leiter des Aufstiegs« gegeben. Vielleicht ist er nicht so gut bekannt, doch absolut ›orthodox‹ und sogar verlässlicher, da er sich letztlich aus der direkten Lehre und dem Selbstverständnis Jesu herleitet. Aus diesem alternativen Weg zieht das Gebet der Sammlung seine Legitimität und seine kraftvolle Fähigkeit, zu heilen und zu vereinen.

Das Gebet der Sammlung als sich selbst entäußernde Liebe

Der erste Teil dieses Buches hat hoffentlich verdeutlicht, dass die Methode des Gebets der Sammlung vollständig auf der Haltung der Hingabe, des Sich-Ergebens, des Loslassens beruht. Seine theologische Grundlage ist das in Philipper 2.6 beschriebene Prinzip der Kenosis, der selbstentäußernden Liebe Jesu, die den Kern seines eigenen Selbstverständnisses und seiner Art zu leben bildete. Während der Gebetszeit wird dieses Sich-Ergeben praktiziert, indem auftauchende Gedanken losgelassen werden. Im Unterschied zu anderen Meditationsformen ist weder fokussierte Achtsamkeit noch eine konstante bezeugende Präsenz gefragt. Es ist nicht nötig, den Gedanken zu »folgen«, wenn sie an der Oberfläche erscheinen; es geht nur darum, sie loszulassen, sobald wir realisieren, dass wir begonnen haben zu denken.

Mit zunehmender Übung prägt sich uns diese Praxis des Loslassens innerlich ein und beginnt, ein »magnetisches Zentrum« in uns zu generieren; auf einer subtilen physischen Ebene können wir es tatsächlich in der Region des Solar Plexus als ein »Fallenlassen und Lösen« und als ein Ins-Zentrum-gezogen-Werden empfinden. Es hält uns während der Gebetszeit an diesem Ort tieferer spiritueller Aufmerksamkeit. Nicht lange, nachdem diese anfängliche »Beschränkung auf das Herz« eingesetzt hat, beginnen die meisten erfahrenen Praktizierenden, auch außerhalb der Gebetszeiten dieses Ins-Zentrum-gezogen-Werden zu spüren, das sie an den immer tiefer werdenden Gebetsfluss erinnert, der angefangen hat, unter der Oberfläche ihres gewöhnlichen Lebens in ihnen zu fließen. Das Ziel des Gebets der Sammlung ist nicht, durch kontemplative Stille oder mystische Erfahrung Gott zu »erreichen«; vielmehr soll es die Praktizierenden darin unterweisen, wie sie sich spontan auf die unablässig schöpferische und umhüllende Präsenz Jesu ausrichten können, indem sie seiner kenotischen Praxis in allen Lebenslagen nacheifern.

Somit findet sich die Relevanz dieses Gebets nicht während der Gebetszeit selbst; das, was man im Allgemeinen unter einer »mystischen Erfahrung« versteht, wird vom Gebet der Sammlung weder beabsichtigt noch gutgeheißen.[34] Stattdessen liegt seine Bedeutung in seinem Vermögen, eine Person langsam, aber stetig mit »der Gesinnung Christi« in Übereinstimmung zu bringen, und in einer Lebenseinstellung des Mitgefühls, der Großzügigkeit und der Freiheit, die daraus entspringt.

»Gott sollte wie ein Zahnschmerz mit sich getragen werden!«, erklärte der orthodoxe Lehrer des neunzehnten Jahrhunderts Theophan der Klausner.[35] Während die meisten von uns vielleicht eine sanftere Metapher bevorzugt hätten, liefert sie doch ein eindrückliches Bild für die Tatsache, dass unser Gottesbegriff ein *sinnlicher* ist. Sich an Gott zu erinnern, ist kein mentales Konzept, sondern eine Schwingung tief in unserem Körper, eine Leitstrahlfrequenz, auf die wir uns zunehmend sensitiv eingestimmen können.

Dieses wachsende Erfahrungsbewusstsein eines magnetischen Zentrums ist von großer Bedeutung, nicht nur für unsere persönliche spirituelle Entwicklung, sondern wegen des neuen Lichts, das es auf die altehrwürdige Anforderung des westlichen spirituellen Weges wirft: auf das Ziel, den »Verstand in das Herz zu bringen.« Vor diesem Hintergrund – so hoffe ich, hier aufzeigen zu können – wird der kraftvolle und innovative Beitrag des Gebets der Sammlung zur überlieferten Weisheit der westlichen Spiritualität zur Gänze sichtbar.

34. Siehe Cynthia Bourgeault: *Centering Prayer and Inner Awakening*, Kapitel 5, "Spiritual Non-Possessiveness".

35. Aus einem privaten Gespräch mit Robin Amis im September 1992, als wir an seiner Neuveröffentlichung der gesammelten Schriften von Theophan dem Klausner zusammenarbeiteten. Robin Amis [Hrsg.]: *Theophan the Recluse: Writings on Prayer of the Heart*, Newburyport, MA: Praxis Press, 1992.

In Liebe über die Liebe hinaus

Wie im vorangegangenen Kapitel aufgezeigt, bringen die meisten westlichen Christen das Herz eher mit der Fähigkeit zu *fühlen* in Verbindung und sehen seine Hauptstärke in seinem Empathie- oder Einfühlungsvermögen. Auch das alte populär-psychologische Klischee von »im Herzen sein« versus »im Kopf sein« beruht auf unserer festen Überzeugung, das Herz spiegle durch seine Fähigkeit zu fühlen, zu lieben und emphatisch zu sein, die wahre Person wider. Falls es zu spiritueller Wahrnehmung fähig ist, wird diese durch die Liebe ausgeübt. Daraus speist sich die unsterbliche Belehrung in der *Wolke des Nichtwissens:* »Von der Liebe lässt Er [Gott] Sich umfassen und halten, vom Denken aber nicht.«[36]

Aus diesem Grund würde ich die Kernmethode, um »den Verstand ins Herz zu bringen«, so wie sie in der westlichen Tradition vorwiegend verstanden wird, wenig überraschend als die *Konzentration der Affektivität* beschreiben. Im christlichen Osten wie im christlichen Westen beginnt die Strategie für die spirituelle Transformation grundsätzlich mit dem Einsatz der natürlichen Gefühlsfähigkeit des Herzens. Ist dieses erst einmal durch starke Emotionen aufgewühlt, ist es nur noch ein überraschend kleiner Schritt, diese Emotionen durch die spirituelle Praxis zu konzentrieren und zu läutern und deren vibrierende Energie für das spirituelle Erwachen einzuspannen.

Wir sehen diese Strategie bereits in den Lehren und Schriften des spirituellen Meisters Johannes Cassianus aus dem vierten und fünften Jahrhundert am Werk, insbesondere in seiner zehnten *Unterredung mit den Vätern,* in der er dringend die ununterbrochene Verwendung des Gebetssatzes aus dem Psalm 70 empfiehlt: »Gott, komm mir zu Hilfe, Herr eile, mir zu helfen!« Cassianus erklärt: »Nicht ohne Grund wurde aus der ganzen Schrift dieser Vers als Sinnspruch ausgewählt. Er enthält all die Gefühle, derer die menschliche Natur fähig ist.«[37] Das Zulassen der ganzen Intensität

36. *Wolke des Nichtwissens*, Seite 48.

37. John Cassian: *Conferences,* übersetzt von Colm Luibheid, Mahwah, NJ: Paulist Press, 1985, Seite 133. Cassianus' vollständige Erklärung lautet wie folgt: »Er enthält angesichts jedweder Gefahr eine Anrufung Gottes. Er drückt die Demut eines ehrfürchtigen Glaubensbekenntnisses aus. Er vermittelt die Wachsamkeit, die aus endloser Sorge und Angst entstanden ist. Er transportiert das

dieser Gefühle entfacht ein inneres Feuer, das unser Herz aus seiner egozentrischen Umlaufbahn hinaus- und unmittelbar ins Herz Gottes hineinkatapultiert.

Tatsächlich ist es, wie christliche kontemplative Lehrer seit den Wüstenzeiten bis in unsere heutigen Tage immer wieder beteuert haben, ohne diese entscheidende Intensität des inneren Feuers so gut wie unmöglich, der Zentrifugalkraft des menschlichen Egoismus zu entfliehen. Es braucht Gold, um Gold zu erschaffen. Ein brennendes Herz, selbst wenn es aus fleischlicher Liebe lodert, kann direkt auf die Kontemplation von Höherem gelenkt werden; ein Herz aus Stein jedoch reist nirgendwohin. Wie der heilige Johannes Klimakos mit Tiefblick beobachtete:

> Ich sah unreine Seelen, die sich kopfüber in einer wilden Ekstase in den körperlichen *Eros* warfen. Es war genau ihre Erfahrung dieses Eros, die sie zu innerer Verwandlung führte. Sie konzentrierten ihren Eros auf den Herrn. Sie überwanden ihre Angst und versuchten, Gott mit unstillbarem Verlangen zu lieben. Darum sprach Christus zu der Frau, die eine Sünderin gewesen war; und er sagte nicht, sie habe aus Furcht gehandelt, sondern dass sie sehr geliebt hatte und es ihr daher ein Leichtes war, in Liebe über die Liebe hinauszugelangen.[38]

Dieses Ziel, »in Liebe über die Liebe hinauszugelangen« oder, in anderen Worten, die Aspekte der Hingebung und der Wahrnehmung des Herzens in einer einzigen mystischen Flamme zu vereinen, offenbart das Geheimnis, warum das Christentum das Tor zum inneren Erwachen schon immer in der Affektivität gesehen hat. Dieselbe Vorliebe erkennen wir in der geistigen Praxis der *lectio Divina,* in der die dritte Stufe (*oratio*) die konzentrierte Aufmerksamkeit eines Verstandes, der sich durch die zweite Stufe

Eingeständnis unserer Zerbrechlichkeit, die Gewissheit, gehört zu werden, und das Vertrauen in die Hilfe, die immer und überall gegenwärtig ist.«

38. Johannes Klimakos in der »Fünften Stufe« seiner *Leiter zum Paradiese,* zitiert aus Joseph Chu-Cong: *The Contemplative Experience,* New York: Crossroad, 1999, Seite 27. Dieses Ziel entspricht tatsächlich der grundlegenden Pädagogik der monastischen Liebesmystik, die wie ein großer unterirdischer Fluss durch die Spiritualität des christlichen Westens floss und ihren Höhepunkt in den Schriften des heiligen Bernhards von Clairvaux fand. Pater Chu-Congs Buch ist eine tiefschürfende und doch leicht zugängliche Einführung in diese große Tradition.

(*meditatio*) gesammelt hat, nehmen und sie auf ein Niveau emotionaler Intensität anfachen soll, auf dem die Grenzen des egoischen Bewusstseins zumindest für die Dauer des Gebets wegschmelzen. Und wir finden sie auch im Jesusgebet – »Herr Jesus Christus, erbarme dich meiner« –, dem grundlegenden Gebet der orthodoxen Spiritualität: Rein oberflächlich haben wir es hier mit einem Mantra zu tun, doch in Tat und Wahrheit gewinnt das Gebet seine Kraft aus der Konzentration auf die affektive Liebe.

In meinen Augen ist dies auch der Grund dafür, dass die christliche Tradition nie einen einfachen Zugang zur Meditation gefunden hat und sich auch nie in Gänze mit einer Methode anfreunden konnte, die scheinbar einer ihrer Grundannahmen widerspricht: nämlich, dass es unmöglich sei, zum Apophatischen zu gelangen, ohne zuvor durch das Kataphatische gegangen zu sein – das heißt durch die Konzentration der Affektivität. Wenn wir deren Transformation, mit dem Eros als dem Quecksilber der Verwandlung, bewerkstelligen wollen, zieht dies notwendigerweise eine lange, zähe Plackerei durch die Mühlen der Reinigung und inneren Vorbereitung nach sich, bevor die Seele bereit ist, in reiner Kontemplation »die Strahlen der Liebe zu ertragen« (um die Worte William Blakes zu bemühen). In der Pädagogik des christlichen Westens wie der des Ostens hat eine überwältigende Mehrheit diesen Entwicklungspfad favorisiert.

Wachsamkeit des Herzens

Doch die Mehrheit ist nicht dasselbe wie alle. Auch wenn die »Konzentration der Affektivität« das Feld der christlichen Spiritualität klar beherrscht, gibt es durchaus einen anderen Weg ins Zentrum, und Symeon der Neue Theologe ist einer derjenigen, die diesen einschlugen. Seine erstaunlich unbekannte Schrift über die »Drei Methoden der Wachsamkeit und des Gebets« ist eine der wichtigsten verfügbaren Quellen, um das Gebet der Sammlung innerhalb der weiteren Tradition des christlichen inneren Gebets zu verorten und um seine innovativen, doch vollkommen orthodoxen Ausgangspunkte zu bestätigen.[39]

39. E. Kadloubovsky und E. M. Palmer [Hrsg. & Übers.]: *Writings from the Philokalia on Prayer of the Heart,* London und Boston: Faber and Faber, 1951, 1992, Seiten 152–161.

In meinem Buch *Centering Prayer and Inner Awakening* habe ich bereits ausführlich über Symeon geschrieben, aber lassen Sie mich hier die wesentlichen Punkte kurz zusammenfassen. Symeon war einer der brillantesten Theologen seiner Zeit, wenn nicht überhaupt. Seine Lebensspanne (949–1022) liegt genau ein Jahrtausend zurück, doch die Themen, mit denen er sich im elften Jahrhundert herumschlug, sind in unserer Zeit noch immer topaktuell. Im Wesentlichen bestand Symeon auf die Dimension der *bewussten Präsenz* in unserer menschlichen Beziehung mit dem Göttlichen – oder auf die »Wachsamkeit des Herzens«, wie er es nannte.

Wenn diese Art der Aufmerksamkeit nicht entwickelt wird, so beteuert Symeon, »ist es unmöglich, Reinheit im Herzen zu haben; unmöglich, die Seligpreisungen zu erfüllen.«[40] Nur wenn der Verstand »im Herzen ist«, verankert in und verbunden mit dieser tiefen Quelle spirituellen Bewusstseins, ist es möglich, die Lehren Jesu ohne Scheinheiligkeit oder einen Burn-out zu leben. Das Evangelium verlangt radikale Offenheit und Mitgefühl, das die Fähigkeit eines besorgten, angstgetriebenen Egos übersteigt.

Doch wie können wir in diese tiefen Wasser hinabtauchen? Symeon zeigt uns drei Möglichkeiten auf. Die erste ist der klassische Pfad der »Konzentration der Affektivität«, wie wir sie soeben beschrieben haben:

> Wenn ein Mensch im Gebet steht, seine Hände, seine Augen und seinen Geist gen Himmel gerichtet, sich Göttlicher Gedanken erinnert, an himmlische Wohltaten, Hierarchien von Engeln und die Wohnstätten der Heiligen denkt, sich in Kürze alles in Erinnerung ruft, was er aus der Heiligen Schrift gelernt hat, und darüber nachdenkt, während er betet, zum Himmel schaut und somit seine Seele veranlasst, Gott zu ersehnen und zu lieben, von Zeit zu Zeit sogar Tränen vergießt und weint, dann ist dies die erste Methode von Aufmerksamkeit und Gebet.[41]

Das Problem bei dieser traditionellen Methode liegt gemäß Symeon darin, dass sie in hohem Maße von der Stimulation unserer

40. Ebenda, Seite 153.
41. Ebenda.

nach außen gerichteten Fähigkeiten abhängt, was letzten Endes eine Selbsttäuschung ist und gar zur Sucht werden kann, weil sie dazu führt, dass wir von Lichtern, süßen Düften und »ähnlich gelagerten Phänomenen« als Anzeichen für Gottes Gegenwart abhängig werden. »Wenn solch ein Mensch sich dann selbst in Stille begibt«, fügt Symeon schonungslos hinzu, »kann er es kaum vermeiden, den Verstand zu verlieren.«[42]

Die zweite von ihm untersuchte Methode ist die Selbstbeobachtung und das Sammeln der Gedanken, »sodass sie aufhören umherzuwandern« – der klassische Ansatz einer auf Gewahrsein basierenden Praxis. Dieser stützt sich stark auf Übungen innerer Aufmerksamkeit, Selbsterinnerung und Bewusstseinserforschung. Aber der verhängnisvolle Fehler bei dieser Methode liegt, wie Symeon beobachtet, darin, dass eine praktizierende Person »im Kopf verbleibt, wohingegen die sündhaften Gedanken im Herzen erzeugt werden.«[43] Anders gesagt: Die strebsam suchende Person wird wahrscheinlich von ihren starken unbewussten Impulsen überrumpelt.

Symeon definiert die dritte Methode als *Wachsamkeit des Herzens* und beschreibt sie folgendermaßen:

> Du solltest vor allem drei Dinge beachten: Freiheit von jeglichem Grübeln, nicht nur über schlechte und unwichtige, sondern auch über gute Angelegenheiten [...]; dein Gewissen sollte so rein sein, dass es dich in keiner Hinsicht belastet; und du solltest keinerlei leidenschaftliche Bindung haben, sodass sich dein Denken nichts Weltlichem zuneigt.[44]

Diese Beobachtung Symeons ist außerordentlich wichtig, da er hier im Grunde genommen die Praxis der kenotischen Hingabe beschreibt. Das größte Desiderat oder Ziel des spirituellen Lebens, die Wachsamkeit des Herzens, wird, so spürt er, nicht so sehr durch die Konzentration der Affektivität erreicht, sondern vielmehr durch das einfache Loslassen dessen, woran wir uns klammern – handelt es sich nun um gute oder schlechte Dinge. Er

42. Ebenda.

43. Ebenda, Seite 154. In diesem Zusammenhang bezieht sich das Wort »Herz« offensichtlich auf das, was wir heute »das Unterbewusste« nennen würden, eine für Symeon nicht verfügbare Nuance.

44. Ebenda, Seite 158.

empfiehlt, mit der bloßen Geste des Loslassens zu beginnen. Die Wachsamkeit des Herzens kann sicherlich durch konzentrierte Affektivität geweckt werden; doch ebenso gut kann sie durch das Aufgeben der Leidenschaften und die Entspannung des Willens hervorgebracht werden.

Symeon beschreibt ganz offenkundig eine integrierte Praxis, die Gebet und Alltagsleben kombiniert, und es ist fast unheimlich, wie genau seine Worte mit der grundlegenden Methodik des Gebets der Sammlung übereinstimmen. Wenn sich eine Person im Gebet der Sammlung befindet und versucht, »keinen Gedanken zu bekämpfen, keinen Gedanken zu bewahren und keinen Gedanken zu beantworten«, tut sie in zunehmendem Maße kleine, aber vollkommen echte Schritte zur »Freiheit von jeglichem Grübeln«. Dies ist Symeons »Wachsamkeit des Herzens«, von der er erklärt, sie sei von wahrem Gebet und wahrer Verwandlung nicht zu trennen. Es lässt sich durchaus argumentieren, dass es Thomas Keating wirklich gelungen ist, Symeons Wachsamkeit des Herzens eine Meditationsform zu geben und damit einen mächtigen neuen Zugangspunkt zur traditionellen Weisheit des christlichen inneren Pfades zu eröffnen. Sein Ansatz ist, so wie der von Symeon, innovativ, aber gänzlich orthodox, wenn wir erst einmal begriffen haben, wo er herkommt. Die Verbindung zwischen dem Gebet der Sammung und Symeons Wachsamkeit des Herzens ist ein weiteres Glied in der Kette, die das Gebet der Sammlung fest in die Linie der christlichen Kenosis, verstanden als spiritueller Weg, einbindet.

Den Weg zum Herzen finden

»Behalte deinen Verstand dort [im Herzen]«, rät Symeon, und »versuche unter allen Umständen, den Ort zu finden, wo das Herz ist.« In seinem Buch *Lost Christianity* greift Jacob Needleman die Ironie des Ganzen auf: nämlich, dass wir am Anfang noch nicht wissen, wo das Herz ist. Wir erfahren es durch den Prozess des wiederholten Einstimmens.[45]

Ich vermute, dass hiermit die wahre Reise sowohl von Thomas Merton als auch von Thomas Keating beschrieben ist – und zwei-

45. Jacob Needleman: *Lost Christianity,* New York: Doubleday, 1980, Seite 162. Das Zitat von Symeon stammt aus *Writings from the Philokalia,* Seite 158.

felsohne auch die von Symeon. In ihrem jeweiligen klösterlichen Noviziat »war die erste Methode von Aufmerksamkeit und Gebet« das, was verfügbar war, und jeder von ihnen praktizierte sie ausgiebig. (In der Anfangszeit der Unterweisung in das Gebet der Sammlung wurde das heilige Wort zunächst als »Liebeswort« beschrieben, als Affektivität in Kurzform oder anders ausgedrückt: als eine intensive, konzentrierte Variante »aller Gefühle, die der Mensch kennt«.)[46] Schließlich kamen diese spirituellen Lehrer durch die Erfahrung der Kontemplation zu der Erkenntnis, dass es schon immer die Hingabe gewesen war, die sie nach Hause getragen hatte.

In seiner unnachahmlichen Art bringt Thomas Merton die Wahrheit dieses zeitlosen Augenblicks genau auf den Punkt: die »Aha«-Erkenntnis, welche Symeons (und auch Needlemans) Koan vom »Weg zum Herzen« auflöst:

> Dieser Akt der vollständigen Hingabe ist nicht bloß ein fantastisches intellektuelles und mystisches Glücksspiel; er ist etwas sehr viel Ernsthafteres: Er ist ein Akt der Liebe für diesen Unsichtbaren, Der just in diesem Geschenk der Liebe, mit welchem wir uns in Seine Wirklichkeit ergeben, uns auch Seine Gegenwart oder Präsenz erfahren lässt.[47]

Wenn das stimmt, worauf er in dieser bemerkenswerten Einsicht einen Blick werfen durfte, dann können wir jenen, die im Gebet der Sammlung mit allzu großer Besorgnis einen Verstoß gegen die traditionelle Pädagogik sehen, nur freundlich entgegnen: »Allen wird es gut gehen, und alles Mögliche wird gut werden.«[48] Denn, wenn letzten Endes dieser »Unsichtbare« gegenwärtig ist, wird sich

46. Diesem Aspekt des heiligen Wortes verlieh Pater Basil Pennington in seinen Lehren immer wieder Ausdruck. Weitere Anmerkungen dazu finden Sie in meinem Vorwort zu THOMAS KEATING und BASIL PENNINGTON: *Finding Grace at the Center,* Woodstock, VT: Skylight Paths, 2007.

47. THOMAS MERTON: *The Inner Experience: Notes on Contemplation,* herausgegeben von William H. Shannon, San Francisco: HarperCollins, 2003, Seite 44. Dieses Werk fasst eine Reihe von Beiträgen zusammen, die ursprünglich im Jahr 1983 unter dem Titel "The Contemplative Experience" in aufeinanderfolgenden Ausgaben von *The Cistercian Review* erschienen sind. Auf das Zitat bin ich 1995 in der Kopie eines dieser Artikel gestoßen, die ich einem Mönch der Saint Benedict's Abbey in Snowmass, Colorado, verdanke.

48. Juliana von Norwich.

das Herz niederknien – und alles Übrige wird sich von selbst ergeben.

Es stimmt tatsächlich, dass Ego-getriebener Ehrgeiz uns auf sehr bedenkliche Abwege führen kann. Wir sollten niemals außer Acht lassen, dass *spiritueller Ehrgeiz und Wachsamkeit des Herzens sich gegenseitig ausschließen.* Die Stolzen mögen fallen, doch nicht, wenn sie dem Weg des Herzens folgen, weil das Herz über eine eingebaute Sicherung verfügt: Es nimmt nur im Zustand der Hingabe wahr (was buchstäblich bedeutet, wenn wir uns »selbst ausliefern«, uns vollkommen anvertrauen). Mit anderen Worten: Das Herz kann seine Funktion als Organ spiritueller Wahrnehmung nur in dem Ausmaß erfüllen, in dem es vermag, sich selbst auf »die Unendlichkeit der Liebe« (wie Kabir Helminski es ausdrückt) moralisch einzustimmen, in dem Maß, in dem es fähig und willens ist, mit der Liebe übereinzustimmen, ja zur Liebe selbst zu werden. Denn die Liebe ist die äußerste und letztendlich *die einzige* Läuterung. Doch diese »Liebe, die die Sonne und die Sterne bewegt«, ist kein Gefühl, kein auf Gott fixierter Eros; vielmehr ist sie die alchimistische Agape, die ins Sein kommt, wenn der Eros im Akt des Sichselbst-Verschenkens ganz wird. Wann und wo auch immer auf dem Weg des Gebets dieses große Geheimnis verstanden wird, verändert es augenblicklich das Spielfeld.

Kapitel 4

Das Gebet der Sammlung als Praxis des Bezeugens

WARUM IST DAS SO SCHWIERIG? ICH KANN SAGEN, DASS IN den siebzehn Jahren, seitdem mein Buch *Centering Prayer and Inner Awakening* erschienen ist, sein Kapitel über den »inneren Beobachter« die meiste Verwirrung, wenn nicht sogar regelrechtes Unbehagen gestiftet hat. Aus irgendeinem Grund fällt Christen diese Vorstellung schwer und ist für sie innerhalb ihrer Bezugspunkte nicht leicht zu verorten. Kurz bevor Pater Basil Pennington starb (der dritte Mönch im Dreigestirn der Trappisten, die der Welt das Gebet der Sammlung brachten), verfasste er eine äußerst kritische Rezension über dieses Kapitel und prangerte es als »esoterisch« und »nicht-christlich« an. Ein anderer Mönch aus der Gemeinschaft überzeugte ihn, diese Besprechung zurückzuziehen, doch selbst Thomas Keating fragte mich, ob dieses Thema vielleicht »allzu fortschrittlich für die meisten Praktizierenden des Gebets der Sammlung« sei.

In jenem Gespräch, das nun einige Jahre zurückliegt, musste ich über seinen Kommentar schmunzeln und entgegnete: »Nun, Pater Thomas, wenn Oprah Winfrey und Millionen anderer Menschen auf dem Planeten diese Übung von Eckhart Tolle erlernen, kann sie nicht *dermaßen* fortschrittlich sein.« Doch das Unbehagen über ihren Platz in der christlichen kontemplativen Tradition hält bis heute an.

Zum Teil liegt das Problem darin begründet, dass die meisten der berühmten christlichen spirituellen Lehrerinnen und Lehrer heute die Messlatte entweder zu niedrig oder zu hoch ansetzen, wenn sie den Ausdruck hören. Für Gerald May, den Mitbegründer des einflussreichen Shalem Institute for Spiritual Formation, war der Beobachter (oder die bezeugende Präsenz) immer identisch mit dem »Selbstbild«: dem egoischen Über-Ich, das sich selbstbewusst in den natürlichen Fluss des Bewusstseins einmischt. May begriff den Beobachter als einen aufgesetzten und in der Regel wertenden

Hochstapler, der das Bewusstseinsfeld zerteilt in Subjekt und Objekt, in das, was man tun, und das, was man lassen sollte, in das, was sich gehört, und das, was sich nicht gehört. Und natürlich ist dieses sich einmischende Ego in den verschiedenen Schulen des inneren Beobachtens bekannt; es wird dort normalerweise »der egoische Zuschauer« genannt.[49] Doch dieser lästige Aufschneider ist vom wahren inneren Beobachter weit entfernt, und ihn hinter uns zu lassen, bedeutet einfach einen Vorwärtsschritt auf unserer Lernkurve.

Die Messlatte jedoch zu hoch anzulegen, wie es Thomas Keating tat, resultiert aus einem anderen Missverständnis – das meines Erachtens größtenteils mit dem Einfluss des zeitgenössischen Philosophen Ken Wilber zusammenhängt. Gemäß den grundsätzlich östlichen Straßenkarten Wilbers ist das Bezeugen ein »sehr hoher Zustand« (wie Keating es mir geschildert hat), der assoziiert wird mit der namenlosen und immer gegenwärtigen Selbstheit, die sogar im traumlosen Schlaf das Bewusstsein beibehält.[50] Dieser unveränderliche Zeuge ist tatsächlich die subtilste Verwirklichung auf der Skala des Bezeugens. Doch Bezeugen *ist* eine Skala, und zwischen ihren beiden Extremen, dem egoischen Zuschauer und dem verwirklichten Zeugen, entfaltet sich ein ganzes Kontinuum an spiritueller Erfahrung. Wenn die Praxis des inneren Beobach-

49. Gerald Mays Vorstellung vom inneren Beobachter oder Zeugen legte er erstmalig in seinem Buch *Will and Spirit,* San Francisco: Harper and Row, 1982, dar, einer wegweisenden Studie über die ineinander verschlungenen Wege von Spiritualität und Psychologie (insbesondere auf den Seiten 95–100 und 214–216). Seine Ansicht wird von seinem Kollegen Tilden Edwards geteilt, dessen Buch *Embracing the Call to Spiritual Depth: Gifts for Contemplative Living,* Mahwah, NJ: Paulist Press, 2010, dieses grundsätzliche Misstrauen gegenüber einer bezeugenden Praxis bekräftigt, indem es sie als den Gegenspieler des »direkten Gewahrseins« darstellt. Gemäß Edwards »ist der Beobachter das Auge unseres Ego-Selbstbildes« und »das Erste, dem wir begegnen, wenn wir versuchen, unser Selbstbild zu erfahren« (Seite 34). Eine alternative Darlegung des Bezeugens und wie dieses üblicherweise in den Schulen für innere Arbeit verstanden wurde – einschließlich einer hilfreichen Unterscheidung zwischen dem egoischen Zuschauer und der authentischen bezeugenden Präsenz – findet sich bei John Welwood: *Toward a Psychology of Awakening,* Boston: Shambhala Publications, 2000, Kapitel 8.

50. Indem er bekannten östlichen Modellen folgt, präsentiert Wilber die bezeugende Präsenz als den vierten von fünf möglichen Bewusstseinszuständen. In aufsteigender Reihenfolge lauten diese Ebenen *grobstofflich, feinstofflich* (oder *subtil*), *kausal, bezeugend* und *non-dual.* Einen kurzen Überblick hierzu finden Sie bei Ken Wilber: *Integrale Spiritualität,* Seite 53.

tens oder Bezeugens richtig verstanden und angewendet wird, entfaltet sich ein innerer Weg vom nervösen und sich einmischenden Zuschauer hin zu einem umfassenden und unbegrenzten Bewusstsein, das sich im Unendlichen gänzlich zuhause fühlt.

Selbstverständlich anerkennt Thomas Keating die *Funktion* des Bezeugens, auch wenn er sie nicht so nennt. Wenn er in einem seiner Videos[51] darüber spricht, wie eine kontemplative Praxis es einer Person erlaubt, die unvermeidlichen emotionalen Ärgernisse des Lebens als einen »zweitklassigen Film« anzuschauen – »Sie realisieren, dass Sie einfach rausgehen können!« –, beschreibt er damit exakt den üblichen Verlauf der bezeugenden Praxis. Was auch immer es ist, das uns erlaubt, vom Teufelskreis der Reaktionen und Kommentare, der Anziehung und Abneigung einen Schritt zurückzutreten, der uns in diese falschen »Glückseligkeitsprogramme« des Selbsts bannt, entfaltet sich tatsächlich in der Sphäre des Bezeugens. In funktioneller Hinsicht deckt Keatings Metapher vom »Rauslaufen aus dem Kino« genau jene Veränderung ab, die Eckhart Tolle als das Auftauchen aus der »gewöhnlichen Unbewusstheit« ins »Bewusstsein des Seins« beschreibt: »Was ich als ›gewöhnliche Unbewusstheit‹ bezeichne, bedeutet das Identifiziert-Sein mit deinen Gedankenprozessen und Emotionen, deinen Reaktionen, Wünschen und Abneigungen. Dies ist bei den meisten Menschen der Normalzustand. In diesem Zustand wirst du vom egoischen Verstand beherrscht und du bist dir des Seins nicht bewusst.«[52]

»Bewusstsein des Seins« ist das, worum es beim Bezeugen im Wesentlichen geht. Egal, ob dieses Sein nun erfahren wird als ein »Es«, ein »Wer« oder ein eher unbeschreibliches Empfinden innerer Positionierung (wir werden uns in Kürze genauer damit beschäftigen) – die meisten der großen spirituellen Wege legen Gewicht darauf, dass wir ohne eine gewisse Gewandtheit in innerer Beobachtung niemals über das egoische, narrative Selbst hinaus-

51. Diese vierundzwanzig Videos, aufgenommen von Pater Keating in den Jahren 1986–1987 und allgemein bekannt als *The Spiritual Journey,* dienen weiterhin als Hauptlehrplan für fortgeschrittene Praktizierende des Gebets der Sammlung. Sie sind erhältlich bei Contemplative Outreach (www.contemplativeoutreach.org), der internationalen Mitgliederorganisation der "Keating-Schule" des Gebets der Sammlung.

52. Eckhart Tolle: *The Power of Now: A Guide to Spiritual Enlightenment,* Vancouver, BC: Namaste Publishing, 1997, Seite 152; deutsch: *Jetzt! Die Kraft der Gegenwart,* Bielefeld: Kamphausen, 2000, Seite 85.

kommen: das Selbst mit seinen unzähligen Geschichten, welche die meisten von uns als Sitz unserer persönlichen Selbstheit missinterpretieren. Tatsächlich ist »der unbeobachtete Verstand« Tolles prägnante Definition von egoischer Selbstheit.

Nicht wer, sondern was

Wer ist dieser innere Zeuge? Unglücklicherweise ist das die falsche Frage. Sie verdinglicht das Bezeugen oder das Beobachten zu einer »Person«, die an der Seite unseres Bewusstseins wohnt, und schickt uns auf eine wilde Verfolgungsjagd zur Identitätsbestimmung dieser hypothetischen Person. Verschiedene Traditionen haben den Zeugen mit dem »wirklichen Ich«, »dem wahren Selbst« oder »dem Wesenskern« identifiziert, doch alle diese Namensgebungen verfehlen ihr Ziel. Bezeugen ist vor allen Dingen ein *Verb:* ein dem menschlichen Bewusstsein innewohnendes Vermögen, sich seiner selbst als einem Bewusstseinsfeld gewahr zu sein. Wenngleich persönlich, ist es doch keine Person – keine *Andere,* kein *Anderer* –, sondern eine subtile Fähigkeit des Bewusstseins, und diese ist, soweit wir wissen, ausschließlich der menschlichen Spezies eigen. Ihr Zweck scheint darin zu liegen, gleichzeitig die horizontale Achse – unser Leben innerhalb der Zeit – und das senkrechte reine Göttliche Bewusstsein im Auge zu behalten, welches diese unablässig schneidet. Robert Sardello bezieht sich darauf als »umfassendes Bewusstsein«,[53] und dieser Begriff funktioniert als Stellenbeschreibung recht gut. Es ist eine umfassendere Art, sich im eigenen Inneren aufzuhalten und den Wald vor lauter Bäumen nicht zu übersehen. Einige würden sogar sagen, dass dieses bewusste Verflechten von horizontalen und vertikalen (oder von endlichen und unendlichen) Dimensionen des Daseins die spezifische kosmische Aufgabe ist, mit der wir Menschen beauftragt sind: unsere Rolle in der geheimnisvollen Alchimie Göttlicher Selbstmanifestation.

Den Einwänden Basil Pennigtons zum Trotz ist die Vorstellung des Bezeugens in der christlichen Tradition nachweislich vertreten. In diesem Kapitel werde ich eine Reihe von Stimmen sowohl aus den westlichen als auch aus den östlichen kontemplativen Strömungen heranziehen, die eine deutliche Anerkennung der Übung

53. Robert Sardello: *Silence: The Mystery of Wholeness,* Seite 52.

an sich und ein gereiftes Verständnis von deren Feinheiten bekunden. Eine der deutlichsten Beschreibungen dieses Zustands des Bezeugens stammt in der Tat von demselben mittelalterlichen Kartäusermönch, der uns auch die *Wolke des Nichtwissens* geschenkt hat, die primäre Quelle für das Gebet der Sammlung. In einem späteren Buch, das traditionell unter dem Namen *Brief persönlicher Führung – Ein Meister unterweist seinen Schüler* bekannt ist, beschreibt dieser anonyme Mönch, was er eine »dunkle Wahrnehmung der Substanz des eigenen Seins« nennt, auf eine Art und Weise, die genau übereinstimmt mit der Ausführung Ken Wilbers über den erlangten Zustand der bezeugenden Präsenz:

> Ich sagte dir schon: Diese Übung ist kein Hindernis für deine tägliche Arbeit. Du wirst deiner täglichen Arbeit nachgehen und zugleich mit deiner ganzen Aufmerksamkeit auf die dunkle Wahrnehmung deines Seins gerichtet sein, das mit Gottes Sein vereint ist. Du wirst essen, trinken, schlafen, wachen, gehen, kommen, sprechen, hören, liegen und aufstehen, wirst stehen, knien und laufen, reiten, arbeiten und ruhen. In all deinem Tun wirst du Gott jeden Tag das Beste darbringen, was du zu geben hast. Diese Übung wird die Mitte all deines Tuns, ob aktiv oder kontemplativ.[54]

Doppelte Aufmerksamkeit oder einheitliches Feld?

Doch wie können wir lernen, dies zu tun? Das ist natürlich die zentrale Herausforderung in der Praxis des Bezeugens. Es scheint, wir seien dazu aufgefordert, einen Teil unserer Aufmerksamkeit *in Reserve* zu halten (um uns auf diese »dunkle Wahrnehmung« einzulassen), während wir gleichzeitig unseren Alltagsbeschäftigungen nachgehen. Aber wie?

Die klassische Strategie, die von Schulen der inneren Arbeit propagiert wird, verfolgt die Nutzung der Fähigkeit des Verstandes zur »doppelten Aufmerksamkeit«: die Fähigkeit, das Aufmerksamkeitsfeld zu teilen und sich gleichzeitig auf zwei Dinge zu konzentrieren. Während wir »essen«, »trinken«, »schlafen« und »wachen«, behalten wir einen Teil unserer Aufmerksamkeit in Reserve, um

54. *Wolke des Nichtwissens,* »Brief persönlicher Führung...«, Seite 184.

»uns unserer selbst zu erinnern« (wie der bezeugende oder beobachtende Zustand im Werk Gurdjieffs genannt wird,[55] in welchem ich mein eigenes Training erhielt). Während der zehn Jahre, in denen ich in diesem Werk involviert war, übten wir unverdrossen diese doppelte Aufmerksamkeit.

Aber es ist genau diese Unterweisung, die für die meisten Menschen so schwer zu handhaben und frustrierend ist. Für Gerald May und seinen Kollegen Tilden Edwards klingt »sich seines Daseins erinnern« wie »über sein Dasein *nachdenken*«, was einen umständlichen und offenkundig aufgesetzten Vermittler zwischen das Dasein und dessen direkte Wahrnehmung setzen würde, wie ein Fels im Fluss des Bewusstseins.[56] Wenn dieser Irrtum dann noch durch die Frage erschwert wird: »*Wer* ist derjenige, der beobachtet?«, dann kann das Ergebnis ein spiralförmiger Spiegelsaal sein, in dem der Beobachter den beobachtenden Beobachter beim Beobachten beobachtet – und immer weiter hinein in eine temporäre Schizophrenie! Das ganze Projekt, bei dem ein Teil des Verstandes einen anderen ausspioniert, ist einfach zu abstrakt.

Symeon der Neue Theologe, der orthodoxe spirituelle Meister des zehnten und elften Jahrhunderts, dem wir bereits im vorangegangenen Kapitel begegnetet sind, stieß mit seinem Scharfsinn auf eine weitere Schwierigkeit bei dieser traditionellen Strategie des inneren Beobachtens. Obwohl man den Begriff »Dissoziation« damals noch nicht kannte, war sich Symeon der Selbsttäuschung äußerst bewusst, die sehr leicht entsteht, wenn eine allzu mentale beobachtende Präsenz denkt, sie wache über sich selbst, doch in Tat und Wahrheit von ihren unbewussten Impulsen überrumpelt wird. In seinen bereits eingeführten »Drei Methoden der Wachsamkeit und des Gebets« beschreibt er sehr ironisch die mühsamen und sti-

55. Dieses »Werk« ist ein umfassendes System zur Erzielung inneren Erwachens, dessen tiefen Wurzeln weit in die alten Weisheitstraditionen Zentralasiens und des Nahen Ostens zurückreichen. Es stellt eine Kosmologie und gleichzeitig eine praktische Methodenlehre für das Erwachen und die innere Transformation des Menschen zur Verfügung. Entwickelt und in den Westen gebracht von dem geheimnisvollen armenischen spirituellen Lehrer Georges Iwanowitsch Gurdjieff (1866–1949), wurde es zu dessen Lebzeiten bewusst etwas im Verborgenen gehalten, legte aber schließlich die Grundlagen für das »innere Erwachen« unserer heutigen Zeit. Siehe dazu ROGER LIPSEY: *Gurdjieff in neuem Licht: Sein Leben, sein Werk, sein Vermächtnis,* Xanten: Chalice Verlag, 2020.

56. Diese Überlegungen waren Gegenstand eines E-Mail-Austauschs zwischen Tilden Edwards und mir im September 2009.

lisierten Vorgänge der doppelten Aufmerksamkeit des rein intellektuellen »Zeugens«:

> Die zweite Methode [des Gebets] ist folgende: Ein Mensch reißt seinen Geist von allen wahrgenommenen Gegenständen weg und führt ihn ins Innere des eigenen Selbsts, wo er seine Sinne beaufsichtigt und seine Gedanken zusammenhält, damit sie aufhören zu wandern, [...] und bemüht sich dann unter großen Anstrengungen und Strapazen, zu sich zurückzukommen, nachdem er von irgendeiner Leidenschaft erfasst und besiegt wurde.[57]

Symeon erkennt: »Die Besonderheit dieser Methode liegt [allerdings] darin, dass sie im Kopf stattfindet, ein Gedanke kämpft gegen den anderen.« Und die Gefahr ist nur allzu offensichtlich:

> In diesem Kampf gegen sich selbst kann ein Mensch niemals im Frieden mit sich selbst sein. [...] Solch ein Mensch ist wie einer, der seine Feinde in der Dunkelheit der Nacht bekämpft [...], weil er im Kopf bleibt, wohingegen sündhafte Gedanken im Herzen erzeugt werden. Er kann sie noch nicht einmal sehen, weil seine Wachsamkeit nicht in seinem Herzen ist.[58]

In dieser Textstelle mag unsere Aufmerksamkeit für einen Augenblick von Symeons eindrucksvoller Äußerung in Beschlag genommen werden, dass »sündhafte Gedanken im Herzen erzeugt werden.« Aber erinnern wir uns an Matthäus 15.19, wo Jesus sich ähnlich geäußert hat (»Denn aus dem Herzen kommen böse Gedanken, Mord, Ehebruch, Unzucht, Diebstahl, falsche Zeugenaussagen und Lästerungen«). Der anfängliche Schock, den diese Lehre für moderne Ohren erzeugt, mag etwas gemildert werden durch das Verständnis, dass in einer Zeit, in der die Vorstellung des Unterbewussten noch nicht erfunden war, das Herz als Sitz aller Antriebe galt, die nicht direkt unter bewusster Kontrolle stehen, einschließlich derer, die wir heute mit personalen und transpersonalen Aspekten in Verbindung bringen würden. In diesem Kon-

57. *Writings from the Philokalia,* Seite 154.
58. Ebenda.

text besagt Symeons Beobachtung unterm Strich also in etwa dasselbe wie Thomas Keatings vertraute zeitgenössische Lehre: »Das falsche Selbst fällt nicht auf Wunsch tot um.«

Wenn Sie Symeons Kommentar allerdings besonders aufmerksam lesen, werden Sie in seinem letzten Satz eine feine Nuance erkennen, die eine wirksame Auflösung dieses Dilemmas enthält, über dem wir hier grübeln. Die Aussage Symeons über diesen gescheiterten spirituell Praktizierenden lautet nicht, »dass seine Wachsamkeit nicht *auf* seinem Herzen ist«, sondern »nicht *in* seinem Herzen«. Und es ist genau diese winzige Präposition, die, so glaube ich, den Schlüssel zum Rätsel des inneren Beobachtens ganz herumdreht.

Es ist schwierig, sich Aufmerksamkeit oder Wachsamkeit anders als »auf etwas« vorzustellen. Es ist uns nahezu unmöglich, das Wort »achtgeben« ohne den Zusatz »auf« zu verwenden, dermaßen groß ist die Kraft dieses geheimnisvollen Energiefeldes, sich selbst in einer Subjekt-Objekt-Beziehung zu manifestieren. Traditionelle Meditationsmethoden der Konzentration wissen sehr wohl darum und geben daher dem Verstand ein einfaches Objekt für seine Aufmerksamkeit: die Atmung, ein Mantra, ein Bild.[59]

Doch Aufmerksamkeit ist nicht nur ein Kohlebogen, der vom Subjekt zum Objekt springt. Ebenso ist sie ein autonomes Energiefeld – eine feinstoffliche *Substanz* von extrem feiner Schwingung, wie einige Schulen der inneren Arbeit lehren. Und obwohl ihre gewöhnliche Konfiguration der Subjekt-Objekt-Modus ist, kann sie auch innerlich gehalten und als ein eigenständiges Schwingungsfeld erlebt werden: als eine aufgerollte Latenz, »zitternd wie Quecksilber« (in den Worten des Poeten Rūmī).[60] In dieser Konfigurierung »reflektiert sie nicht *über* das Dasein«, sondern *reflektiert* es: spiegelt es wie ein stiller Teich, schimmert mit derselben vibrierenden »Ich bin«-Präsenz. Sie wird zu einem kleinen, stark konzentrierten Seinsreservoir in uns selbst, einem Quell »spondischer« oder selbstopfernder Energie (wie Beatrice Bruteau sie nennt; siehe Seite 101),[61] auf die keine Aufmerksamkeit gerich-

59. Dies ist der wesentliche Unterschied zwischen dem Gebet der Sammlung und seiner Schwestermethode, der christlichen Meditation von John Main, in der darauf bestanden wird, dass Aufmerksamkeit an ein Mantra gebunden sein muss.

60. Dschalāl ad-Dīn Rūmī: *Von allem und vom Einen,* übersetzt von Annemarie Schimmel, München: Diederichs, 1988, Seite 58.

61. »Spondisch« stammt vom griechischen Wort für »Trankopfer« [A.d.Ü.].

tet werden muss, weil sie selbst das *Subjekt* der Aufmerksamkeit ist und nicht das Objekt. Wenn wir beginnen, diese Erfahrung zu verstehen, verändert sich schlagartig unsere innere Ausrichtung, weil wir uns tiefgreifend des Unterschieds bewusst werden zwischen *Auf*merksamkeit und [wie man mit einem deutschen Wortspiel vielleicht sagen könnte] *In*merksamkeit.

In ihrem meisterhaften Essay "Prayer and Identity" vertieft die zeitgenössische non-duale Philosophin Beatrice Bruteau diesen scheinbar geringfügigen, doch in Wirklichkeit aufschlussreichen Unterschied brillant. Nach ihrer einleitenden Behauptung, »die Wirkung von Gebet besteht darin, unser Identitätsgefühl zu transformieren«,[62] beginnt sie, das Wesen und die Richtung dieser Transformation darzulegen, indem sie zunächst auf das schaut, was *de*konstruiert werden muss:

> Die erste Aufgabe ist zweifellos die, Ihr Identitätsgefühl von Ihren Selbstbeschreibungen zu lösen. Damit ist nicht gemeint, dass Sie eine *andere* Beschreibung für sich finden, welche die richtige wäre. Es bedeutet zu erkennen, dass *Sie* nicht beschrieben werden können. Nichts von dem, was mit Ihrem Namen benannt wird – Ihr Körper, Ihre Geschichte, Ihre Persönlichkeit, Ihre Gefühle –, ist letzten Endes »Sie«. Was auch immer beschrieben und von anderen Beschreibungen unterschieden werden kann, all das gilt es abzustreifen, damit die übriggebliebene Selbstheit als »nackt« bezeichnet werden kann, wie es in den mystischen Überlieferungen häufig geschieht.[63]

Wir lassen das gewohnte psychologische Universum hinter uns, und zwar aufgrund der entscheidenden Entdeckung, dass das wahre Selbst niemals einfach nur eine gründlich gesäuberte, hochfunktionelle Version des »falschen Selbsts« sein kann. Es existiert auf einer völlig anderen Ebene. Bruteau fährt eindrucksvoll fort:

> Beachten Sie, dass dieses Identitätsgefühl eine innere Standortbestimmung oder Perspektive ist; es ist nicht so, dass wir außerhalb unserer selbst stehen und auf uns zurückblicken.

62. Cynthia Bourgeault: "Beatrice Bruteau's 'Prayer and Identity'" in Thomas Keating [et al.]: *Spirituality, Contemplation, and Transformation: Writings on Centering Prayer*, New York: Lantern Books, 2008, Seite 84.
63. Ebenda, Seite 101.

> Es ist, als ob wir wüssten, wo wir sind, aufgrund unseres Gefühls für die Schwerkraft oder für unsere Körperhaltung oder unseres Blickwinkels, von dem aus wir schauen. *Wir müssen mit unserem subjektiven Akt des Bewusst-Seins zusammenfallen* [koinzidieren], *und nicht über die Tatsache unseres Seins oder unseres Bewusst-Seins nachdenken* [reflektieren].[64]

In diesem einen kurzen Satz, den ich kursiv ausgezeichnet habe, bietet Bruteau die beste Beschreibung der klassischen Bewandtnis des inneren Beobachtens, die ich jemals gelesen habe, und sie unterscheidet gut zwischen Bezeugen als »über etwas nachdenken« und Bezeugen als »mit etwas zusammenfallen«. Sie erläutert anschließend, dass der springende Punkt bei dieser Unterscheidung etwas mit *Empfindung* zu tun hat:

> Wir lernen es durch eine Art Üben, so wie wir gelernt haben, beim Laufen, beim Fahrradfahren oder beim Schwimmen unser Gleichgewicht zu halten. Wir lernen es genauso, wie wir lernen, beim Tanzen oder beim Spielen eines Musikinstruments genau den einen Muskel zu bewegen und nicht den danebenliegenden. Wir lernen es so, wie wir im Biofeedback-Training lernen, Alphawellen im Gehirn zu erzeugen oder unseren Blutdruck zu senken. Es ist ein bestimmtes feines Gespür dafür, wo wir sind und wie es uns geht – innerlich. Wir werden »den Dreh herausbekommen«, plötzlich oder allmählich.[65]

Das bedeutet, dass Beobachten überhaupt kein mentaler Vorgang ist. Es geht nicht darum, *für* etwas aufmerksam zu sein, sondern vielmehr darum, das angeborene innere Gefühl für Schwerkraft zu entdecken, das sich selbst als Sitz der Aufmerksamkeit anbietet, als der Ort, *von* dem aus wir aufmerksam sind. Der Zugangsweg verläuft nicht über Erkenntnis, sondern über eine somatischere Einprägung oder einen leibhaftigeren Eindruck; Bruteaus Analogien stammen alle aus dem Bereich des körperlichen Trainings. Wenn erst der eigene Weg zu diesem inneren Zentrum gefunden ist, wird dieses zum Ort, zu dem das tiefste Selbstgefühl automatisch zu-

64. Ebenda, Seite 102.
65. Ebenda.

rückkehrt wie ein zur Ruhe kommendes Pendel. Von diesem Ort aus ist es möglich, zu »wissen«, indem wir mit der Wirklichkeit zusammenfallen und nicht indem wir über sie nachdenken. Auf diese Weise fallen das ermüdende Selbstbewusstsein und die »doppelte Sicht« des mental zentrierten Beobachters weg und werden ersetzt durch einen spontanen inneren Frieden, der gleichzeitig im Sein ruhen kann, während er dem Jetzt Aufmerksamkeit schenkt. »Schau, Mama, ich fahre ganz freihändig!« – denn die bezeugende Präsenz ruht tiefer, im Schwerpunkt des eigenen Seins und überlässt es dem Verstand, das zu tun, was er am besten kann: den Überblick über die zeitliche Bühne zu behalten.

Sein »erlangen«

Ohne es direkt anzusprechen, verweisen viele Lehrer der inneren Tradition darauf, dass diese Fähigkeit nicht bloß eine Technik ist, die wir erlernen können. Die Fähigkeit, »mit dem subjektiven Akt des Bewusst-Seins zusammenzufallen« (anstatt einfach in eine mentale Reflexion zu verfallen), ist an sich bereits ein hochenergetischer spiritueller Zustand und verlangt ein beträchtliches Maß an innerem Sein (oder »Präsenz«), um aufrechterhalten zu werden. Diese Präsenz muss »akkumuliert«, nicht nur gemeistert werden. Bis eine bestimmte kritische Schwelle erreicht ist, gleiten wir unweigerlich wieder in den mentalen Operationsmodus zurück, weil unsere innere Kraft, für das Sein präsent zu bleiben, noch nicht ausreicht. In der klassischen inneren Lehre hängt dieses Vermögen zu anhaltender Präsenz von der Akkumulation dessen ab, was als »freie Aufmerksamkeit« bezeichnet wird – womit die Aufmerksamkeit gemeint ist, die in der Lage ist, in dem bereits besprochenen (»wie Quecksilber zitternden«) inneren einheitlichen Feld zu verbleiben, anstatt sich dauernd in identifizierten Reaktionen nach außen ziehen zu lassen.

Der große Energieabfluss, dem unsere Fähigkeit zu reinem Sein unterliegt, geschieht durch unsere tiefverwurzelte Gewohnheit, »uns mit unseren Selbstbeschreibungen zu identifizieren«, wie Bruteau es formuliert, – also unsere Aufmerksamkeit automatisch in den Subjekt-Objekt-Modus fließen zu lassen, anstatt sie »im Herzen« zu bewahren, wie Symeon der Neue Theologe mahnt. Das Problem liegt nicht nur in der Unzulänglichkeit der Beschreibungen; das schwerwiegendere Problem besteht darin, dass dieser Prozess an sich äußerst entropisch ist. Der repetitive Vorgang, sich selbst durch Identifizierung zu finden (auch wenn dies mit wahren und angemessenen Beschreibungen versucht wird), hält die Seinsenergie knapp unterhalb der kritischen Schwelle, die nötig wäre, um dem Gravitationsfeld der narrativen Selbstheit zu entkommen.

Wie Symeon der Neue Theologe bemerkte, ist somit die altehrwürdige Strategie, »den Ort zu finden, wo das Herz ist« (siehe Seite 87 ff) – also die Fähigkeit, die bezeugende Präsenz aus diesem inneren Zentrum der Schwerkraft heraus zu unterstützen anstatt vom Verstand aus –, nichts anderes als ein *Loslassen des Identifizierens.* Lösen wir die Bindung und brechen wir die Siegel des Subjekt-Objekt-Modus der Aufmerksamkeit, dann ist das, was zum Vorschein kommt, ein äußerst energetisiertes Feld reiner »freier Aufmerksamkeit«, die schließlich ein neues Zentrum der Selbstheit ins Leben ruft. Bruteau beschreibt die Beziehung zwischen dem Zurückziehen der Energie von den Deskriptoren (oder »Prädikaten«, wie sie diese hier nennt) und ihrem Wiedererlangen als reines Sein in einer Textstelle von beispielloser Schönheit und Klarheit:

> Wenn Sie sich aller Prädikate vollständig entleert haben – einschließlich der Selbstbeschreibung als ein »Empfänger« –, sind Sie äußerst ausgefüllt von reinem »Ich bin.« Und genau dann, wenn dieser Punkt erreicht ist, explodiert dieses in die schöpferisch ausströmende Energie. [...] Ich bezeichne diese Energie als »spondisch« oder »selbstopfernd«, weil sie sich ergießt wie ein heiliges Trankopfer, und diese vollkommene Freiheit nenne ich »schöpferische Freiheit«.[66]

Das magnetische Zentrum

Praktizierende des Gebets der Sammlung begreifen schon früh, wie dieses Abfließen, zu dem unsere Aufmerksamkeit neigt, unterbrochen werden kann. Da das Gebet zur Gänze mit »Intention und nicht mit Attention« arbeitet (wie Thomas Keating immer wieder betonte), hat unsere Aufmerksamkeit keinen besonderen Fokus, noch nicht einmal den Atem oder ein Mantra. Die Übenden müs-

66. Ebenda, Seite 99.

sen früh lernen, wie sie die Aufmerksamkeit in diesem inneren, undifferenzierten Zustand bewahren (oder, was häufiger der Fall ist, sie in diesen *zurückbringen*) können. Alles, was der Aufmerksamkeit als Objekt dient, ganz gleich wie fromm oder heilig es auch sein mag – eine Vision, eine Fürbitte, ein Juckreiz an der Nase –, wird in dieser Übung als »Gedanke« betrachtet und muss losgelassen werden. Indem Praktizierende allmählich die Kunst erlernen, Energie von allen Objekten der Aufmerksamkeit zurückzuziehen, entwickeln sie gleichzeitig (und größtenteils unbemerkt) eine innere Fähigkeit, zwischen *Auf*merksamkeit und *In*merksamkeit zu unterscheiden. Loslassen ist in erster Linie eine Regung – ein feines inneres Fallen- und Freilassen – und jede Möglichkeit, sie zu üben, verstärkt dieses Muster.

Ich praktizierte das Gebet der Sammlung bereits einige Jahre, bevor mir die kumulative Wirkung dieses Musters bewusst wurde. Wie die meisten Anfängerinnen dachte ich, das Ziel des Gebets der Sammlung bestehe darin, die Gedanken loszulassen, damit Gott mich mit Seiner Präsenz »erfüllen« könne. Eines Tages erkannte ich plötzlich, dass die Sache mit Gott in diesem Fall der Nebenschauplatz und das Loslassen die Hauptveranstaltung ist. Das war der Zeitpunkt, an dem sich die Übung für mich veränderte, weil ich begriff, dass die Gedanken kein Hindernis darstellen: Die Gedanken bilden das *Rohmaterial.* Und so vertiefte jede Gelegenheit des Übens, den Fokus der Aufmerksamkeit loszulassen, das Reservoir der »freien Aufmerksamkeit« in mir und stärkte das Signal des Funkleistrahls meines Herzens.

Früher oder später erreichen wir einen Kipppunkt (was häufig zum ersten Mal in der Synergie intensiver Einkehrtage geschieht), an dem die Stärke dieses Signals größer wird als die von den Gedanken ausgeübte Anziehungskraft. Wenn dann an der Oberfläche des Verstandes ein Gedanke auftaucht, wird das entgegengerichtete Zerren aus der Tiefe so stark, dass das Loslassen mühelos gelingt; anders funktioniert es auch nicht. Typischerweise beginnen wir nun, dieses »Zerren« auch außerhalb der Gebetszeit zu erleben, weil sich die Ereignisse des täglichen Lebens nun zunehmend als helfende Erinnerung an die tiefere Sehnsucht des Herzens (statt als Ablenkungen davon) anbieten.

In meinem Buch *Centering Prayer and Inner Awakening* habe ich dieses innere »Zerren« der Aktivierung als »magnetisches Zentrum« identifiziert, wie ich es nenne. Der Begriff stammt aus dem Werk Gurdjieffs, und was er damit meint, ist Folgendes: Unter den normalen Bedingungen der »gewöhnlichen Unbewusstheit« erzeugt jede Laune des Lebens, jede Anziehung oder Abneigung, eine neue Ausrichtung unseres Wesens, weil unsere Aufmerksamkeit sich wie eine Wetterfahne hin- und herdreht. Doch wenn sich ein magnetisches Zentrum zu bilden beginnt, schlagen wir in uns eine Wurzel, die mit unserem tiefsten spirituellen Ziel in Verbindung bleiben kann, und wir beginnen, einen stabilen Kurs zu steuern, der sich immer weniger beeinflussen lässt von einer Reaktivität auf äußere Umstände. Ein »Etwas« wird in uns lebendig. Meine Entdeckung des Zusammenhangs zwischen diesem »Zerren ins Zentrum« im Gebet der Sammlung und dem magnetischen Zentrum, wie es Gurdjieff beschreibt, war mein eigener Moment des Durchbruchs in diesem Gebet und wird durch die Lehre von Symeon dem Neuen Theologe bestätigt: Das Loslassen aller »leidenschaftlichen Verhaftungen« stärkt tatsächlich die Wachsamkeit des Herzens.[67] Heutige neurowissenschaftliche Erkenntnisse scheinen dies zu bestätigen, da immer mehr Indizien dafür gefunden werden, dass der Vorgang des »Loslassens« (sich entspannen, sich lösen, innerlich erweichen) tatsächlich eine Resonanz[68] zwischen Verstand und Herz katalysiert, als deren Früchte sowohl persönliches Wohlbefinden als auch eine gesteigerte Kreativität entspringen.[69]

Das Gebet der Sammlung würde im herkömmlichen Sinn des Wortes nicht als eine bezeugende oder beobachtende Praxis durchgehen (weil diese eine aufgeweckte Aufmerksamkeit und einen bewussten mentalen Beobachter impliziert). Doch wenn das, was ich hier sehe, stimmt, verfügt es über etwas Entscheidendes, was zu unserem Verständnis des Bezeugens beitragen kann – tatsächlich verfügt es sogar über das fehlende Puzzleteil. Seine große Stärke als eine Übung liegt darin, dass sie in einer Person ein neues Zentrum der Schwerkraft aufzubauen (oder zu beleben) vermag, durch welches die übliche Sackgasse der meisten Beobachtungsübungen –

67. *Writings from the Philokalia,* Seite 153.

68. Die Neurowissenschaften sprechen von »Entrainment«, was eine aktivere Komponente enthält als »Resonanz« [A.d.Ü.].

69. An vorderster Front dieser Forschungsarbeit stehen die sehr interessanten Daten, die vom kalifornischen HeartMath Institute zusammengetragen werden. Einen aufschlussreichen Überblick über diese Forschung finden Sie in Joseph Chilton Pearce: *The Biology of Transcendence,* Seiten 55–73.

der Verstand, der sich selbst ausspioniert – umgangen werden kann mittels der neuen Fähigkeit, durch Empfinden, und nicht durch Nachdenken, im Sein verwurzelt zu bleiben. Dies ist ein wichtiger Meilenstein, denn sie kommt jener Fähigkeit nahe, die im Hohelied (5.2) mit den Worten beschrieben wird: »Ich schlafe, aber mein Herz wacht.« Alles, was nun noch zu tun bleibt, ist, den gewöhnlichen Sitz unserer Identität vom narrativen Selbst in dieses Stammland der bezeugenden Präsenz zu verlagern.

Willkommen heißen

In diesem Zusammenhang möchte ich einige Bemerkungen über die »Willkommensübung« machen – oder das »Willkommensgebet«, wie es mittlerweile von Contemplative Outreach bevorzugt genannt wird. Auf Wunsch dieser Organisation habe ich seinerzeit den Titel des betreffenden Kapitels in meinem Buch *Centering Prayer and Inner Awakening* entsprechend abgeändert; doch heute bedauere ich diese Entscheidung. Denn gemäß jeder nur erdenklichen Definition haben wir es beim Willkommen-Heißen mit einer *Übung* zu tun – und zwar mit einer der stärksten, wenn nicht gar *der* stärksten im Repertoire christlicher spiritueller Praxis – und mit einer, die das Potenzial hat, unser Leben zu verändern. In dem Maße, in dem sie als Gebet und nicht als Übung betrachtet wird, verlieren wir aus den Augen, dass sie im Kern über eine radikal transformative bezeugende Komponente verfügt.

Mary Mrozowski wusste sehr genau, worauf sie abzielte, als sie diese Übung in den späten 1980er-Jahren zusammenstellte und darin drei Stränge sehr geschickt miteinander verflocht: [1] das Fokussieren, das sie durch Biofeedback-Training erlernt hatte, [2] die Haltung des tiefen inneren Sich-Ergebens, welche sie sich aus dem vom französischen Jesuiten Jean-Pierre de Caussades verfassten spirituellen Klassiker *Abandon à la Providence Divine* (»Hingabe an die Göttliche Vorsehung«) aus dem siebzehnten Jahrhundert angeeignet hatte, und [3] ihre eigene Synthese von Thomas Keatings Lehren über das »System des falschen Selbsts«. Das Ziel der dreistufigen Methodik dieser Übung besteht darin, die Haltung des »Loslassens«, die sich im Verlauf des Gebets der Sammlung als Muster in uns eingeprägt hat, aktiv in unseren Alltag mit hinüberzunehmen.

Der erste Schritt, »Fokussieren« (oder »Einsinken«), verankert uns fest im Bereich des Empfindens. Die klare Anweisung lautet: Wenn wir durch eine emotionale oder körperliche Verstimmung von unserem Kurs abgebracht werden, müssen wir uns dieser Verstimmung augenblicklich *als einer physischen Empfindung in unserem Körper* gewahr werden. Es gibt (an diesem Punkt) keine Kommentare oder Anweisungen dahingehend, die körperliche Energie zu verlagern; es geht ausschließlich darum, ihrer gewahr zu sein und zu bleiben. Dieser entscheidende erste Schritt schützt uns vor mentalen Loslösungen, bei denen ein Teil des Verstandes einen anderen kommentiert – der altbekannten *bête noire* beim Beobachten. Die Aufmerksamkeit verlagert sich tiefer in den Körper und wird vom Empfinden getragen, dem wahren Sitz inneren Beobachtens.

Im zweiten Schritt, dem »Willkommen-Heißen«, akzeptieren wir bedingungslos die Realität dieser Empfindung, die mit uns das Jetzt teilt, egal ob es sich dabei um einen körperlichen Schmerz, ein psychisches Leiden oder eine flatterhafte Selbstgefälligkeit handelt.[70] Es ist immer die *Empfindung*, die wir bejahen – die emotionale Signatur von Angst, Schmerz, Zorn oder Freude –, niemals die äußere Situation an sich. Deswegen empfehle ich den Übenden stets, die Empfindung beim Namen zu nennen – »Willkommen, Angst!«, »Willkommen, Schmerz!« und so weiter und so fort –, anstatt einfach nur »Willkommen!« zu sagen, was allzu oft den Eindruck vermittelt, wir würden die äußeren Umstände anstelle der inneren willkommen heißen.

Wenn Sie sich so ausrichten – im Empfinden verankert, vorbehaltlos präsent für die energetische Störung in Ihrem Bewusstseinsfeld – »knien« Sie sich vollständig und authentisch ins beobachtende Bewusstsein hinein. Dann haben »Sie«, als reines Bewusstsein, »sich«, als Opfer irgendeiner Geschichte oder Situation, übertrumpft. Und in dieser reinen Beobachterposition, verbunden mit

70. Obwohl diese Übung typischerweise bei »betrüblichen Gefühlen« eingesetzt wird (wie sie in der Terminologie des Gebets der Sammlung genannt werden), funktioniert sie ebenso gut – und sogar mit kraftvollerer Wirkung – bei aus dem Gleichgewicht geratenen genüsslichen Gefühlen, wie sie etwa durch das *Beschwichtigen* in »Anleitungen zum Glücklichsein« erzeugt werden können, die das falsche Selbst adressieren. Hier entpuppt sie sich deutlich als eine echte Beobachterübung (und nicht bloß als eine therapeutische Praxis zur Linderung von Symptomen).

der Empfindung, doch getrennt von der Geschichte, kann die innere Veränderung äußerst stark sein. Manchmal können wir förmlich spüren, wie die in der Identifikation gebundene Energie sich aus ihrer Bindung befreit und sich, genau wie einige Seiten zuvor von Beatrice Bruteau beschrieben, als reine selbstopfernde Energie neu konfiguriert. (Eine meiner Schülerinnen hat es einmal mit dem Öffnen des Verschlusses eines vakuumversiegelten Behälters verglichen.) In dem Augenblick flutet eine Infusion reiner Seinsenergie unseren Körper, und unsere Fähigkeit, »mit dem subjektiven Akt des Bewusst-Seins zusammenzufallen« wird gestärkt.

Aus diesem Grund erscheinen mir die Anweisungen zu diesem zweiten Schritt der Übung, so wie sie gemäß den überarbeiteten Empfehlungen von Contemplative Outreach lauten, noch immer als zu vage. Dort steht jetzt: »Heißen Sie das Göttliche Innewohnen in Ihren Gefühlen, Emotionen, Gedanken, Kommentaren oder den Empfindungen Ihres Körpers willkommen.« Sicherlich ist dies eine große Verbesserung im Vergleich zur früheren Version: »Heißen Sie den Heiligen Geist in dieser gegenwärtig bedrückenden Emotion oder Situation willkommen.« Doch wenn wir das »Göttliche Innewohnen« einfach als Synonym für den Heiligen Geist interpretieren (statt als ein inhärentes Attribut des verkörperten Bewusstseins), ersetzen wir noch immer lediglich eine Geschichte durch eine andere (»Diese Situation ist unangenehm, aber ich weiß, dass irgendwo der Heilige Geist darin steckt…«). Und dieses Missverständnis führt uns nur allzu leicht zurück in jene herkömmlichen inneren Haltungen von Quietismus und passiver Opferrolle, in denen Duldung mit echtem spirituellem Sich-Ergeben verwechselt wird.

Eine bessere Formulierung wäre: »Kraft des in mir wirkenden Göttlichen Innewohnens begrüße ich vorbehaltlos diesen Augenblick, ganz egal, was er physisch oder psychisch mit sich bringt.« Und durch ebendiese innere Stärke entscheide ich mich dann, *nachdem* meine innere Ganzheit wiederhergestellt ist, wie ich mit der äußeren Situation umgehen will: sei es mit Akzeptanz oder mit beherztem Widerstand. Falls ich Letzteres wähle, wird mein Handeln – das nun diese höhere Kohärenz der bezeugenden Präsenz widerspiegelt – eine größere Wirkung erzielen, weil es die richtige Kraft und das passende Timing aufweist, welche die buddhistische Lehre klassischerweise als »geschickte Mittel« bezeichnet.

Vorbehaltlose Gegenwart

»Wenn Ihr Sein zunimmt, nimmt Ihre Empfänglichkeit für die höhere Bedeutung zu. Wenn Ihr Sein abnimmt, kehren die alten Bedeutungen zurück.«[71] Mit dieser Bemerkung des britischen Psychologen Maurice Nicoll, eines Schülers sowohl von C.G. Jung als auch von G.I. Gurdjieff und eines lebenslangen Studenten der christlichen mystischen Tradition, wird vieles prägnant zusammengefasst, das ich in diesem Kapitel angesprochen habe. Da dieser Stoff für viele christliche Kontemplierende noch immer größtenteils unbekanntes Gebiet darstellt, könnte es hilfreich sein, diesen ersten Teil mit einer kurzen Zusammenfassung der wesentlichen Punkte abzuschließen.

Bezeugen oder inneres Beobachten ist eine Aktivität, die als ihre Voraussetzung das Erlangen einer bestimmten kritischen Schwelle von »Sein« erfordert. Ansonsten wird sie unvermeidlich in einen mentalen Modus abgleiten: Anstelle eines Zusammenfallens *mit* haben wir es dann mit einem Nachdenken *über* zu tun. Dieses Sein (oder diese Präsenz) wird in einem Menschen im Wesentlichen »akkumuliert« – oder »aktiviert«, falls Sie diesen Begriff bevorzugen –, indem die Bindungen gekappt werden, die dazu führen, dass es sich sofort mit etwas identifiziert. Und Identifizierung, wir erinnern uns, ist nicht einfach ein Verhaftetsein oder eine »schlechte« spirituelle Angewohnheit: Sie spiegelt einen darunterliegenden Subjekt-Objekt-Modus der Aufmerksamkeit, in dem die Aufmerksamkeit nach außen gezogen wird und in den Objekten nach Identität sucht – oder in den »Prädikaten«, wie Bruteau sie nennt. Mit der Umkehrung dieser unbewussten nach außen gerichteten Bewegung wird im Inneren eine Flut von Energie freigesetzt, die es uns ermöglicht, »mit dem subjektiven Akt des Bewusst-Seins zusammenzufallen« und damit eine lebendige Wirklichkeit in uns selbst zu werden – ein Schwingungsfeld des Wissens. Dies ist die wahre Bedeutung der »Aufmerksamkeit des Herzens«.

In seiner Lehre und seiner Methodik steuert das Gebet der Sammlung zwei grundlegende Fertigkeiten bei, die erforderlich sind, um diese somatischere Form des Bezeugens zu stärken. Ob-

71. MAURICE NICOLL: *Psychological Commentaries on the Teachings of Ouspensky and Gurdjieff,* Boston and London: Shambhala Publications, 1984, Band 5, Seite 1542.

wohl es im Allgemeinen nicht als eine Übung des Bezeugens oder inneren Beobachtens betrachtet wird, entwickeln wir durch sein Praktizieren eine zunehmende Fähigkeit, unsere Aufmerksamkeit als ein einheitliches Feld statt als eine Subjekt-Objekt-Polarität aufrechtzuerhalten. Und es prägt uns die grundlegende Haltung ein, aus der diese »Aufmerksamkeit des Herzens« ganz selbstverständlich entsteht: aus einem Loslassen von »Gedanken« – das heißt, von Bewusstseins-Datenpaketen, die in jener polarisierten Subjekt-Objekt-Weise formatiert sind (bis und mit der »Vorstellung« vom Selbst). Und so legt es ein starkes Fundament für den Übergang von einem narrativen Selbstgefühl in die »schöpferische Freiheit« des vereinigenden Selbsts. Die Werkzeuge dafür finden wir in der Lehre des Gebets der Sammlung. Die Herausforderung einer kommenden Generation von Praktizierenden besteht darin, diese besser zu nutzen.

Kapitel 5

Symeon der Neue Theologe

MITTLERWEILE HABEN WIR MEHRERE FÄDEN, DIE SICH DURCH diese Erörterung ziehen: Non-Dualität, Aufmerksamkeit des Herzens, bezeugende respektive beobachtende Präsenz und das Gebet der Sammlung. Im Verlauf einer weiteren Betrachtung der Abhandlung »Drei Methoden der Wachsamkeit und des Gebets« will ich in diesem Kapitel versuchen, einige dieser Fäden zu einem Strang zu verknüpfen; dieses Mal wollen wir schauen, was Symeons Text über das non-duale Bewusstsein aussagen könnte.

Wie Sie wahrscheinlich bereits vermuten, habe ich Symeons Abhandlung schon seit längerem auf dem Radar. Das erste Mal begegnete ich ihm in den frühen 1980er-Jahren in Jacob Needlemans anschaulichem Buch *Lost Christianity*.[72] Symeon hatte bei Needle-

72. JACOB NEEDLEMAN: *Lost Christianity*, New York: Doubleday, 1980, Seite 155–162; deutsch: *Die sanfte Revolution des Glaubens*, Frankfurt am Main: Krüger, 1997.

man einen gewaltigen Eindruck hinterlassen, und durch Needleman war auch ich von Symeon stark eingenommen. Rasch besorgte ich mir seine Abhandlung, und während ich mich eingehend durch dieses Werk arbeitete, realisierte ich seine mächtigen Implikationen für meine eigene sich weiterentwickelnde Praxis des Gebets der Sammlung. Seit dieser Zeit ist es eine tragende Säule meiner eigenen Lehrtätigkeit.

Als langjähriger Schüler des Werks von Gurdjieff war es ganz natürlich, dass sich Needleman von Symeons tiefgreifendem Verständnis von Wachsamkeit angezogen fühlte, einem Thema, das im Mittelpunkt des Gurdjieff-Werks steht, in der übrigen spirituellen Literatur des Westens jedoch selten (zumindest direkt) behandelt wird. Needleman war der Erste, der mich auf diese Abhandlung, eine bahnbrechende Studie zur Phänomenologie der Aufmerksamkeit, brachte und damit auf die zentrale Bedeutung des Herzens beim Auftauchen dieser Art von Wachsamkeit – einer Wachsamkeit von einer ganz anderen Dimension, die eine vollkommen neue Wahrnehmung ermöglicht.

Wie bereits erwähnt, besteht der wichtigste Beitrag des Westens zum Verständnis von non-dualer Wahrnehmung meiner Ansicht nach in der Erkenntnis, dass dieser Bewusstseinszustand der höchsten Ordnung (oder der »dritten Rangordnung« gemäß Wilber) keine bloße Verlängerung der kognitiven Entwicklungslinie – also des Verstandes – ist. Er impliziert und erfordert vielmehr die Umstellung auf ein komplett neues Betriebssystem, das *anatomisch* im Herz verortet wird oder besser: im Verstand, der in Resonanz mit dem Herz ist. Ohne eine solche Umstellung in der Verdrahtung der Wahrnehmung ist Non-Dualität weder erreichbar noch nachhaltig. Erinnern wir uns an diese Behauptung, wenn wir nun die Abhandlung Symeons erneut betrachten.

Zugunsten eines Überblicks über seine wesentlichen Erkenntnisse hinsichtlich dessen, was wir heute »non-duales Erwachen« nennen würden, verzichte ich auf eine strikt chronologische Analyse dieses Textes und präsentiere hier die drei wichtigsten Punkte, die ich daraus mitnehme:

Erstens anerkennt Symeon implizit, dass die Lehren Jesu von einer höheren Bewusstseinsebene stammen, die für Menschen in ihrem gewöhnlichen Geisteszustand unzugänglich ist. Diese Erkenntnis ist seine überraschende Schlussfolgerung aus dem, was zunächst als eine langwierige Abschweifung über spirituelle Tugenden wie Gewissenhaftigkeit, Bescheidenheit und Gehorsam erscheint, bevor der Autor schließlich seine dritte Methode der Wachsamkeit und des Gebets darlegt. Doch es ist definitiv keine Abschweifung, da dies die elementaren äußeren Voraussetzungen für die Etablierung einer dauerhaften inneren Wachsamkeit sind; und ohne diese innere Wachsamkeit ist jeglicher Versuch, die Gesinnung Christi anzunehmen, zum Scheitern verurteilt:

> Kurzum, derjenige, der innerlich nicht aufmerksam ist und seinen Geist nicht bewacht, kann nicht reinen Herzens werden und also auch Gott nicht erkennen. Wer innerlich nicht aufmerksam ist, kann nicht geistlich arm sein, vermag nicht, Tränen der Reue zu weinen, noch gütig und sanftmütig zu sein; es kann ihn nicht nach Gerechtigkeit hungern und dürsten, noch kann er barmherzig oder ein Friedensstifter sein und nicht um der Gerechtigkeit willen verfolgt werden. Allgemein gesagt: Anders als durch diese Art von Aufmerksamkeit ist es unmöglich, Tugend zu erlangen.[73]

Wenn wir danach streben, die Seligpreisungen oder irgendeine der anderen sublimen Lehren des Evangeliums zu leben, ist es zunächst einmal erforderlich, in eine direkte innere Resonanz mit der Bewusstseinsebene zu gelangen, der sie entspringen. Das sagt Symeon zwar nicht explizit, doch ist diese Implikation schwerlich zu überhören. Und alles steht und fällt, so sieht er es, mit dem Bewahren dieser Wachsamkeit im Herzen.

Zweitens erkennt er sehr scharfsinnig, dass dieses »Bewusstsein höher Ordnung« (wenn wir es denn auf diese heutige Art formulieren dürfen) nicht durch die traditionellen kataphatischen Methoden des Gebets und der Selbstprüfung erweckt wird. Es ist weder durch die Konzentration der Affektivität (die erste Methode der Wachsamkeit und des Gebets) noch durch mental basierte Achtsamkeit (die zweite Methode) zugänglich. In Gurdjieffs Sprache kann es weder durch das Gefühlszentrum noch durch das Denkzentrum erreicht werden, solange diese isoliert voneinander arbeiten. Vielmehr ist es eine ganz andere Art der Wahrnehmung, welche durch einen radikal anderen Modus und Einsatz der Wach-

73. Symeon the New Theologian: "Three Methods of Attention and Prayer" in *Writings from the Philokalia on Prayer of the Heart,* übersetzt von E. Kadloubovsky and G.E.H. Palmer, London: Faber and Faber, 1992, Seite 158.

samkeit aktiviert wird. Der Kern dieser Neukonfigurierung liegt in einer Verschiebung von »*Auf*merksamkeit« hin zu »*In*merksamkeit«. Nur das Herz ist fähig, dieses andere Aufmerksamkeitsfeld aufrechtzuerhalten.

Mit Symeons zweiter Methode der Wachsamkeit und des Gebets finden wir uns in der klassischen Domäne des selbstreflektierenden Bewusstseins wieder, dem Standardbetriebssystem des Verstandes. Es ist das System, das im Prinzip die ganze Bandbreite der Bewusstseinszustände der ersten und der zweiten Rangordnung am Laufen hält und sein zuverlässiges, aber pedantisches Programm der »Wahrnehmung durch Unterscheidung« herunterspult, um die äußere Welt von seinem hermetisch abgeriegelten inneren Kommandoposten aus zu vermessen, zu bewerten und zu beeinflussen. Im vorangegangenen Kapitel haben wir gesehen, wie schnell Symeon dieses System an seinen beiden folgenschweren Nachteilen festnagelt: an seiner Schattenseite der Prahlerei (mit anderen Worten: der Illusion des Egos, es mache spirituelle Fortschritte) und an seiner Anfälligkeit dafür, von Kräften überrumpelt zu werden, die aus dem Unterbewusstsein auftauchen. Ich habe dort den Begriff »Dissoziation« vorgeschlagen als modernes Äquivalent für Symeons ziemlich verblüffende Beobachtung, dass dieses Überrumpeln geschieht, »weil [ein Mensch] im Kopf bleibt, wohingegen sündhafte Gedanken im Herzen erzeugt werden.« Doch es gibt eine weitere Möglichkeit, die in Symeons Kommentar sogar noch häufiger erwähnt wird: Die Person gerät im Inneren körperlich aus dem Gleichgewicht, weil sie ihren Schwerpunkt zu hoch hält, deutlich über dem Niveau, auf dem die Aktivität tatsächlich stattfindet. »Solch ein Mensch ist wie einer, der seine Feinde in der Dunkelheit der Nacht bekämpft«, bemerkt Symeon. »Er hört ihre Stimmen und erleidet ihre Schläge, doch er kann nicht erkennen, wo sie sind.«[74] Wir haben es hier wieder mit einer impliziten Erkenntnis zu tun, dass wir *runterkommen,* unsere Aufmerksamkeit auf einen Punkt konzentrieren müssen, der näher am physischen Zentrum unseres Wesens liegt, um der unaufhörlich kreisenden und indirekten Mechanik des Verstandes zu entkommen.

Drittens weisen die von Symeon aufgelisteten Unterscheidungsmerkmale der dritten Methode der Wachsamkeit erstaunliche Ähnlichkeiten auf mit dem, was wir heute als die leicht auszu-

74. Ebenda, Seite 154.

machenden Kennzeichen von non-dualem Bewusstsein bezeichnen würden. Symeon, wir erinnern uns, benennt drei davon:[75]

> Du solltest vor allem drei Dinge beachten: [1] Freiheit von jeglichem Grübeln, nicht nur über schlechte und unwichtige, sondern auch über gute Angelegenheiten.

Symeon gibt eindeutig zu erkennen, dass es sich hier um einen Zustand des Bewusstseins handelt, der jenseits von »gut und schlecht«, jenseits des Urteilens liegt. Es hat aufgehört, Negativität durch Positivität ersetzen zu wollen (das klassische Merkmal einer unreifen spirituellen Praxis, die noch immer fest im binären Denken verwurzelt ist),[76] und gelernt, im gleichen Abstand von beiden zu leben, in diesem Dazwischen, »wo all deine Taten und Worte, jede Wahrheit, jede Lüge in urteilsfreier Liebe sterben« (um es in den großartigen Zeilen des Dichters Dylan Thomas zu sagen).[77] Ein nicht urteilender Verstand ist ein klassisches Attribut non-dualer Wahrnehmung.

> [2] Dein Gewissen sollte so rein sein, dass es dich in keiner Hinsicht belastet.

Gewissen ist der Spiegel, der das Göttliche Licht reflektiert. Ist er getrübt oder abgelenkt, kann die Wachsamkeit des Herzens nicht länger aufrechterhalten werden.

Mit dem eigenen Gewissen in Konflikt zu geraten, ist eine der universellsten und schmerzhaftesten menschlichen Erfahrungen. Schon mit rudimentärstem Bezeugungsvermögen beobachten wir das peinigende Gefühl der Zweiheit, das fast sofort in den Vordergrund tritt. Auf der einen Ebene ist unser kleineres Selbst verfangen in seinem konkreten Begehren und mit Nachdruck damit beschäftigt zu urteilen, sich zu verteidigen, sich zu sehnen und sich aufzuspielen. Währenddessen schaut die andere Stimme des

75. Ebenda, Seite 158.

76. Dies ist das einzige Manko der ansonsten erstklassigen Arbeit des HeartMath Institute: Seine Interpretation der neurowissenschaftlichen Daten zu Meditationspraktiken basiert vorrangig auf Visualisierungstechniken, mit denen Negativität durch Positivität ersetzt wird. Die Alternative des Gleichmuts findet darin leider keinerlei Berücksichtigung.

77. Dylan Thomas: "This Side of the Truth" in *The Collected Poems of Dylan Thomas,* New York: New Directions, 1946, Seite 117.

Gewissens bloß zu und flüstert sanft: »Denkst du das wirklich?« Sie kann übertönt, übergangen oder zurückgewiesen werden, doch die Zwiespältigkeit bleibt bestehen – und wird so lange anhalten, bis das zerteilte Feld auf die einzig mögliche Art wieder zusammengefügt ist: zugunsten des Gewissens. Durch diesen Kampf ist die Funktion des Herzens als Organ spiritueller Wahrnehmung tatsächlich die ganze Zeit über ausgeschaltet. Aus genau dem Grund haben die spirituellen Traditionen des Ostens wie die des Westens so viel Wert gelegt auf die völlige Offenheit gegenüber dem eigenen Abba, Guru oder spirituellen Führer, denn ein Haus, das mit sich selbst uneins ist, wird wieder zurückfallen ins Gravitationsfeld der Dualität.

> [3] Und du solltest keinerlei leidenschaftliche Bindung haben, sodass sich dein Denken nichts Weltlichem zuneigt.

Wie wir bereits gesehen haben, birgt der Ausdruck »leidenschaftliche Bindung« eigentlich eine Redundanz. Jede Leidenschaft ist qua Definition schon ein Verhaftetsein – oder genauer: psychische Energie, die nutzlos in Verhaftung gefangen und verschwendet ist. Symeon rät uns, diese Energielecks zu stopfen.

Wenn wir unser reflexartiges, konditioniertes Reagieren überwinden, »sodass sich [unser] Denken nichts Weltlichem zuneigt« (wir also insbesondere nicht über Schlechtes, Sündiges, Sinnliches nachdenken), erkennen wir, dass Symeon hier im Grunde genommen einen Aufmerksamkeitsmodus beschreibt, der zu nichts »neigt« – das heißt, der es sich nicht gestattet, sich auf irgendwelche Objekte (hin)auszurichten. Diese Art der Aufmerksamkeit hat gelernt, in sich gesammelt zu bleiben und sich nicht in die Subjekt-Objekt-Polarität, diese Antriebswelle der binären Wahrnehmung, zurückziehen zu lassen. In dem Sinne meint »weltlich« *jeglichen* Gedanken, der einen Fokus für die Aufmerksamkeit liefert und nicht nur »schlechte« oder »sündhafte« Gedanken (wie bereits in Symeons erster Anweisung dargelegt). Über ein bestimmendes Merkmal von Symeons Wachsamkeit des Herzens hinaus ist diese dritte Anweisung auch eine gute Definition für *objektloses Gewahrsein,* diese radikal andere Art der Organisation des Wahrnehmungsfeldes, die das neurologische Tor zur non-dualen Wahrnehmung darstellt.

Nicht urteilen, ungeteilte Sicht und *objektloses Gewahrsein* – das sind die drei Kennzeichen dieses anderen Aufmerksamkeitsmodus, den Symeon »Wachsamkeit des Herzens« nennt. Sie sind gleichzeitig die Früchte dieser Errungenschaft wie auch die Wegstrecken dahin. Und es ist kaum zu leugnen, dass sie große Ähnlichkeiten aufweisen mit den Kennzeichen dessen, was wir heute »non-duale Verwirklichung« nennen.

Ein letzter Vorbehalt

Ich habe nun in zwei Ansätzen versucht aufzuzeigen, wie genau die Methode des Gebets der Sammlung Symeons dritter Methode der Wachsamkeit und des Gebets entspricht. Wenn wir das Gebet der Sammlung praktizieren, arbeiten wir immer wieder mit Nicht-Urteilen, Nicht-Verhaftung und der Wiederherstellung des offenen Wahrnehmungsfeldes, nachdem dieses besetzt wurde von »leidenschaftlichem Verhaftetsein« an einen Gegenstand der Aufmerksamkeit (den wir im Gebet der Sammlung als »Gedanke« bezeichnen). In dieser Hinsicht stimmt das Gebet der Sammlung im Großen und Ganzen mit dem Geist der Unterweisungen Symeons überein und bietet einen direkten meditativen Weg zur praktischen Umsetzung dieser Regeln.

Weiter möchte ich diesbezüglich nicht gehen. Ab hier würde jeder zusätzliche Vergleich zwischen dem Gebet der Sammlung und der großen orthodoxen Tradition des Herzensgebets schnell allzu vereinfachend und damit vielleicht sogar gefährlich. Zwar stimmt es, dass das Gebet der Sammlung sich eng an den kenotischen Faden hält, der der orthodoxen Tradition zugrunde liegt. Doch dürfen wir die andere Dimension dieser Übung nicht vergessen: die unmittelbare Arbeit mit Empfindung als einen Zugang zum Herzensbewusstsein. Denn bei der wiederholten Aufforderung, »den Verstand ins Herz zu bringen«, geht es nicht *einfach* um das Lösen von Verhaftetsein; es geht auch darum, die Aufmerksamkeit auf einen einzigen Punkt zu konzentrieren, damit sie stark genug wird, durch unmittelbares Empfinden ins Herz zu gelangen statt durch mentale oder emotionale Prozesse. Im Wesentlichen ist dies die Übung, die Robert Sardello in seinem Kapitel »Die Stille des Herzens« beschreibt (in seinem bereits erwähnten Buch *Silence,* in welchem er von der Kraft einer entwickelten, empfindungsbasierten Aufmerksamkeit spricht, die das Schwingungsfeld des Herzens zu betreten und dort jene Flüsse »reiner Vertrautheit« zu entdecken vermag). Auf diese Weise, und nur auf diese, wird der Unterschied klar zwischen »sich *des* Herzens bewusst sein« und »sich *im* Herzen bewusst sein«. Es ist offensichtlich, dass für diese orthodoxen spirituellen Meister »die Wachsamkeit im Herzen konzentrieren« eine *starke, empfindungsbasierte, körperliche Praxis* ist und nicht nur eine spirituelle Haltung. Wenn wir diesen entscheidenden Unterschied übersehen und meinen, das Gebet der Sammlung sei »dasselbe wie« die alte hesychastische Tradition des Herzensgebets, erliegen wir einer schwerwiegenden Fehleinschätzung.[78]

78. Weil diese Anweisung in den Originaltexten leicht übersehen wird, möchte ich auf die hervorragende Behandlung dieses Punktes bei Olga Louchakova, einer zeitgenössischen, in diese Tradition initiierten Autorin aufmerksam machen, zu finden in ihrer brillanten Untersuchung zum Jesusgebet in "The Essence of Prayer of the Heart" (ursprünglich erschienen als ein Kapitel in dem Gedicht- und Gebetsband Lee Lozowick: *Gasping for Air in a Vacuum,* Chino Valley, AZ: Hohm Press, 2004, Seiten 37–48, doch leichter zu beziehen über www.researchgate.net). Viele Menschen meinen, dieses Gebet bestehe aus dem ununterbrochenen Wiederholen des Namens Jesu; aber das ist nur die halbe Wahrheit: Vielmehr geht es um das Wiederholen des Namens, während unsere Aufmerksamkeit »im Spüren unserer selbst in der Brust geerdet« ist (Seite 39). Louchakovas folgende Beschreibung verdient eine sorgfältige Betrachtung:

> Am Anfang der Übung müssen Sie das körperliche Empfinden des Selbsts auf der rechten Seite der Brust suchen. Diese ist der äußere Ausdruck des feinen Zentrums der Individuation. Ramana [Maharshi] nennt dieses Empfinden *aham-sphurana* (Sanskrit), »der strahlende Glanz des Ichs«. Der heilige Symeon der Neue Theologe, ein Hesychast des zehnten Jahrhunderts, bezeichnete es als »den Ort, an dem sämtliche Kräfte der Seele ruhen.« Um mit diesem Zentrum zu arbeiten, müssen wir die Fähigkeit zur *In*merksamkeit statt nur zur *Auf*merksamkeit entwickelt haben. Unser Fokus darf nicht in die niedrigeren Bewusstseinszentren des Körpers hinabgleiten und auch nicht hinaufspringen in den Kopf. Jegliche Konzentration auf andere Orte als auf dieses Zentrum wird den Praktizierenden sich durch die niedrigeren Bereiche des Egos drehen oder sich im diskursiven Denken festfahren lassen. Die Reise vollzieht sich in der gnostischen »Gesinnung des Herzens«, nicht in der Rationalität des Kopfes. Auch gilt es, über eine entwickelte Achtsamkeit zu verfügen mit der Fähigkeit, die Modalitäten des Bewusstseins, wie Spüren, Fühlen, Vorstellen und Denken, unterscheiden zu können. Die christliche Analogie von Achtsamkeit lautet »Wachsamkeit«, »Bewachen der Sinne« oder »Bewachen des Herzens« und zeichnet sich durch die Fähigkeit aus, vom Objekt des Bewusstseins zurückzuspringen zur bezeugenden Subjektivität (Seiten 39–40).

Ich verweise auf diesen Punkt teils im Interesse einer vollständigen Darstellung, damit im Enthusiasmus über diese Parallelen zwischen dem Gebet der Sammlung und der großen orthodoxen Tradition des Herzensgebets einige aufschlussreiche Unterschiede nicht übersehen werden. Doch mir ist dieser Punkt auch deshalb wichtig, weil es angesichts der Tatsache, dass das Gebet der Sammlung in vielerlei Hinsicht die jüngste eindeutige Blüte einer alten christlichen Überlieferungslinie der Kenosis darstellt, wichtig ist, sich des ursprünglichen umfassenderen Verständnisses kenotischer Praxis bewusst zu sein, das in Empfindung und nicht bloß in einer theologischen Haltung begründet ist. Ob diese umfassendere Anerkennung im strengen Rahmen der Methode möglich ist, weiß ich nicht. Doch haben wir es hier gewiss mit einer wachsenden Herausforderung für das Gebet der Sammlung zu tun, auf die ich im Verlauf dieses Buches noch einige Male zurückkommen werde.

Kapitel 6

Neurowissenschaftliche Perspektiven

IN DEN VERGANGENEN FÜNFZEHN JAHREN IST ES ZU EINER wahren Explosion von neuen Erkenntnissen im aufstrebenden Forschungsbereich der Neurowissenschaften gekommen. Mit Hilfe von Technologien wie der EEG (Elektroenzephalografie) und der fMRT (funktionellen Magnetresonanztomografie) sind Wissenschaftlerinnen und Wissenschaftler heute in der Lage, das »menschliche Gehirn beim Meditieren« in immer größerer Genauigkeit zu kartografieren, womit sie eine zweite kraftvolle Untermauerung für das liefern, was die heiligen Traditionen schon seit Langem behauptet haben, nämlich: dass eine regelmäßige Meditationspraxis das Gehirn auf positive und signifikante Art und Weise verändert.

Das HeartMath Institute sprang bereits früh auf die fMRT-Forschung auf und dominiert bis heute das populäre Ende des

Spielfeldes in genau dem Bereich, auf den dieses Buches letztendlich abzielt: in der Frage der Verbindung von Gehirn und Herz. Innerhalb der größeren Community der Neurowissenschaften bleibt dieses Institut indes so etwas wie ein Außenseiter, und seine mutige Forschungsarbeit sowie das Datenmaterial, das nach strengeren Standards traditioneller wissenschaftlicher Forschung erhoben wird, müssen sich erst noch gegenseitig befruchten. Letztere widmet sich bisher praktisch ausschließlich dem Gehirn (noch nicht der Gehirn-Herz-Verbindung) mit dem vornehmlichen Ziel, immer ausgereiftere Methoden zu entwickeln, mit denen sich die besonderen Gehirnregionen, die bei der Erzeugung der Hirnwellen eine Rolle spielen, sowie deren gegenseitigen Verbindungsmuster identifizieren lassen.[79]

Aus Gründen, die sich sogleich erhellen werden, ist es erwähnenswert, dass auch dieses akademischere Ende des Spektrums stark vom Buddhismus beeinflusst ist. Das ist in nicht unwesentlicher Weise darauf zurückzuführen, dass die Unterstützung dieser Forschung ein langjähriges persönliches Anliegen des Dalai Lamas darstellt. Mit den seit fast dreißig Jahren bis heute stattfindenden Konferenzen und wissenschaftlichen Kooperationen auf hohem Niveau[80] hat er zu Fragestellungen der Phänomenologie des Bewusstseins gezielt eine fruchtbare Partnerschaft gefördert zwischen den Koryphäen der Neurowissenschaften und der traditionellen tibetanisch-buddhisten Weisheit. Die populärsten Begleiterscheinungen von all dem sind zweifellos die heute in breiten Kreisen zu beobachtende Faszination für das Thema Achtsamkeit sowie ein Schwall von Bestsellern, welche »Mentaltraining und Gehirn-

79. Seit der amerikanischen Erstausgabe dieses Buches im Jahr 2016 hat sich aufgrund der rapiden Entwicklung auf dem Gebiet der Neurowissenschaften in dieser Hinsicht bereits einiges getan. Als Beispiel sei eine gemeinsame Studie des Max-Planck-Instituts für Kognitions- und Neurowissenschaften in Leipzig und der Berlin School of Mind and Brain zu Hirnaktivität und Herzzyklus aus dem Jahr 2020 genannt; vergleiche den Artikel »Wie das Herz die Wahrnehmung beeinflusst« (www.mpg.de/wie-das-herz-die-wahrnehmung-beeinflusst) [A.d.Ü.].

80. Seit 1987 veranstaltet der Dalai Lama in seinem Exil in Dharamsala regelmäßige Gesprächsforen mit führenden Persönlichkeiten aus den Neuro- und anderen Wissenschaften. Diese Dialoge unter dem Titel "Mind and Life" legten den Grundstein für die erste der Konferenzen des Mind and Life Institutes in Washington, DC, im Jahr 2007, die seitdem in regelmäßigen Abständen stattfinden. Zusätzlich engagiert sich Seine Heiligkeit persönlich in Forschungsprogrammen an einigen Universitäten Nordamerikas, einschließlich Stanford und Emory.

optimierung« behandeln.[81] In Anbetracht des ursprünglichen Anstoßes dieser Bewegung überrascht es nicht, dass viele der wichtigsten (und bis heute profiliertesten) Akteure auf dem Gebiet der Neurowissenschaften eine ausgeprägt buddhistische Sichtweise einbringen, einschließlich Jon Kabat-Zinn, Richard Davidson, Daniel Brown, Sharon Begley, Matthieu Ricard, Antoine Lutz und Evan Thompson.

Die Folgen dieser Entwicklungen für ein besseres Verständnis der kontemplativen Tradition des Christentums sind weitreichend. Angesichts immer größerer Entwicklungssprünge der Technologie können wir davon ausgehen, dass wir in absehbarer Zeit ein wesentlich genaueres Bild über das Gebet der Sammlung aus neurowissenschaftlicher Perspektive erhalten. Dieses Bild wird uns helfen, diese Praxis innerhalb der Gesamttaxonomie der Meditationsübungen besser einzuordnen und einige der gängigen Behauptungen über das Gebet der Sammlung zu bestätigen (oder gegebenenfalls zu *entkräften*). Im weiteren Sinn kann uns das Bild ein erheblich umfassenderes Verständnis des christlichen »Weges des Herzens« als einer verkörperten Wirklichkeit eröffnen.

Doch auch wenn diese Durchbrüche zum Greifen nahe scheinen, bleiben noch immer bedeutende Hürden zu überwinden, bevor das Gebet der Sammlung tatsächlich auf dem neurowissenschaftlichen Radar erscheinen kann. Die erste dieser Hürden, die ich bereits in meiner Einführung angesprochenen habe, ist eine generelle Unterschätzung der Besonderheiten und der spirituellen Prinzipien des Gebets in der breiteren Community der Neuromeditation. Allzu überraschend ist dies nicht, weil wir uns hier auf einem Feld bewegen, auf dem das Gespräch bis heute hauptsächlich durch buddhistische Modelle geprägt ist. Von den Akteuren, denen es zumindest zu dämmern beginnt, dass auch das Christentum eine eigene Meditationstradition besitzt, wird im Allgemeinen angenommen, diese entspreche lediglich einem Standardmodell der Achtsamkeit, also dass es eine »generische« Einstiegsmeditation gebe und »Gebet der Sammlung« ganz einfach deren christliche Bezeichnung sei.

81. Noch immer eine der besseren populärwissenschaftlichen Einführungen in dieses Feld ist der Bestseller von Sharon Begley: *Train Your Mind, Change Your Brain,* New York: Ballantine Books, 2007; deutsch: *Neue Gedanken, neues Gehirn,* München: Goldmann, 2010.

Ein eklatantes Beispiel dieser hybridisierenden Verwirrung finden wir in Andrew Newbergs kürzlich erschienenem Bestseller *How God Changes Your Brain.* Andrew Newberg ist ein anerkannter Neurowissenschaftler, dessen Absicht in diesem Buch ganz gewiss löblich ist: ein möglichst breites Netz von einfachen, nützlichen Übungen auszuwerfen, die einen leichten Zugang zu den neurologischen Vorteilen einer regelmäßigen Meditationspraxis ermöglichen. Doch seine »leicht modifizierte« Version des »Gebets der Sammlung«[82] weist nur noch wenig Ähnlichkeit mit ihrem namensgebenden Original auf. Von der unzutreffenden Annahme ausgehend, das Gebet der Sammlung sei »wie andere Formen der Achtsamkeitsmeditation«[83] und ziele daher darauf ab, »es dem Verstand zu erlauben, über alle Eigenschaften zu reflektieren, die mit einer bestimmten Vorstellung verbundenen sind«, empfiehlt er die folgenden erweiterten Richtlinien:

1. Legen Sie als Erstes Ihr Ziel fest (inneren Frieden finden, Mitgefühl für andere spüren, Gottes Gegenwart empfangen usw.) oder, falls Ihnen das mehr zusagt, wählen Sie ein für Sie bedeutungsvolles Zitat oder ein Gedicht oder einen Abschnitt aus einem Buch.

2. Wenn Sie eine Vorstellung oder eine Textstelle gefunden haben, die Sie auf einer tieferen, intuitiven Ebene erkunden möchten, setzen Sie sich auf einen bequemen Stuhl. Schließen Sie Ihre Augen, atmen Sie langsam und tief und stellen Sie sicher, dass alle Spannungen aufgelöst sind.

3. Nun richten Sie Ihr Bewusstsein auf das ausgewählte Objekt der Kontemplation. Wiederholen Sie innerlich weder Worte noch Ausdrücke. Seien Sie sich einfach der Gedanken, Wahrnehmungen, Gefühle, Bilder und Gedanken gewahr, die Ihre Kontemplation bei Ihnen hervorruft.

82. Andrew Newberg und Mark Robert Waldman: *How God Changes Your Brain,* New York: Ballantine Books, 2009, Seite 194. Deutsch: *Der Fingerabdruck Gottes: Wie religiöse und spirituelle Erfahrungen unser Gehirn verändern,* München: Kailash, 2010; die deutsche Ausgabe benutzt die Übersetzung »Zentrierendes Gebet« statt »Gebet der Sammlung«.

83. Ebenda.

4. Achten Sie darauf, wie Sie sich fühlen. Sind Sie glücklich? Fühlen Sie Freude? Sind Sie traurig? Bringen Sie nun Ihre Aufmerksamkeit zurück zu Ihrem Ziel, achten Sie erneut auf die zum Vorschein kommenden Gefühle und Gedanken.

5. Wenn Ihr Verstand zu weit abschweift, bringen Sie Ihre Aufmerksamkeit sanft zurück, indem Sie ein paar tiefe Atemzüge nehmen und sich wieder auf Ihr Ziel, Ihren Satz oder Ihr Gebet konzentrieren. Und lassen Sie Ihre Gedanken wieder dorthin wandern, wo es sie hinzieht.

6. Wird das Objekt Ihrer Kontemplation vage oder verschwindet es, beobachten Sie einfach, was als Nächstes geschieht. »Tun« Sie nichts und »führen« Sie nichts »herbei« – lassen Sie die Erfahrung sich auf natürlichem Weg entfalten. Nach einigen Minuten kehren Sie wieder zurück zum Objekt Ihrer Kontemplation.

7. Setzen Sie diesen Vorgang für mindestens zwanzig Minuten fort. Danach öffnen Sie langsam Ihre Augen. Bleiben Sie für zwei weitere Minuten still, während Sie langsame, tiefe Atemzüge nehmen und gähnen.[84]

Wenn ich richtig zähle, enthält diese »leicht modifizierte« Version des »Gebets der Sammlung« mindestens zehn grobe Verstöße gegen die richtige Methode der Übung. Die Verstöße insgesamt vermitteln den Anschein, das Gebet der Sammlung sei eine der generischen Achtsamkeitsübungen, welche ständig zwischen konzentrierender Meditation (sich auf ein Objekt zu fokussieren) und »Aufmerksamkeits«meditation schwankt. Es fehlt jegliche Spur des kenotischen Epizentrums mit dessen spezifischer Haltung des Loslassens. Verschwunden ist auch das Bewusstsein dafür, dass die Übung nicht zielorientiert und die Aufmerksamkeit nicht objektorientiert angelegt ist. Falls Forschende mit *dieser* Version der Übung arbeiten, werden sie ganz gewiss eine charakteristische (und ihnen zweifelsohne vertraute) Hirnwellensignatur erkennen. Aber was sie da vermessen, ist nicht das Gebet der Sammlung. Solange die Methode nicht als das verstanden wird, was sie ist, ist es unmöglich, richtige neurologische Daten zu erhalten.

84. Ebenda, Seiten 194–195.

Ein zweiter Grund dafür, dass die Daten so schwer zu erheben sind, liegt ehrlich gesagt daran, dass nicht alle, die für sich in Anspruch nehmen, das Gebet der Sammlung zu praktizieren, dies auch uneingeschränkt tun – oder zumindest nicht im vollen Verständnis des kenotischen Charakters dieses Gebets. Bis die Haltung des Loslassens völlig verstanden und fest eingeprägt ist, neigen die Praktizierenden dazu, sich auf das heilige Wort zu fixieren und es entweder als Stimulus zur Reflexion, also als Mantra, einzusetzen oder als Minenräumgerät zur Vertreibung anderer Gedanken. So verschiebt sich das Format des Gebets erkennbar zurück zu einer Konzentrationsübung, und wenn die Praktizierenden zu diesem Zeitpunkt tatsächlich ans EEG angeschlossen sind, weist ihre Gehirnsignatur keinen großen Unterschied zu jener auf, die während anderer Formen von Konzentrationsübungen erzeugt wird.

Die Kombination dieser ersten beiden Faktoren – die buddhistische Schlagseite der Modelle und das auch unter Praktizierenden des Gebets der Sammlung festzustellende uneinheitliche Verständnis der Methode – führt zu einem dritten limitierenden Faktor jedes Versuchs, ein genaues neurologisches Bild des Gebets der Sammlung zu entwickeln: nämlich der nach wie vor dürftigen Datenlage. Bisher ist die Forschungsbasis zu schlecht abgegrenzt und die Messkriterien sind zu vage, als dass statistisch signifikante Ergebnisse erzielt werden könnten.[85]

85. Die Vorstellung, Meditationsmethoden verfügten über eine besondere neurologische Signatur, liegt bereits seit einiger Zeit »in der Luft«, doch erst vor Kurzem hat sich die Technologie dahingehend entwickelt, dass sie imstande ist, diese Hypothese mit echter wissenschaftlicher Fundiertheit zu untersuchen. In der Anfangszeit der Neurowissenschaften bestand ein hektisches Interesse am Abgleich von Meditationspraktiken mit den Frequenzen der Gehirnwellen (Delta-, Theta-, Alpha- und Betawellen), und einige dieser »Informationen« zirkulieren noch immer in der Populärliteratur. Eine zweite Welle des Interesses lässt sich in den ersten Jahren dieses Jahrhunderts beobachten, einhergehend mit einer gestiegenen Fähigkeit, Gammawellen-Aktivität und Muster von Gehirnwellen-Synchronität zu messen. In einer Pionierstudie im Jahr 2004 unter der Leitung von Antoine Lutz kontrollierte ein Team von Neurowissenschaftlern die Gammawellen-Aktivität einer Gruppe tibetanisch-buddhistischer Adepten; ihre Befunde sind im Titel der Arbeit zusammengefasst: "Long-Term Meditators Self-Induce High-Amplitude Gamma Synchrony during Mental Practice" [»Langzeitmeditierende erzeugen während ihrer mentalen Praxis eine Gamma-Synchronität mit hoher Schwingungsamplitude«] in *Proceedings of the Natural Academy of Science* (PNAS) 101:46, 16, November 2004, Seiten 16369–16373.). Obwohl diese weithin

Eine neue Aussichtsplattform

Mit der sich schon seit Langem in Vorbereitung befindlichen Veröffentlichung einer Forschungsarbeit des kalifornischen Neurowissenschaftlers Michael Spezio, seines in Princeton ansässigen Kollegen Brent Field und des interspirituellen Beraters Andrew Dreitcer könnte sich das Bild jedoch bald verschieben. Spezio ist ein Psychologieprofessor am Scripps College und ein langjähriger Schüler von Thomas Keating. Er widmet sich dem Gebet der Sammlung schon seit über einem Jahrzehnt, sowohl als Praktizierender als auch als Wissenschaftler, und sein Datenmaterial zu Praktizierenden des Gebets der Sammlung ist wahrscheinlich das größte und am besten überprüfte, das zurzeit zur Verfügung steht. Er arbeitet mit modernster Technologie, die bis vor Kurzem noch gar nicht zur Verfügung stand, und ist dadurch imstande, die individuellen Komponenten einer gegebenen Hirnwelle zu zerlegen und somit die für diese Studien belanglosen Muskelbewegungen herauszuarbeiten und den Fokus auf *Verbindungsmuster* zu richten (die Abfolge und Anordnung der Hirnregionen, die an der Erzeugung einer spezifischen Hirnwelle beteiligt sind). Sein Kollege Field führte parallele Untersuchungen bei einer vergleichbaren Gruppe tibetanisch-buddhistischer Praktizierender durch. Diese Untersuchung berücksichtigte sowohl Praktizierende von konzentrativen Übungen (*shamatha* und *vipassana*) als auch fünfzehn weit fortgeschrittene Praktizierende von *dzogchen* (»objektlosem Gewahrsein«). Das dritte Mitglied ihres Forschungsteam, Dreitcer, ist außerordentlicher Theologieprofessor an der Claremont School of Theology und langjähriger Teilnehmer am Mind and Life Institute des Dalai Lamas. Die Studie ist die erste, in der innerhalb eines zweckbestimmten interdisziplinären und interspirituellen Rahmens eine statistisch signifikante Gruppe von Praktizierenden des Ge-

anerkannte Studie noch immer als Benchmark auf ihrem Gebiet gilt, klang der anfängliche Enthusiasmus über Gammawellen-Synchronität im Licht der späteren Entdeckung ab, dass diese Wellen auch externen Muskelbewegungen zuzuschreiben sind, wie beispielsweise einem Blinzeln der Augen und äußeren Bewegungen. Mittlerweile ausgereiftere Experimentiertechniken ermöglichen die Analyse der individuellen Wellenkomponenten und ihrer Herkunftsquellen im Gehirn; diese Technologie bildet die Grundlage für eine neue Studie von Brent Field und Michael Spezio, die ich im Weiteren erläutern werde.

bets der Sammlung direkt an eine vergleichbare Gruppe buddhistischer Praktizierender gekoppelt wurde.

Da der geplante Veröffentlichungstermin dieser Studie auf die Zeit der Publikation meines Buches fällt, konnte ich nicht mit einer fortgeschritteneren Fassung der Ergebnisse arbeiten. Dieser »Trailer« einer Nicht-Spezialistin, den Sie hier lesen, basiert auf meinen persönlichen telefonischen Interviews mit den Autoren und einer Führung durch die Forschungslabore am Scripps College. Obwohl das hier gezeichnete Bild zugegebenermaßen unvollständig ist, scheint es mir an dieser Stelle doch relevant zu sein, da es mit ziemlicher Sicherheit signifikante Auswirkungen darauf haben wird, wie das Gebet der Sammlung innerhalb der weiteren Meditationscommunity verstanden wird. Merkmal dieser neuen Studie ist, dass sie eine wesentlich umfassendere Schablone erstellt, mithilfe derer die Daten miteinander in Korrelation gebracht werden können. Anstatt die Übungen einfach entsprechend ihrer Bezeichnung oder der Tradition, zu welcher sie gehören, zu kategorisieren, identifiziert sie vier generische *Typen* von Meditationspraktiken, die in *beiden* Untersuchungspopulationen quer über ein Spektrum von Fähigkeiten getestet werden:

konzentrative Praxis

rezeptive Praxis

diskursive Meditation

einfacher »Ruhe«zustand« (mit geöffneten Augen
und mit geschlossenen Augen)

Die Leserschaft wird sofort bemerken, dass dieses erweiterte Modell für christliche Bezugspunkte bereits viel zugänglicher ist: Die ersten beiden Kategorien werden in Thomas Keatings eigener konzeptioneller Straßenkarte besonders hervorgehoben, die dritte ist ein Hauptgegenstand der traditionellen klösterlichen Ausbildung. Im Rahmen dieser Studie beinhaltet *konzentrative Praxis* die fokussierte Aufmerksamkeit; *rezeptive Praxis* umfasst das Loslassen dieses objektorientierten Fokus (was Spezio und Field mir gegenüber informell als ein »Fallen« in einen veränderten inneren Zustand beschrieben); *diskursive Meditation* beinhaltet Sprache, Visualisierung und Vokalisierung (die Teilnehmer am Gebet der Sammlung wurden aufgefordert, das Vaterunser zu rezitieren); und mit der vierten Kategorie sollte getestet werden, ob sich die Ruhezustände der Gehirne von Kontemplationspraktizierenden und anderen Menschen überhaupt unterscheiden.

Zusätzlich prüfte diese Studie eine fünfte Anordnung: das »aktive Zuhören mit geschlossenen Augen«, was als aktive Kontrolle der Funktion fokussierter Aufmerksamkeit diente beim Vergleich von aufmerksamem Zuhören mit dem Gebet der Sammlung. Diese aktive Kontrolle, ein Standardprocedere in jeder fundierten wissenschaftlichen Untersuchung, ist in dieser besonderen Studie deshalb so entscheidend, weil wir es hier mit einer weitverbreiteten konzentrationsbezogenen Voreingenommenheit zu tun haben, die das Gebet der Sammlung einfach als eine weitere Form der Aufmerksamkeitspraxis, wie beispielsweise die *shamatha*-Übung, interpretiert.

Tiefenerinnerung – Einheitserinnerung

Eine sehr vorläufige Zusammenfassung erweckt den Eindruck, dass die Daten größtenteils mit früheren Forschungsergebnissen übereinstimmen. Ihr wichtigster Beitrag besteht vor allem darin, die Analyse deutlich zu präzisieren. Die in der Wissenschafts- wie auch in der Populärliteratur ausgiebig beschriebene konzentrative Praxis führt dazu, dass der visuelle Cortex (oder die Sehrinde) und die Partiallappen (oder Scheitellappen) stimuliert werden, also die Hirnregionen, die bei Fokussierung, Aufmerksamkeit und Visualisierung eine Rolle spielen. Da im Gebet der Sammlung mit geschlossenen Augen meditiert wird, überrascht es nicht sonderlich, dass bei Praktizierenden (und zwar auch bei den noch nicht so erfahrenen, die eher zu einer konzentrierteren Ausführung dieser Übung tendieren) eine geringere Aktivität in der Sehrinde und ein höheres Niveau der Alphahirnwellen-Aktivität festgestellt wurde als bei Praktizierenden eines standardmäßigen »Achtsamkeits«modells. Bei der diskursiven Meditation sind die sprachkontrollierenden Bereiche des Gehirns involviert (die Frontal- oder Stirnlappen) und es kommt häufig zu einer Zunahme der äußerlichen Körperbewegungen, angefangen bei Augenbewegungen bis hin zu konkreten Regungen.

Zu einer echten Überraschung kam es, als die fortgeschrittenen Praktizierenden aus beiden Datenerfassungen zur rezeptiven Meditation eingeladen wurden. Dieser Wechsel des Modus erfolgte ohne Anstrengung, praktisch von einem Augenblick zum anderen – ein eindeutiges Resultat langjähriger gewissenhafter Praxis.[86] Auf diesem reifen Niveau zeigen die Meditationspraktiken bestimmte traditionsübergreifende Resonanzen. »Ich erlebte Augenblicke, in denen das Gebet der Sammlung wie *dzogchen* aussah«, beobachtete Field, »doch es ist schwer zu sagen, ob dies nur an der Oberfläche so erscheint oder Teil der Praxis ist.« Über dieses (explizit als solches charakterisierte) »Fallen« von der konzentrativen in die rezeptive Praxis wurde von vielen fortgeschrittenen buddhistischen Praktizierenden anekdotenhaft berichtet, vielleicht am markantesten von Sharon Salzberg in ihrem Beitrag in *Gethsemani Encounter.*[87] Bis dahin war dies innerhalb eines spezifischen christlichen Meditationsformats noch nicht beobachtet worden.

Eine weitere überraschende Gemeinsamkeit, als diese weit fortgeschrittenen Praktizierenden in die rezeptive Meditation fielen, waren erste Hinweise auf eine Beteiligung des Hippocampus, der innersten Region des Gehirns, welche das Erinnerungsvermögen steuert. Doch welche Art des Erinnerns mag das sein, wenn das kognitivere oder narrativere Gedächtnis, das unser gewöhnliches Selbstgefühl steuert, in der Meditation aufgehoben wird? Spezio analysiert diese Daten noch genauer, um herauszufinden, ob Gedächtnisstrukturen, inklusive des Hippocampus, tatsächlich während des Gebets der Sammlung herangezogen werden, und er beschreibt diese Möglichkeit als eine eventuelle Zurückgewinnung von »Tiefenerinnerung... von Einheitserinnerung«.[88] Diese Spe-

86. In unserem Telefongespräch vom 9. Juli 2015 erklärte mir Brent Field, dass diese Kompetenz sich nicht einfach nur in Jahren der Erfahrung messen lässt. Einige der erst seit Kurzem Meditierenden konnten Hirnwellenmuster erzeugen, die denen der Meditierenden entsprachen, die diese Praxis bereits wesentlich länger ausübten, und umgekehrt.

87. Donald W. Mitchell und James A. Wiseman [Hrsg.]: *The Gethsemani-Encounter: A Dialogue on the Spiritual Life by Buddhist and Christian Monastics,* New York: Continuum, 1999, Seite 182. Andrew Dreitcer, Brent Fields und Michael Spezios Forschungskollege, berichtet, dass in vielen seiner Gespräche buddhistische Lehrer beschreiben, sie fühlten sich häufig wie in einen tieferen Sinn »hineingezogen« und dies schließe eine vollständige Aufgabe der »kognitiven Kontrolle« und der Aufmerksamkeitsbemühungen ein.

88. Dieser Kommentar fiel am 27. August 2015 während unseres Gesprächs am Scripps College.

kulation gewinnt an zusätzlichen Bedeutungsschattierungen, wenn wir bedenken, dass eine der traditionellen Definitionen von »Achtsamkeit«, die in deren modernen säkularen Versionen seltsamerweise vernachlässigt wird, *Erinnerung* lautet – etwas, das der christlichen Vorstellung von »Sammlung« wesentlich mehr entspricht, als das, was die säkularen Definitionen beschreiben.[89]

Falls sich die Hypothesen dieser Studien bewahrheiten, könnte sich dies tatsächlich neurologisch zeigen. Ob diese Adepten sich nun der Einheit erinnern oder nicht, ganz eindeutig erinnern sie sich an *etwas* – oder sie befinden sich vielleicht in einem ruhigen Zustand des tiefen Erinnerns. In jedem Fall ist neurologisch ein Aspekt der Tiefenerinnerung beteiligt.

Was alles in allem ein gemeinsames Kennzeichen dieser reifen Praktizierenden (beider Gruppen) zu sein scheint, ist der gefestigte Zustand der Sammlung oder der »lebendigen Erinnerung«. Auf dieser Ebene der Meisterschaft ist Meditation eigentlich keine *Übung* mehr, sondern einfach ein natürlicher Ausfluss einer bereits vollständig gefestigten Herzenseinstimmung. Wie Field über einen der fortgeschrittenen Forschungsteilnehmer sagte: »Es handelt sich um einen Menschen, der in sich die vollständige Ausrichtung auf das Göttliche kultiviert hat. Meditation ist lediglich das Zelebrieren dieser Ausrichtung.« So betrachtet hat die anfängliche Ähnlichkeit zwischen den buddhistischen Adepten und denen des Gebets der Sammlung weniger mit den spezifisch angewendeten Methoden zu tun als vielmehr damit, wohin die Jahre gewissenhafter Praxis sie gebracht haben: zur Transzendierung des egoischen Selbsts und zum Erwachen des Herzens. Und tatsächlich erklärt Spezio: »Diese Studien zur Praxis sind, solange ein integriertes Leben für andere nicht offenkundig erkennbar ist, vollkommen bedeutungslos. Diese Übungen der Kontemplation müssen sich auf die gelebte Erfahrung ausdehnen, auf Handlungen für und mit anderen; ansonsten sind es Übungen, an denen wir nicht interessiert sind.«[90]

Doch hat nicht Thomas Keating die ganze Zeit genau davon gesprochen? »Die Früchte des Gebets der Sammlung sind im Alltag

89. In einem persönlichen Gespräch mit mir am 2. November 2015 bemerkte der buddhistische Übersetzer und Gelehrte Ken McLeod, dass bis zu diesem Jahrhundert die genaue Übersetzung des tibetisch-buddhistischen Begriffs *dran pa* »Erinnerung« [*remembrance*] lautete, und nicht »Achtsamkeit« [*mindfulness*].

90. Aus einem E-Mail-Austausch zwischen Michael Spezio und mir vom 6. Februar 2016.

zu finden.« Die Neurowissenschaften können einen Ausschnitt dieser tiefen inneren Einheit messen, wenn sie sich auf dem Meditationskissen einstellt – was sicherlich ausreicht, um zu bekräftigen, dass sich tatsächlich Wasser im Brunnen befindet. Doch der wahre Nachweis liegt in einem integrierten Menschsein.

Verwirklichte Einheit

In gewisser Weise ist die durch die Studie aufgeworfene wichtigste Frage eine, die sie selbst *nicht* stellt – zumindest nicht direkt: Wenn solche Zustände tiefer spiritueller Einheit tatsächlich existieren und mittels EEG messbar sind, ist solch eine spirituelle Verwirklichung allein eine Funktion der Meditationspraktiken oder erfordert sie die unterstützende Teilnahme der gesamten Matrix der Ethik und Andacht, in welcher diese Praktiken eingebettet sind? Angesichts des gegenwärtigen Trends zur säkularen Neuverpackung spiritueller Praxis ist dies eine berechtigte Fragestellung.

Und obwohl sie den Rahmen einer streng wissenschaftlichen Studie sprengt, beschäftigt diese Frage Michael Spezio, Brent Field und Andrew Dreitcer durchaus. In einer umfangreichen wissenschaftlichen Abhandlung, die im Wesentlichen eine Begleitschrift zu ihrem Forschungspapier darstellt, bringen sie gemeinsam einige dieser ethischen und spirituellen Dimensionen zum Ausdruck, welche ihre neurowissenschaftlichen Daten implizit nahelegen.[91]

91. ANDREW DREITCER, BRENT FIELD und MICHAEL SPEZIO: "Mindfulness as Heartfulness: Recovering Remembrance, *Imitatio*, and Love for Mindfulness in Interdisciplinary Contemplative Studies" [»Achtsamkeit als Herzensfülle: Die Wiederentdeckung von Erinnerung, *imitatio* und Liebe für die Achtsamkeit in interdisziplinären Kontemplationsstudien«] (unveröffenlicht). Dreitcer ist auch ein langjähriger Teilnehmer am Mind and Life Institute und, zusammen mit Thupten Jinpa (dem persönlichen Übersetzer des Dalai Lamas), ein aktiver Mitarbeiter im Center for Compassion and Altruism Research and Education an der Stanford University. Mit freundlicher Genehmigung der Autoren zitiere ich hier die Inhaltsangabe dieser Abhandlung:

> Kontemplative Studien bilden einen interdisziplinären Bereich, der versucht, verkörperte Achtsamkeit in Bezug auf das menschliche Wohl zu verstehen. Wissenschaftliche Ansätze zur Achtsamkeit neigen dazu, diese als eine Reihe von Fähigkeiten zur kognitiven und biomedizinischen Verbesserung darzulegen, wobei die mentale/emotionale Kontrolle oder Konzen-

Bei der Säkularisierung von spiritueller Praxis, so die Autoren, droht genau dieser ergiebige multidimensionale Kontext verloren zu gehen, in welchem Achtsamkeit als »Gewahrsein des gegenwärtigen Augenblicks« nahtlos in Achtsamkeit als authentische spirituelle Erinnerung übergeht. In einem säkularen Rahmen neigt Achtsamkeit dazu, ›privatisiert‹ zu werden und als ein Set persönlicher Bewältigungskompetenzen oder Wellness-Vorteile daherzukommen. Ihrer ursprünglichen spirituellen Anlage nach ist Achtsamkeit jedoch unweigerlich relational und ethisch. Ihre Früchte sind nicht Wohlbefinden, persönliche Langlebigkeit oder neuronale Plastizität [sprich: »Gehirnoptimierung«]; sie sind Mitgefühl, Gleichmut und Liebe. Im Gegensatz zu den verschiedenen säkularen und wissenschaftlichen Modellen (die in diesem Artikel ausgiebig dokumentiert werden) räumt das spirituelle Modell der Achtsamkeit als »dem Gewahrsein von und dem Vertrautsein mit einer ethisch orientierten letzten Wirklichkeit, die menschliche Ganzheit ermöglicht«,[92] einen zentralen Platz ein. Nur vor diesem Hintergrund machen Vorstellungen wie »Erinnerung« und »Einheit« Sinn.

Als wichtiger erster Schritt bei der Rückforderung dieses umfassenderen Verständnisses von Achtsamkeit als Erinnern untersuchen die Autoren die entscheidende Bedeutung der *imitatio* (der »Nachahmung«, wie in der *imitatio Christi*), einer grundlegenden spirituellen Praxis in den östlichen und westlichen Traditionen und einer im Allgemeinen nicht genügend gewürdigten Gemein-

tration betont, die Ursprünge der Achtsamkeit innerhalb der narrativen Traditionen jedoch untergewichtet werden. Dennoch wächst ein Verständnis dafür, dass eine theologisch reiche ethische Bildung zum Kern kontemplativer Praxis gehört, sodass Achtsamkeitskonzepte die Berücksichtigung moralantropologischer Gegebenheiten erfordern. Wir präsentieren einen Bericht über Achtsamkeit, die die *imitatio* der Göttlichen Liebe ins Zentrum stellt; dabei stützen wir uns auf christliche Perspektiven innerhalb der abrahamitischen Traditionen und berücksichtigen die moralische Absicht innerhalb der Praktiken, die auf emotionale Offenheit oder Herzensfülle abzielt. Wir behaupten, dass diese Schwerpunkte neue Wege für die Zusammenarbeit von Theologie und Kognitionswissenschaft eröffnen können.

92. Ebenda, Seite 12. Die Autoren stützen ihre Beobachtungen auf Erörterungen der Achtsamkeit, die aus zwei bahnbrechenden interspirituellen kontemplativen Dialogen hervorgingen: Thomas Keatings Snowmass-Konferenzen und dem buddhistisch-christlichen Dialog in der Gethsemani Abbey im Juni 1996.

samkeit zwischen ihnen. Aus einem dankbaren »Sich-ins-Gedächtnis-Rufen« des eigenen Lehrers entwickelt sich die *imitatio* zu einer immer tiefergehenden Assimilation dieses Lehrers und seiner Lehre in das Wesen des Schülers, bis schließlich die beiden Leben in einem einzigen Strom lebendiger Präsenz verschmelzen.[93] Achtsamkeit als Aufmerksamkeit wird allmählich transformiert zu Achtsamkeit als Teilnahme in einem lebendigen relationalen Feld, gleichzeitig vertraut und kosmisch.

Thomas Keating selbst schlug als Ergänzung der säkularisierteren »Achtsamkeit« den Begriff »Herzensfülle« vor, der die umfassenderen Dimensionen von Mitgefühl, Erinnerung und Beziehung mit einschließt. Sein Vorschlag traf auf große Zustimmung unter der interspirituellen Teilnehmerschaft in seinen Snowmass-Dialogen und ist im Netzwerk des Gebets der Sammlung mittlerweile gut etabliert.[94] Neben der Betonung der empathischen Dimensionen und Beziehungsaspekte dieser Art von Präsenz baut der Begriff auch eine starke Brücke zur reichen christlichen Linie des Herzensgebet, das wir in diesem Teil des Buches betrachtet haben.

Obwohl es gewiss hilfreich sein kann, diesen erweiterten spirituellen Kontext wiederherzustellen, um zu einem vollständigeren Verständnis von Achtsamkeitsübungen zu gelangen, glaube ich, dass das Gebet der Sammlung im Grunde genommen unverständlich bleibt, wenn es von seiner kenotischen Erdung getrennt ist. Die säkulare Achtsamkeit eröffnet zumindest einen ersten motivierenden nützlichen Zugang, sei es zu Stressreduzierung, besserem Aufmerksamkeitsvermögen oder einem niedrigeren Blutdruck. Doch Kenosis oder Selbsthingabe bieten keinen wirklichen kulturellen Ausgangspunkt; abgesehen von einem direkten Verständnis der großen mystischen Traditionen der *imitatio* und des Erinnerns, in denen diese Übung eingebettet ist, bleibt das Gebet der Sammlung hartnäckig kontraintuitiv.

93. Im Christentum wäre dies die tiefste Bedeutung des »Annehmens der Gesinnung Christi« und der traditionellen Übungen der *imitatio Christi*, die dieses unterstützen. Siehe ebenda, Seiten 32–46.

94. Eine ausführliche Beschreibung der Snowmass-Dialoge finden Sie ebenda, Seiten 5–9. Siehe dazu auch NATHANIEL MILES-YEPEZ [Hrsg.]: *The Common Heart: An Experience of Interreligious Dialogue*, New York: Lantern Books, 2006. Dieses Buch enthält einen ausführlichen Bericht über die Geschichte und die Ergebnisse dieses wegweisenden interspirituellen kontemplativen Dialogs.

Kann es sein, dass die Neurowissenschaften sich eines Tages dieser umfassenderen Untersuchung anschließen werden, die zu klären versucht, was es empirisch bedeutet, »den Verstand ins Herz zu bringen«? In gewisser Hinsicht scheint diese Frage hier unverständlich zu sein, denn die Forschung hat ja bereits begonnen, etwa mit dem HeartMath Institute und dessen ausführlicher fMRT-Dokumentation der Gehirn-Herz-Verbindung. Doch wie ich bereits am Anfang dieses Kapitels erwähnt habe, liegt das Problem aus wissenschaftlicher Perspektive darin, dass die beiden Forschungscommunitys nicht auf derselben Ebene arbeiten, sodass eine Gegenüberstellung ihres jeweiligen Datenmaterials ein wenig dem Vergleich von Äpfeln mit Birnen ähnelt. Das HeartMath Institute hat sich von Beginn an dafür entschieden, über den wissenschaftlichen Tellerrand hinauszublicken, und zielt mit seiner Forschungsarbeit auf ein breiteres Publikum und die unmittelbare Praxisanwendung.[95] Das bedeutet, seine Forschung ist nicht an dieselben Verifizierungsprotokolle gebunden wie das akademische Standardprocedere – daher genießt sie, sei es nun zum Guten oder zum Schlechten, im öffentlichen Wissenschaftsdialog kein offizielles Ansehen. Aus meiner Sicht ist dies eindeutig zu bedauern, denn das HeartMath Institute hat im Prinzip ein weitaus besseres intuitives Verständnis des Terrains, welches durch das Herzensgebet und den christlichen kenotischen Ansatz in Bezug auf Non-Dualität abgesteckt wird, als es beim noch immer buddhistisch dominierten Feld der akademischen Neurowissenschaften zu beobachten ist. Damit die grundlegenden und wegweisenden Entdeckungen des HeartMath Institute eine größere wissenschaftliche Glaubwürdigkeit gewinnen können, müssten dessen Forschungsergebnisse von etablierten wissenschaftlichen Laboren, die nach standardmäßigen Forschungsprotokollen arbeiten, unabhängig reproduziert werden.

Laut Michael Spezio existieren heute nur wenige Labore, die über die Möglichkeiten verfügen, eine vollständige Untersuchung durchzuführen, die eine synchronisierte und hochauflösende fMRT gleichzeitig für das Herz und das Gehirn erfordert. Doch ein paar *gibt* es (nach Spezios gegenwärtiger Zählung sind es drei), und es werden weitere folgen. Aufgrund der wachsenden Anerken-

95. Ähnlich wie das weltliche Achtsamkeitstraining, ist das HeartMath Institute etwas vorschnell darin, das Einsatzfeld in Richtung des persönlichen Wohlbefindens zu lenken anstatt auf die Bewusstseinstransformation.

nung der Herzensfülle in der Community der Neuromeditationsforschung mag es zu einem Wechsel im wissenschaftlichen Fokus kommen, der dahin geht, nicht mehr nur das Gehirn allein, sondern die Gehirn-Herz-Verbindung zu untersuchen. Dann werden diese Daten ihren gebührenden Platz erhalten bei der Bewertung der hartnäckigen mystischen Intuition des Christentums, dass non-duale Verwirklichung (wie wir es heute ausdrücken würden) nicht bloß eine neue Bewusstseinsebene darstellt, sondern einen neuen *Sitz* des Bewusstseins.

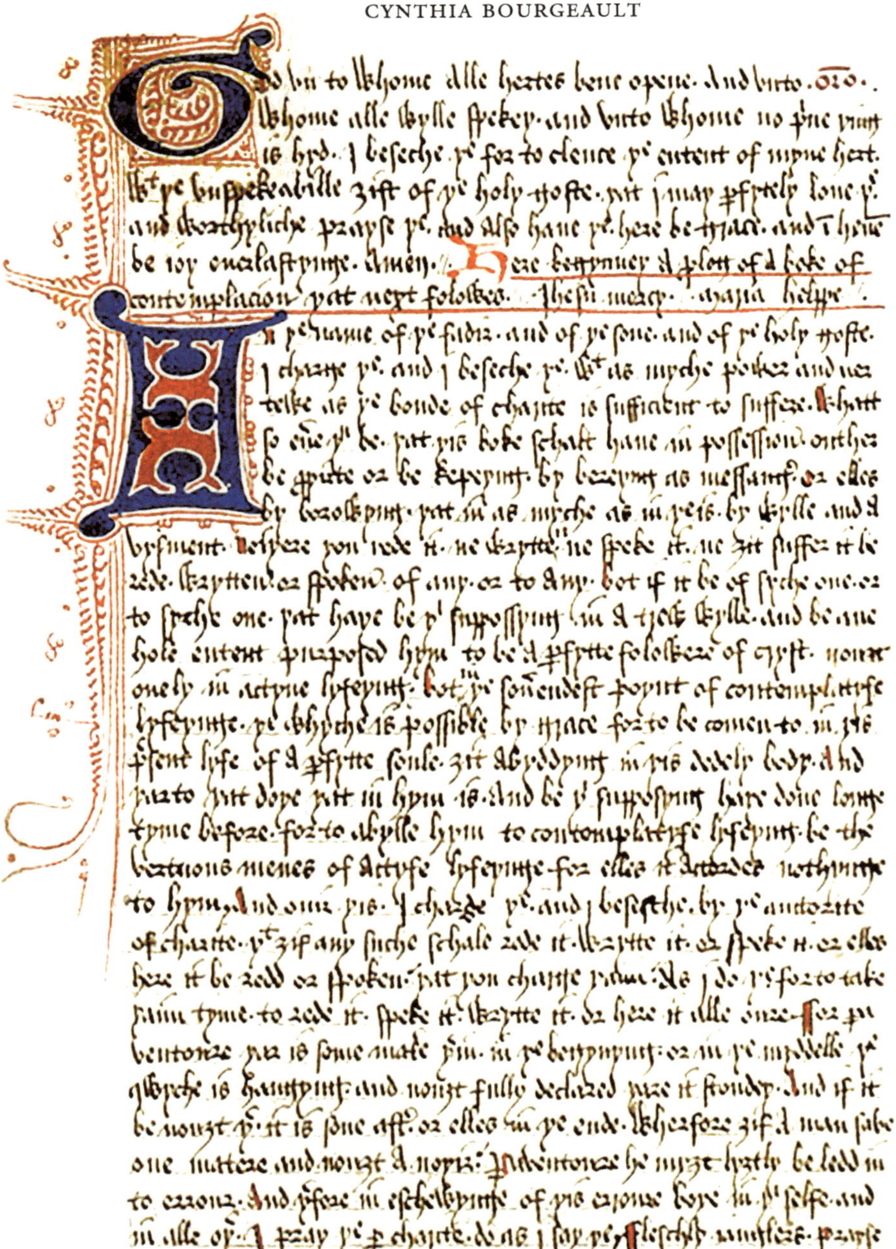

God vn to whome alle hertes bene opene. And vnto. oro.
whome alle wylle spekeþ. and vnto whome no priue þinge
is hyd. I beseche þe for to clense þe entent of myne hert
wt þe vnspekeabille 3ift of þe holy goste. þat I may perfytely loue þe
and worthylyche prayse þe. and also haue þe here be grace. and in þi heuen
be ioy euerlastynge. Amen. Here begynneþ a prolog of a boke of
contemplacion þat next foloweþ. Ihesu mercy. Maria helpe.
In þe name of þe fadir. and of þe sone. and of þe holy goste.
I charge þe. and I beseche þe. wt as myche power and ver-
tewe as þe bonde of charite is sufficient to suffre. whatt
so euer þu be. þat þis boke schalt haue in possessioun. outher
be properte or be kepynge. by berynge as messanger. or elles
by borowynge. þat in as myche as in þe is by wylle and a-
vysment. neyþere þou rede it. ne wrytte it. ne speke it. ne 3it suffre it be
rede. wrytten. or spoken. of any. or to any. bot if it be of syche one. or
to syche one. þat haþe be þi supposynge in a trewe wylle. and be an
hole entent purposed hym to be a perfitte folowere of cryst. nou3t
onely in actyue lyfeynge. bot in þe souereynest poynt of contemplatyfe
lyfeynge. þe whyche is possible by grace for to be comen to in þis
present lyfe of a perfitte soule. 3it abydynge in þis dedely body. And
þerto þat doþe þat in hym is. And be þi supposynge haþe done longe
tyme before. for to abylle hym to contemplatyfe lyfeynge. be the
vertuous menes of actyfe lyfeynge. for elles it accordeþ nothinge
to hym. And ouer þis I charge þe. and I beseche þe. by þe auctorite
of charite. þat 3if any suche schale rede it. wrytte it. or speke it. or elles
here it be redd or spoken. þat þou charge þaim. as I do þe. for to take
þaim tyme to rede it. speke it. wrytte it. or here it alle ouer. ffor par-
auentoure þer is some matere þer in. in þe begynnynge. or in þe myddelle. þe
whyche is hangynge and nou3t fully declared þere it stondeþ. And if it
be nou3t þere. it is sone after. or elles in þe ende. wherfore 3if a man sawe
one mattere and nou3t a noþer. peraventoure he my3t lyghtly be ledd in
to errour. And þerfore in eschewynge of þis errour boþe in þi selfe and
in alle oþer. I pray þe par charite do as I say þe. ffleschely iangleres. prayse-
res and blameres of þam selfe. or of any oþer. tythynge telleres. rowneres.

Teil drei

Die *Wolke des Nichtwissens* neu betrachtet

Folio 23 eines Manuskripts der Wolke des Nichtwissens *aus dem Jahr 1460. Quelle: British Library, Harley MS 2373*

Kapitel 7

Sammlung in der *Wolke*

VOR BALD FÜNFZIG JAHREN BRACHTE THOMAS KEATING, DER Abt der Saint Joseph's Abbey in Spencer, Massachusetts, den Ball des Gebets der Sammlung ins Rollen und zwar mit seiner berühmten Frage anlässlich eines klösterlichen Treffens seines Ordens: »Ist es denn nicht möglich, die Essenz des christlichen kontemplativen Pfades in eine Meditationsmethode zu gießen, die für moderne, draußen in der Welt lebende Menschen zugänglich ist?« Besorgt darüber, dass es immer mehr junge christliche Suchende zu östlichen Meditationspfaden hinzog, lud Thomas seine Mönchsbrüder ein, gemeinsam mit ihm den in ihrem christlichen Hinterhof vergrabenen Schatz ans Licht zu heben.

Einer der Mönche, Pater William Meninger, nahm die Herausforderung an. Er griff sich sein zerlesenes Exemplar des spirituellen Klassikers *Wolke des Nichtwissens* aus dem vierzehnten Jahrhundert, schlug bei Kapitel 7 auf und stieß sofort auf den Absatz, der danach schnell zum Eckpfeiler der Methode des Gebets der Sammlung werden sollte. Mitten in einer Erörterung der Frage, warum es im Gebet nicht vieler Worte bedarf, sondern nur eines »nackten, reinen Ausgerichtetseins auf Gott«, rät dieser anonyme englische Kontemplierende:

> Falls du dieses Sehnen in ein Wort fassen willst, um es besser gegenwärtig halten zu können, nimm ein einsilbiges; das ist besser als eins mit zwei Silben. Je kürzer es ist, desto besser entspricht es dem Vollzug der Übung. Solch ein Wort wäre »Gott« oder »Lob« [Anmerkung von Willi Massa: Urtext: *love*]. Wähle eines von beiden oder auch ein anderes, das dich anspricht. Nimm dieses Wort so tief in dein Herz, dass es dort bleibt, was immer auch geschehe.[1]

1. WILLIGIS JÄGER [Hrsg.]: *Wolke des Nichtwissens,* übersetzt von Willi Massa, Seite 50.

Und im Wesentlichen ist es dies, was die Praktizierenden des Gebets der Sammlung seither tun.

In den frühen 1970er-Jahren wurde damit begonnen, diese schnörkellose Methode christlicher Meditation, ursprünglich »das Gebet der Wolke« genannt, Exerzitanten an der Saint Joseph's Abbey anzubieten – anfänglich nur Geistlichen, kurz darauf auch Laien. Schon sehr bald machte es einen Sprung über die Mauern des Klosters und wurde, umgetauft in »Gebet der Sammlung«, zu einer kraftvollen Graswurzelinitiative. In den frühen 1980er-Jahren wurde deutlich, dass es einer institutionellen Infrastruktur bedurfte, um die Entwicklung bewältigen zu können und die Lehrstandards innerhalb dieses aufkeimenden Verbundes aufrechtzuerhalten – und so kam es 1983 zur offiziellen Gründung von Contemplative Outreach. In den letzten dreißig Jahren wuchs diese kontinuierlich zu einer internationalen Organisation, die mittlerweile mehrere Hunderttausend Mitglieder zählt.

All dies ist den langjährigen Praktizierenden des Gebets der Sammlung eine vertraute Geschichte, und so schreibe ich diese Worte just während der Gedenkfeiern zum dreißigsten Geburtstag von Contemplative Outreach, an denen diese lobenswerten Erfolge gebührend gefeiert werden. Was mich jedoch an all dem wirklich interessiert, ist das weniger offensichtliche Ergebnis daraus: Wir blicken nunmehr auf eine bald fünfzigjährige Erfolgsgeschichte zurück und auf eine beträchtliche Zahl von Menschen, die sich die Kernunterweisungen der *Wolke* zu Herzen genommen haben und mit ihnen zweimal täglich auf ihren Meditationskissen ringen. Das ist doch zumindest eine beachtliche Datenbank! Und es öffnet uns einen ganz neuen Weg des Erforschens der *Wolke,* der zuvor schlicht und einfach nicht zur Verfügung stand.

Die *Wolke* ist ein mystischer Text, und wie die meisten mystischen Texte kann er nur auf der Bewusstseinsebene erfasst werden, auf der er geschrieben wurde. »Gleiches zieht Gleiches an«, wie das hermetische Sprichwort lautet; die beste Art, sich auf einen Text einzulassen, der aus einem Zustand tiefer kontemplativer Stille geschrieben wurde, ist die, durch Meditation selbst möglichst in diesen Zustand zu gelangen, statt den Text sofort mit unserem analytischen Verstand begreifen zu wollen. Und offen gesagt gibt es im Zusammenhang mit der *Wolke* Dinge, welche die Wissenschaft jahrelang überforderten, weil diese nur dann einleuchten, wenn ihre wahre Bedeutung sich aus dem Üben selbst erschließt.

Beispielsweise wird die *Wolke* von Gelehrten in der Regel als ein klassisches Beispiel für christlichen affektiven Mystizismus betrachtet und genau auf der Linie positioniert, die von Pseudo Dionysius her den großen Fluss monastischer Liebesmystik hinunterfließt und ihre höchste Blüte in den Werken von Bernhard von Clairvaux und Richard von Sankt Viktor fand, jenen großen Zisterziensermeistern des zwölften Jahrhunderts. Deren Programm lautet im Wesentlichen: »spirituelle Vereinigung durch die Transformation des Eros«. Die schwelenden Feuer erotischen Verlangens des Herzens werden zur vollen Flamme entfacht und gleichzeitig umgeleitet, weg von irdischen und hin zu den himmlischen Gegenständen – bis schließlich die Affektivität zur mystischen Vereinigung implodiert. Es ist ein gewagter und überschwänglicher Weg, und auf den ersten Blick scheint die *Wolke* tatsächlich hier hineinzupassen. Eine berühmte Aussage wie: »Von der Liebe lässt Er [Gott] Sich umfassen und halten, vom Denken aber nicht«,[2] scheint die Einschätzung perfekt zu belegen, dass dieser Autor für einen Aufbruch von den zerebralen Reichen in die affektiven eintritt. Und ganz gewiss erwecken seine mehrmals wiederholte Unterweisung: »Richte einfach dein Herz mit einer zarten Regung der Liebe auf Gott«, und sein besonderer Rat: »Bohre dich mit der Speerspitze deiner liebenden Sehnsucht in diese dichte Wolke hinein«, beide aus Kapitel 6, den Eindruck, vollkommen selbsterklärend zu sein. Wie könnte dies irgendetwas anderes sein als Affektivität?

Doch wie zutreffend bleibt diese Charakterisierung, wenn der Autor nachdrücklich betont: »Du magst dich noch so mühen, es gibt eine Dunkelheit und eine Wolke zwischen dir und deinem Gott. *Dunkelheit und Wolke lassen nicht zu, Ihn mit dem Licht deines Erkennens deutlich zu erfassen, noch Ihn im Herzen selig zu spüren*« (Kapitel 3, Absatz 5, Hervorhebung von mir)? Lassen Sie uns zur Beantwortung dieser Frage auch den Abschnitt anschauen, in welchem er Maria Magdalena als das ihm vorschwebende Vorbild der kontemplativen Transformation beschreibt: »Deshalb machte sie ihre Liebe und ihr sehnendes Verlangen an dieser »Wolke des Nichtwissens« fest und lernte zu lieben, *was sie weder mit dem Licht ihres Verstandes erkennen, noch in ihrem Herzen in süßer Liebesempfindung genießen konnte* (Kapitel 16, Absatz 3, H.v.m.). Augen-

2. Ebenda, Kapitel 6, Seite 48.

scheinlich ist die Art von Liebe, die der Autor im Sinn hat, von grundsätzlich anderer Art als jene, die wir normalerweise mit »Affektivität« assoziieren. Und statt dass er diese auf ein heiliges Objekt konzentriert, werden wir in Kürze vor Augen geführt bekommen, dass er vorschlägt, *ganz auf Objekte zu verzichten!* Wenn dies eine monastische Liebesmystik sein soll, handelt es sich wahrlich um eine ungewöhnliche Ausprägung.

Was ich aufgrund meiner eigenen vierzigjährigen Erfahrung mit dem Gebet der Sammlung als mein Kernargument vortragen werde, lautet, dass »Liebe« hier tatsächlich nichts mit Affektivität im herkömmlichen Sinne des Wortes zu tun hat. Es ist vielmehr der vom Autor bevorzugte Begriff, um das zu beschreiben, was wir heute als *non-duale, im Herzen verankerte Wahrnehmung* bezeichnen würden. Und er hat in der Tat recht, diese als »Liebe« zu bezeichnen, weil die energetische Bandbreite, in der das Herz arbeitet, die *Vertrautheit* ist, also die Fähigkeit, Dinge von innen heraus wahrzunehmen, indem wir mit ihnen in einfühlende Resonanz kommen. Im Gegensatz zum Verstand, der durch Unterscheidung und Abgrenzung wahrnimmt, bezieht das Herz seine Orientierung direkt aus dem Ganzen, und zwar durch einen Prozess, der von der ganzheitlichen Wissenschaft heute als »holografische Resonanz« beschrieben wird. Stellen wir uns vor, wir hätten versuchen wollen, diesen Sachverhalt im vierzehnten Jahrhundert zu beschreiben! Der Autor spricht hier nicht über Affektivität, nicht über Zuneigung; seiner Zeit um Jahrhunderte voraus, tastet er nach Metaphern, um ein vollkommen anderes Wahrnehmungsvermögen zu beschreiben.

Ich bin mir darüber im Klaren, dass das von mir soeben Gesagte einen großen Sprung bedeutet. Machen Sie sich keine Sorgen; in den nächsten Kapiteln folgt eine sorgfältige und detaillierte Erläuterung. Ich möchte aber an diesem Punkt nachdrücklich darauf hinweisen, dass ich mitnichten durch wissenschaftliche Analysen und Schlussfolgerungen zu dieser Einsicht gelangt bin, sondern indem ich vierzig Jahre lang auf meinem Meditationskissen saß. Wie andere erfahrene Praktizierende des Gebets der Sammlung erlebte ich häufig jene mysteriöse glückliche Zartheit, die das charakteristische Energiefeld dieser Übung zu sein scheint – reine Vertrautheit ohne Anlass und ohne Objekt. Ich verstehe sehr genau, weshalb der Autor es »Liebe« nannte und warum es tatsächlich eine Liebe ist, die nichts mit unserem normalen Verständnis von Emotion oder Affektivität zu tun hat. Und mir ist auch klar, weshalb er diesen Ort der Begegnung zwischen den Reichen eine »Wolke« nennt – und warum dieser Begriff nicht einfach eine Metapher für die klassische *via negativa* oder den Weg des Nichtwissens ist, sondern eine sehr präzise Analogie für eine Art diffusen Bewusstseins, in dem Aufmerksamkeit aufgehört hat, mechanisch von Subjekt zu Objekt zu fließen, und Wahrnehmung sich auf eine völlig neue Art zuträgt. Dies alles habe ich selbst erlebt, und zwar viele Male während des Gebets der Sammlung – doch nur, wenn ich diese Praxis wirklich *ausübe* und wenn ich alle anziehenden Magnete an meiner Aufmerksamkeit vorüberfließen lasse. Und ich bin absolut überzeugt, dass ich keine Ahnung hätte, wovon der Autor der *Wolke* spricht, wenn ich diese Übungen nicht mit Ausdauer praktizieren würde.

Deshalb schlage ich hier vor, eine Schleife der bewussten Rückkopplungen zwischen der *Wolke des Nichtwissens* und jener Datenbank an Interpretationen zu etablieren, die seit bald fünfzig Jahren von engagierten Praktizierenden des Gebets der Sammlung zusammengetragen wurde. Falls diese Übung tatsächlich die neurologischen Grundlagen für den Übergang in diesen anderen, nondualen Modus der Wahrnehmung legt – wie ich es als eine der Kernthesen dieses Buches postuliere –, dann können wir unsere auf dem Meditationskissen gesammelten Einsichten dazu nutzen, Licht auf die Rätsel zu werfen, welche die Leserschaft der *Wolke* seit Jahrhunderten ratlos gemacht haben. Und umgekehrt: Wenn wir die Unterweisungen aus der *Wolke* im Licht unserer eigenen Praxis verstanden haben, dann kann uns dies als Maßstab dienen, um den sich weiterentwickelnden Lehrkorpus zum Gebet der Sammlung besser einzuschätzen und somit jene Anweisungen zu verifizieren, die stimmig, aber herausfordernd sind, sowie auch als Maßstab für eine Neuausrichtung, falls unser Verständnis vom Kurs abweicht.

Die Wolke *auf einen Blick*

Die *Wolke des Nichtwissens* ist einer der großen spirituellen Klassiker der mittelalterlichen christlichen Mystik. Die meisten Wissenschaftler stimmen darin überein, dass es das Werk eines anonymen englischen Mönches aus dem vierzehnten Jahrhundert ist, der einige Jahre später eine weitere Sammlung seiner Lehren beisteuerte, bekannt als *Brief persönlicher Führung – Ein Meister unterweist seinen Schüler.*[3] Wie Rilkes *Briefe an einen jungen Dichter* fünf Jahrhunderte später, hat dieser Teil den Charakter eines persönlichen Unterrichts, der von einem älteren, erfahreneren Mönch einem jüngeren auf dem Pfad erteilt wird. Es ist wichtig diese beiden Parameter im Hinterkopf zu behalten: (1) Die *Wolke* war anfänglich nicht als ein allgemeines spirituelles Handbuch konzipiert, sondern als eine auf einen ganz bestimmten Empfänger ausgerichtete Schulung, um deren Kern der ältere Mönch wusste; und (2) es ist ganz offensichtlich, dass diese Unterweisungen nicht an einen Anfänger adressiert waren, sondern an jemanden, der in den grundlegenden religiösen und ethischen Aspekten des christlichen Weges bereits gut ausgebildet war und nun die nächste Stufe anstrebte, die vom Autor »die kontemplative« genannt wird.

Warum der sogenannte Cloud-Autor anonym ist? Die Frage schürte jahrhundertelang Spekulationen und führte zu diversen Mutmaßungen, einschließlich derjenigen, dass es sich um eine Frau gehandelt habe. Meines Erachtens lautet die offensichtlichste Erklärung (abgesehen von der Tatsache, dass wir es hier mit einem ursprünglich privaten Schreiben zu tun haben), dass die damalige Epoche geistig gesehen eine gefährliche war. Bereits im Jahr 1329 hatte die Römische Kirche die mystischen Schriften Meister Eckharts verdammt, als sich die ersten Risse im monolithischen Bollwerk der römisch-katholischen Theologie auftaten. In Oxford hatte sich John Wycliff für eine Bibelübersetzung in der Landessprache eingesetzt, und am Ende jenes Jahrhunderts existierte tatsächlich bereits eine Ausgabe, die Wycliffs Anhänger, die Lollarden, in die Hände von Laien legten: die Lunte eines Aufstands, der mehr als ein Jahrhundert später als Reformation ausbrechen sollte. Darüber hinaus ist es offensichtlich, dass unser anonymer Autor einige äußerst prekäre theologische Behauptungen aufstellte, beispielsweise: »die dunkle Wahrnehmung deines Seins [...], das mit Gottes Sein vereint ist«,[4] oder: »Es genügt völlig ein nacktes, reines Ausgerichtetsein auf Gott, das kein anderes Motiv hat als Ihn selbst.«[5] Diese Art von Gedanken hätte einen durchaus auf den Scheiterhaufen bringen können!

3. Ebenda, Seiten 165–216.
4. Ebenda, *Brief,* Seite 184.
5. Ebenda, *Wolke,* Kapitel 7, Absatz 4, Seite 50.

Zu der fortdauernden Spekulation, beim Cloud-Autor habe es sich um eine Frau gehandelt, kann ich, so sehr mir das auch gefallen würde, nur sagen, dass ich dies nicht glaube. Ein simpler Faktencheck zeigt, dass selbstverständlich auch eine Frau solche Schriften verfasst haben könnte, wie das Beispiel der Juliana von Norwich beweist, einer Zeitgenossin des Cloud-Autors, deren gefeiertes Werk *Offenbarungen* einen Grundstein für die mystische Tradition des Westens legte.[6] Für mich deuten Gesamtenergie und Bildsprache der *Wolke,* wie ich sie erlebe, allerdings klar auf einen männlichen Autor. Um nur ein Beispiel (von vielen) zu nennen: der Abschnitt, den ich bereits zu Beginn dieses Kapitels zitiert habe und der den Ratschlag enthält: »Dieses Wort sei dir Schutzschild und Speer im Kampf wie im Frieden. Mit diesem Wort sollst du in die Wolke und in die Dunkelheit über dir eindringen und zugleich alle zerstreuenden Gedanken abwehren und entschieden unter die ›Wolke des Vergessens‹ bringen.« Auch auf das Risko einer Geschlechterstereotypisierung hin kann ich – außer unsere Autorin wäre eine frühe britische Jeanne d'Arc – hier beim besten Willen keine Frau sprechen hören! Im Gegensatz zur Dame Juliana von Norwich mit ihrer Haselnuss in der Hand bedient sich dieser Autor konsequent einer Metaphorik des Bogenschießens (*Wolke,* Kapitel 5, Absatz 3), des Turnierkampfes und insgesamt aus einem Fundus des spirituellen Gefechts, das Stärke und Mut erfordert. Dies sind die Eigenschaften, die der *Wolke* ihre charakteristische Ausstrahlung verleihen, doch der Autor, der aus diesen Seiten hervorscheint, ist, zumindest in meinen Augen, unverkennbar männlich.

Die Übersetzungen

Über ihre spirituelle Bedeutung hinaus ist die *Wolke des Nichtwissens* auch in der Geschichte der englischen Literatur von grundlegender Bedeutung, weil sie den ersten spirituellen Abhandlungen zuzuordnen ist, die in volkstümlichem Englisch geschrieben wurden. Auch ich machte erstmalig Bekanntschaft mit diesem Text, als ich an der Hochschule in Mittelalterlicher Literatur abschloss; meine Version der Early English Text Society steht noch immer

6. Elisabeth Strakosch [Hrsg.]: *Lady Julian of Norwich, Offenbarungen von Göttlicher Liebe. In der ursprünglichen Fassung zum ersten Mal übersetzt.* Einsiedeln: Johannes Verlag 2018.

neben einer Sammlung moderner Übersetzungen in meinem Bücherregal – sozusagen als mein Berufungsgericht. Das Werk wurde in Mittelenglisch verfasst, zu jener Zeit eine funkelnagelneue Sprache, die gerade erst aus drei Strömungen hervorgegangen war: dem Lateinischen, dem Angelsächsischen und dem Französischen. Die *Wolke* ist ungefähr zur gleichen Zeit wie Geoffrey Chaucers *Canterbury Tales* entstanden, und die *Tales* bieten einen wunderbaren Einblick in die rauen geistigen Zeiten, in welche die *Wolke* hineingeboren wurde. Die Wortwahl der *Wolke* ist, wie die von Chaucer, erdig, malerisch und voller Energie. Sie verfügt über eine Schwingung – und auch über einen feinen Humor –, die in den Übersetzungen leider weitgehend verloren gegangen sind.

Aus diesem Grund ist es wichtig, sich klarzumachen, dass wahrscheinlich alle von Ihnen genutzten Versionen der *Wolke* genau das sind – Übersetzungen. Beim Umgang mit den unterschiedlichen Versionen ist es empfehlenswert, mehrere Übersetzungen nebeneinanderzulegen und sie zur gegenseitigen Kontrolle einzusetzen. Jede Übertragung ist mehr Kunst denn Wissenschaft, und die impliziten Annahmen jeder Übersetzerin, jedes Übersetzers schlagen sich letzten Endes in dem Werk nieder.[7]

Der Großteil meiner Leserschaft wird mit der Ausgabe von William Johnston vertraut sein.[8] Dies ist die Version, die heute auch von William Meninger bevorzugt wird (obwohl sie noch nicht existierte, als er seine prototypische Methode des Gebets der Sammlung entwickelte) und den Ehrenplatz einnimmt in den Kreisen der Trappistenmönche und somit – im weiteren Sinne – auch in Contemplative Outreach.

Ich möchte jedoch erhebliche Vorbehalte gegen die Johnston-Ausgabe anmelden. Johnston übersetzt durch ein schweres theo-

7. Auf Deutsch erschienene Übersetzungen sind: ELISABETH STRAKOSCH [Hrsg.]: *Die Wolke des Nichtwissens: Ein anonymes englisches Werk dem 14. Jahrhundert,* Einsiedeln: Johannes Verlag, 1958. WOLFGANG RIEHLE [Übers.]: *Das Buch von der mystischen Kontemplation genannt Die Wolke des Nichtwissens, worin die Seele sich mit Gott vereint,* Einsiedeln: Johannes Verlag, 1980. WILLI MASSA [Hrsg.]: *Buch der Kontemplation genannt Wolke des Nichtwissens und Brief persönlicher Führung: Anleitung zur Meditation,* Freiburg, Basel, Wien: Herder, 1999 [jüngste Ausgabe: herausgegeben von WILLIGIS JÄGER, Herder 2016]. PETER DYCKHOFF [Hrsg.]: *Wolke des Nichtwissens: Eintauchen in geistliches Leben,* Freiburg, Basel, Wien: Herder, 2020.

8. WILLIAM JOHNSTON [Hrsg.]: *The Cloud of Unknowing and The Book of Privy Counsel,* New York: Doubleday, 2005.

logisches Visier, und genau dort, wo sich die *Wolke* daran reibt, zögert er nicht, redaktionelle »Korrekturen« einzuführen, die bestenfalls Irrtümer, schlimmstenfalls völlige Verzerrungen des Originaltextes sind. Ich bin auf unzählige Stellen gestoßen, wo Worte und sogar konzeptionelle Vorstellungen eingefügt wurden und es sehr schwierig ist, den Text von dieser spezifischen Lesebrille zu befreien; auf einige dieser Stellen werde ich zu gegebener Zeit hinweisen. Wenn Sie die Johnston-Ausgabe verwenden, wird es Ihnen schwerfallen, einige der Punkte nachzuvollziehen, auf die ich in meiner Darlegung zu sprechen komme: Sie existieren in dieser Übersetzung ganz einfach nicht.

Meine bevorzugte Version ist weiterhin die von Ira Progoff.[9] Als bekannter Psychotherapeut und Entwickler der weitverbreiteten »Intensivtagebuch-Methode« ist Progoff ein höchst einfühlsamer und präziser Übersetzer dieses Werks, das einen wegweisenden Beitrag zur Phänomenologie des Bewusstseins darstellt. Und als säkularer Psychologe lässt er all die theologischen Überlagerungen, welche die Johnston-Ausgabe derart belasten, schlicht und einfach weg. Andererseits muss bei Progoff darauf geachtet werden, dass er gelegentlich dazu neigt, entweder zu überpsychologisieren oder Nuancen hineinzulesen, die im Originaltext so nicht zu finden sind. Im großen Ganzen ist seine Übersetzung jedoch akkurat und sein intuitives Verständnis dafür, worauf es dem Autor ankommt, ist ausgezeichnet.

Ein willkommener Neuling auf diesem Gebiet ist Carmen Acevedo Butchers funkelnde Übersetzung »in legerer Passform«.[10] Butcher, eine langjährige Professorin für Englisch am Shorter College in Rome, Georgia, nähert sich der *Wolke* von einem Hintergrund der mittelalterlichen Literatur aus – so wie ich es selbst handhabe. Und zweifellos wäre unser anonymer mittelalterlicher Autor erstaunt zu erfahren, dass seine spirituelle Abhandlung aus dem vierzehnten Jahrhundert in dieser Übertragung den Literaturpreis des Staates Georgia im Jahr 2010 gewann. Als ich das erste Mal auf diese Ausgabe stieß und die lebendige und zeitgemäße Übersetzung las, nahm ich an, die Autorin hätte sich sehr große

9. Ira Progoff: *The Cloud of Unknowing: A New Translation of a Classic Guide to Spiritual Experience Revealing the Dynamics of the Inner Life from a Particular Historical and Religious Point of View,* New York: Julian Press, 1957.

10. Carmen Acevedo Butcher [Übers.]: *The Cloud of Unknowing,* Boston: Shambhala Publications, 2009.

Freiheiten bei dem Text herausgenommen – aber nein: Ein Vergleich zeigt, dass ihre Übersetzung eigentlich enger am Original bleibt als die meisten bisher erwähnten. Für Neulinge in der christlichen mystischen Literatur empfehle ich diese Version schon allein aufgrund ihrer schieren Unmittelbarkeit – fast so, als ob »Anonymus« (wie Butcher den Autor salopp nennt) mit im eigenen Zimmer sitzen würde – und wegen der fabelhaften Art und Weise, wie diese Übersetzung die Kraft des mittelalterlichen Originals übermittelt. Progoff drängt sie allerdings in der Abteilung Phänomenologie leicht zur Seite, und da dies mein hauptsächliches Anliegen im Zusammenhang mit der *Wolke* ist, greife ich dann doch zu meiner zerlesenen Progoff-Ausgabe.

Welche Version Sie auch bevorzugen mögen, ich möchte Sie ermuntern, auch mit einer weiteren Bekanntschaft zu machen. Wir brauchen alle Annäherungswinkel, die uns zur Verfügung stehen, alle weit geöffneten Fenster der Erkenntnisse, wenn wir diese gemeinsame Reise beginnen hinein in das, was ich Ihnen über die *Wolke* zeigen möchte: Vielmehr als ein traditionelles Beispiel christlicher Liebesmystik ist sie eine bahnbrechende phänomenologische Studie, die erste jemals im Westen geschriebene Abhandlung, die den Übergang zum non-dualen Bewusstsein, verstanden als *eine Wahrnehmungsweise und nicht als einen Zustand mystischer Vereinigung,* zu beschreiben versucht. Und wie wir bald sehen werden, liegt für diesen Autor der Prüfstein für diesen Übergang darin, ob wir es schaffen, unsere Aufmerksamkeit auf eine vollkommen neue Weise zu konfigurieren.

Kapitel 8

Objektloses Gewahrsein

WAS TUN WIR EIGENTLICH WÄHREND DES GEBETS DER SAMMLUNG? »Der Gegenwart und dem Handeln Gottes zustimmen«, gewiss. »Die Fähigkeiten entwickeln, um die Gnade der Kontemplation zu empfangen«, ja, sehr wahrscheinlich.[11] Aber wie funktioniert die eigentliche Mechanik dieses Vorgangs? Nun, die Richtlinien besagen: »Wenn Sie von Ihren Gedanken abgelenkt werden, kehren Sie behutsam zum heiligen Wort zurück.« Was auch immer ansonsten auf der spirituellen Ebene passiert – das, was wir eigentlich tun, ist, uns von den Gedanken zu lösen, manchmal sogar nonstop. Während der zwanzigminütigen Gebetszeit lösen wir immer und immer wieder unsere Aufmerksamkeit von einem Gedanken, in dem sie sich verfangen hat, und bringen sie zurück in eine weiträumigere Ausrichtung.

Ein »Gedanke« umfasst in der Terminologie des Gebets der Sammlung alles, was unsere Aufmerksamkeit auf einen Fokus zwingt. Es kann eine Eingebung sein, eine Erinnerung, eine plötzliche heftige Gemütsregung oder der perfekte Schlusssatz der Predigt, die wir am kommenden Sonntag zu halten planen. Genauso gut kann es ein Juckreiz auf der Nase oder das Surren des furchtbaren Neonlichts an der Zimmerdecke sein. Wenn unsere Aufmerksamkeit von etwas in einem Maß abgelenkt wird, dass wir uns damit beschäftigen, ist es ein »Gedanke«. Und im Gebet der Sammlung lautet der Marschbefehl, alle Gedanken loszulassen.

Warum? Die üblichen Erklärungen zu dieser Frage lauten, um »uns selbst leer zu machen, damit wir von Gott erfüllt werden können«, oder sie ermahnen uns, dass ein vollgestopfter, beschäftigter Geist kaum vollständig gegenwärtig sein kann – was nur allzu wahr ist. In meiner eigenen Lehre ziehe ich einen etwas anderen Herangehenswinkel vor. Im Lauf der Jahre bestand ich sanft, aber mit

11. Dies sind Standarderklärungen im Contemplative-Outreach-Unterricht, wie sie in der knappen Einführungsbroschüre und in allen Einführungsworkshops gegeben werden.

Nachdruck darauf, dass es beim Loslassen eines Gedankens nicht um ein bestimmtes erwünschtes Resultat geht; das Loslassen selbst ist die ganze Bedeutung des Gebets. Theologisch habe ich versucht, es auf Grundlage der Kenosis oder des »Loslassens« zu erklären, welches der heilige Paulus (in seiner großartigen Hymne in Philipper 2.6–11) als die Essenz des »Annehmens der Gesinnung Jesu« beschreibt. Jedes Mal, wenn es uns gelingt, uns aus einem Gedanken zu entkoppeln, geschieht dies im Schulterschluss mit Jesu eigener kenotischer Haltung; mittels dieses Prozesses, in dem wir diese Haltung immer tiefer in unserem Wesen nachbilden, entwickelt sie sich schließlich zu unserer Standardreaktion auf alle Situationen des Lebens.

Ich möchte noch einmal hervorheben, dass wir uns nicht aus einem Gedanken entkoppeln, indem wir ihn *durch das heilige Wort ersetzen* – zumindest nicht, wenn diese Anleitung als eine Fokussierung auf das heilige Wort verstanden wird. Bei Praktizierenden ist dieses Missverständnis noch immer weitverbreitet – und in den anfänglichen Bemühungen, das Gebet der Sammlung zu vermitteln, gab es tatsächlich einen Mangel an Klarheit in diesem Punkt. Wenn dieses heilige Wort der Aufmerksamkeit als Ersatzfokus dient, wird es im Grunde genommen zu einem Mantra. In Thomas Keatings Version des Gebets der Sammlung ist das heilige Wort definitiv *kein* Mantra, sondern lediglich »ein Platzhalter für unsere Absicht«. Das Wort soll nicht ›angestarrt‹ werden, sondern es übernimmt die Funktion eines Scheibenwischers, der die Windschutzscheibe sauber hält. Auch wenn diese Unterscheidung für Sie anfangs entnervend pedantisch klingen mag, werden Sie in Kürze feststellen, dass sie wirklich bedeutungsvoll ist.

Haben Sie jemals ganz genau beobachtet, was geschieht, wenn Sie einen Gedanken loslassen? Ja, meistens stürzen weitere Gedanken herein. Aber schenken Sie dem geringen Abstand zwischen ihnen Beachtung: Auch wenn es sich nur um eine Nanosekunde handelt, ist da ein Moment, in dem Sie gegenwärtig und auf der Hut sind und in dem Ihre Aufmerksamkeit auf keinen besonderen Gegenstand gerichtet ist. In dem Moment befinden Sie sich kurz in einem Zustand des *objektlosen Gewahrseins*.

Dieser flüchtige Geschmack einer ganz anderen Bandbreite des Bewusstseins in der Lücke zwischen den Gedanken wird in den östlichen Meditationstraditionen und in einigen Nischen der inneren Arbeit in westlichen spirituellen Traditionen ausgiebig kommentiert, doch der Mainstream der christlichen theologischen und religiösen Tradition geht darüber hinweg wie über ein an dieser Stelle nie bemerktes Stoppschild. Wenn wir diese Lücke aber *bemerken* und damit zu arbeiten lernen, wird sie uns eine vollständig neue Herangehensweise ermöglichen, und zwar nicht nur an unsere persönliche spirituelle Entwicklung, sondern auch an einige jener beeindruckenderen Werke unserer westlichen spirituellen Tradition, unter denen die *Wolke des Nichtwissens* eine prominente Stellung einnimmt.

Bei Aufmerksamkeit, wie wir sie normalerweise hier im Westen verstehen, handelt es sich implizit um eine Energie, die Subjekt und Objekt verbindet: »Ich gebe Acht auf meine Fahrweise.« »Ich bin aufmerksam in der Vorlesung.« »Ich bin aufmerksam hinsichtlich meiner Atmung.« Falls wir über ein gutes Aufmerksamkeitsvermögen verfügen, können wir unsere Aufmerksamkeit auf jeden gewählten Gegenstand lenken und sie dort nach Belieben aufrechterhalten, unabhängig davon, ob dieses Objekt wirklich interessant ist oder nicht. Wenn wir unsere Aufmerksamkeit auf nichts richten, wird sie unfreiwillig »gefangen« und wankelmütig in die Richtung eines jeden neuen, vorüberziehenden Reizes gezerrt (das ist der Zustand, den die Buddhisten »das Affentheater des Geistes« nennen). Aber ganz egal, ob unsere Aufmerksamkeit stark oder schwach ist, es ist zu erwarten, dass sie sich einem Objekt zuwendet. Wenn ich sage: »Seien Sie aufmerksam!«, werden Sie mir entgegnen: »Für was?« Denn wie können wir aufmerksam sein, wenn es kein »Was« für diese Aufmerksamkeit gibt?

Doch Aufmerksamkeit kann sich auch anders konfigurieren, nämlich dergestalt, dass sie nicht in einer geraden Linie verläuft und Subjekt mit Objekt verbindet, sondern mit einer gewissen Spannkraft ein dreidimensionales Bewusstseinsfeld aufrechterhält. Am besten kann ich dies mit der wunderschönen Metapher von Rūmī beschreiben, die ich bereits in Kapitel 4 heranzog: »zitternd wie Quecksilber«.

Falls Sie sich noch an Quecksilber aus Zeiten erinnern können, bevor es aufgrund ökologischer Bedenken aus dem Hausgebrauch verbannt wurde, vermögen Sie sich bestimmt noch ins Gedächtnis zu rufen, wie seltsam es sich verhielt, wenn Sie es aus einem Behältnis nahmen und es auf einer ebenen Oberfläche sich selbst überließen. Es kann sich wie eine Flüssigkeit zeigen und sich zu einer Pfütze ausbreiten oder seine eigene Form als Tropfen behalten und wie eine Stehauffigur herumrollen und immer zu seiner ursprünglichen Form zurückkommen. Unsere Aufmerksamkeit ist damit vergleichbar. In ihrer »flüssigen« Form verbindet sie Subjekt und Objekt. In ihrer festen »Stehauf-Form« ist sie ein dehnungsfähiges Feld vibrierenden Bewusstseins, in dem wir uns des Ganzen bewusst sein können, ohne das Feld in die herkömmliche Subjekt-Objekt-Polarität aufteilen zu müssen. Eigentlich ist es ein höherer energetischer Zustand. Die tibetischen Buddhisten nennen es *rigpa,* »reines Bewusstsein«.

Ich vermute, dass sich auch die kontemplativen Meister unserer christlichen Linie dieses Zustands bewusst waren und dass dieser mit den Wörtern »Wachsamkeit« in der östlichen orthodoxen Tradition und »Sammlung« im Westen gemeint war. Es bedeutet nicht, über etwas tief nachzudenken, es uns in Erinnerung zu rufen. Vielmehr heißt es, dass *wir selbst* gesammelt sind – »er-innert« – in dieser tieferen Aufmerksamkeit, deren weitaus kraftvollere energetische Schwingungsintensität es einem anderen Wahrnehmungsmodus erlaubt, sich zu entfalten. In der Nanosekunde zwischen der Loslösung von einem Gedanken und dem Auftauchen des nächsten gibt es einen Moment reinen Bewusstseins, in dem die Pole von Subjekt und Objekt wegfallen und wir ganz einfach *da* sind. Für eine Nanosekunde gibt es kein »Du« und keinen Gott, keine Erfahrung und keine Erfahrende, keinen Erfahrenden. Da ist nur ein unmittelbares, ungeteiltes, empfindendes Gewahrsein eines einzigen, ganzheitlichen Feldes des Daseins, das von einem weitaus tieferen Ort der Lebendigkeit aus wahrgenommen wird. Und was anfänglich in einer Nanosekunde erlebt wurde, kann tatsächlich zu einem stabilen und ganzheitlichen Zustand werden.

Diese Möglichkeit bitte ich Sie im Hinterkopf zu behalten, während wir einen zweiten Blick werfen auf Thomas Keatings sehr herausfordernde – aber absolut richtige – Lehre über den Umgang mit den Gedanken während der Gebetszeit. Diese ist zwar einer der vier Hauptvorträge in Einführungsseminaren zum Gebet der Sammlung, aber sie läuft allem, was wir über das spirituelle Leben zu glauben gelehrt wurden, derart zuwider, dass fast jede und jeder gewaltig damit zu kämpfen hat, manchmal jahrelang. In dieser Lehre, vielleicht erinnern Sie sich daran, beschreibt Keating fünf Arten von Gedanken, die während des Gebets der Sammlung ein Theater für unsere Aufmerksamkeit aufführen können: verträumte oder umherschweifende Gedanken, »anziehende« Gedanken, Einblicke und Erleuchtungen, Selbstreflexionen sowie Gedanken aus dem Unbewussten. Es ist die dritte Art, mit der wir uns hier beschäftigen wollen.

Einblicke und Erleuchtungen sind laut Keatings Definition plötzliche Inspirationen und Offenbarungen, die, wenn die Sitzung des Gebets der Sammlung gut läuft und die oberflächlichen Ablenkungen sich beruhigt haben, wie aus dem Nichts auftauchen. Plötzlich wird der Nachthimmel unseres Geistes von einem Aufblitzen des Verstehens erleuchtet: ein neuer psychologischer Einblick, eine kreative Inspiration, eine Vision oder gar der überwältigende Wunsch, auf der Stelle für alles und jeden zu beten. Diese Inspiration ist immer »spirituell« gehaltvoll; manchmal vermittelt sie sogar den Eindruck einer Heimsuchung durch einen Engel. Fast immer hat sie etwas Traumhaftes oder Fata-Morgana-Ähnliches an sich. Und diese Inspiration kommt immer mit derselben Botschaft daher: »Das Gebet der Sammlung kann warten, jetzt widme deine Aufmerksamkeit zuerst diesem fantastischen neuen Gegenstand!«

Und wie lauten die Instruktionen für diese Situation? Es sind stets dieselben vier B: »Bekämpfen Sie keinen Gedanken. Bewahren Sie keinen Gedanken. Beantworten Sie keinen Gedanken. Besuchen Sie immer wieder sanft Ihr heiliges Wort.«

Autsch!

Diese Mühsal haben wir uns ehrlich verdient. Aufgewachsen in einer jüdisch-christlich religiösen Kultur, sind wir daran gewöhnt, Stille und Einsamkeit als die Bedingungen par excellence für den Empfang Göttlicher Botschaften zu betrachten. Angefangen bei Moses mit seinem brennenden Busch, über Elija mit seinem »sanften Säuseln«, bis hin zu Johannes dem Täufer und Jesus selbst, die regelmäßig die Wüste aufsuchten, um ihre Göttlichen Marschbefehle zu erhalten – wir begreifen Stille als die formale Voraussetzung, um etwas zu empfangen. Diese bereits angelegte Neigung wurde noch verstärkt durch die modernen Metaphern aus der Tiefenpsychologie, die aus dem Unbewussten die innere Wüste und aus der Meditation ein vorrangiges Werkzeug für psychologische Aufdeckungen gemacht haben.[12]

12. Eine aufschlussreiche Erörterung dieses Punktes findet sich bei John Welwood: *Toward a Psychology of Awakening*, Boston: Shambhala Publications, 2002, Seiten 56–63.

Ich begegnete tatsächlich einmal einem anglikanischen Abt, dem Gründer eines äußerst ernsthaften und traditionsverbundenen kontemplativen Ordens, der mich genau diesbezüglich herausforderte: »Wenn Gott Sich all die Mühe macht, mir während der Zeit meines Betens eine Botschaft zukommen zu lassen, werde ich ganz gewiss die Höflichkeit aufbringen, Ihm zuzuhören!« Das ist die gängige Weisheit, sicher. Doch es ist nicht die Weisheit des Gebets der Sammlung.

Der Wendepunkt in meinem eigenen Verständnis dieses hartnäckig kontraintuitiven Punktes kam vor ungefähr zwanzig Jahren während einer fünftägigen Intensivklausur im Gebet der Sammlung, die ich an der Vancouver School of Theology anleitete. Wir befanden uns fast in der Hälfte der Klausur, als ich dort, auf dem Meditationskissen sitzend, tatsächlich von etwas heimgesucht wurde, was der goldene Schlüssel sämtlicher Einblicke und Erleuchtungen zu sein schien (selbstredend habe ich heute nicht mehr die leiseste Erinnerung, worum es dabei eigentlich ging). Ich war gerade im Begriff, mich darauf zu stürzen, als ich plötzlich, in einem Augenblick unmissverständlichen Wissens erkannte, dass ich, falls ich diesen Köder ergriffe, sofort wieder an die Oberfläche meines Verstandes zurückgerissen werden würde, zurück in jene Bandbreite des Bewusstseins, die vertraut, langweilig und unendlich weniger lebhaft war als die pulsierende Lebendigkeit, die hier in den Tiefen vor sich ging. Keating verwendet dafür die Analogie des Umschaltens von einem Farbfernseher auf einen Schwarz-Weiß-Bildschirm, und genau so war es. Mit überwältigender Klarheit erkannte ich, dass die Intensität des Teilhabens oder der Kommunion, die sich in meinem tiefsten Inneren abspielte, davon abhing, dass ich meine Aufmerksamkeit in diesem Modus des objektlosen Gewahrseins aufrechterhielt, »zitternd wie Quecksilber«. Auch der prächtigste spirituelle Inhalt würde die Schwingungsintensität meiner Aufmerksamkeit nur auf ihr Alltagsniveau herunterholen.

Falls Sie jemals eine ähnliche Erfahrung hatten, werden Sie aus erster Hand verstehen, worüber Keating in seiner Lehre spricht, und ihre pure spirituelle Kühnheit zu schätzen wissen. Ihm geht es nicht um den goldenen Schlüssel; ihm geht es um das Gold selbst. Und wenn Sie erst einmal auf den Geschmack gekommen sind, wird sich der Schwerpunkt Ihrer Praxis verschieben, so wie meiner sich verschoben hat. Jene Sirenengesänge von der Oberfläche her verlieren ganz einfach ihre Anziehungskraft, wenn uns allmählich die verblüffende Möglichkeit dämmert, dass *all der Inhalt, der uns in Versuchung bringt, vor einem »Du« herumbaumelt, das ohnehin nicht wirklich existiert!*

Was ich damit meine? Im Wesentlichen Folgendes: Der Subjekt-Objekt-Modus unserer Aufmerksamkeit erzeugt ein korrespondierendes Selbstgefühl. Durch die Brille unseres gewöhnlichen Aufmerksamkeitsmusters fühlt sich das, was »ich« bin, wie eine mysteriöse Innerlichkeit am Subjekt-Pol an, die zu einer Anzahl konkreter Attribute am Objekt-Pol hinausfließt. Diese sind die bestimmenden Eigenschaften, die in ihrer Gesamtheit jeder und jedem von uns die einzigartige Identität verleihen, indem sie uns von jeder und jedem anderen unterscheiden. Und unsere Suche nach »unserem wahren Selbst« fließt auf dieser Aufmerksamkeitsbrücke hin und her, wie ein Hamster in seinem Rad rennt. Wenn wir leidenschaftlich darum ringen, uns selbst »zu verwirklichen«, indem wir falsche Definitionen unserer selbst durch zutreffendere ersetzen, um mit einer begrenzten Anzahl von Attributen die Frage »Wer bin ich?« zu beantworten, dann realisieren wir gar nicht, dass wir gefangen sind innerhalb der Gegebenheiten des in uns ablaufenden Wahrnehmungsprogramms. In diesem Spiegelsaal dem wahren Selbst nachzujagen, ist wie die Suche nach dem sagenumwobenen Einhorn: Sie kann nur zu einem Trugbild führen.

Trugbilder können in der Tat sehr überzeugend wirken. In diesem Zusammenhang habe ich folgende Geschichte bereits des Öfteren erzählt: Kurz nach Sonnenuntergang saß ich in einem kleinen Propellerflugzeug, das gerade dabei war, in eine sehr neblige Nacht mit schlechter Sicht zu starten. Als das Propellerblatt sich zu drehen begann und ein Scheinwerfer vom Gate her genau hindurchstrahlte, sah dies durch mein Kabinenfenster aus wie ein goldener Ball, der direkt auf der Tragfläche saß; er schien so real, dass ich meinte, meine Hand ausstrecken und ihn berühren zu können. Doch natürlich handelte es sich dabei lediglich um eine Spiegelung, erzeugt von einem Lichtstrahl, der von einem rotierenden Rotorblatt gebrochen wurde.

Dieses »Selbst«, in dem wir neunzig Prozent unserer Wachzeit so durch und durch gefangen sind, betrachte ich als ein ebensolches Trugbild, als einen Lichtstrahl auf einem sich drehenden Propeller. Dieses »Ich«, das ich so angestrengt zu läutern, zu führen und zu »verwirklichen« versuche, dieses »Ich« als Hauptdarstellerin meiner spirituellen Reise, das ich aus irgendeinem Grund in einem lebenslangen Projekt zu verbessern trachte, um seine Originalversion zu entdecken, um es von seinem falschen Selbst zu befreien und seinem wahren Selbst Geltung zu verschaffen, dessen Enneagramm-Typ oder spirituelle Berufung ich zu entdecken hoffe, das ich durch spirituelle Übungen leite oder dessen geheimen Seelenbotschaften ich mittels Traumdeutung zu entschlüsseln versuche – *dieses* Selbst existiert nicht! Es ist schlicht und einfach das unvermeidbare Nebenprodukt einer Aufmerksamkeit, die im Subjekt-Objekt-Modus schwingt und diese Illusion von Fesigkeit überhaupt erst erzeugt. Der goldene Ball, der auf der Tragfläche sitzt, ist in Wirklichkeit nicht da.

In diesen tieferen Gewässern des Gebets der Sammlung – in jenen (anfänglich nur) Nanosekunden zwischen den Gedanken, wenn unsere Aufmerksamkeit nicht gleich losrennt, das nächstbeste Objekt zu schnappen und sich mit ihm einzulassen – kosten wir die ersten erlesenen Tropfen einer vollkommen anderen Qualität der Selbstheit. Wie der Autor der *Wolke des Nichtwissens* es ausdrückt: »Denke also nicht daran, *was* du bist, sondern *dass* du bist.«[13] Bei allem gebührenden Respekt für unseren Autor möchte ich diese Aussage dahingehend erweitern, dass wir aufmerksam sein sollten *von* dem, was wir sind: von jenem tieferen Weiher er-innerter Selbstheit aus. Es gibt einen tieferen Strom lebendigen Bewusstseins, einen tieferen und vertrauteren Sinn von Zugehörigkeit, der unterhalb der oberflächlichen Gewässer des Seins fließt und der stärker und stetiger wird, wenn die Aufmerksamkeit fähig ist, sich als ein vereintes Feld des objektlosen Gewahrseins aufrechtzuerhalten.

Anfänglich fühlt es sich an wie ein Ort, zu dem wir hingehen – »mein innerer Gesundbrunnen« –, und unser Ego-Selbst kommt mit seinem Eimer, um sich aufzufüllen. Doch dies geschieht nur, weil unsere Aufmerksamkeit noch schwach ist. Objektloses Gewahrsein ist ein Zustand höherer Schwingungsintensität; es erfordert Energie, sich dort aufhalten zu können. Doch es gibt eine Lernkurve, und das System akklimatisiert sich allmählich. Die naheliegendste Analogie, die mir einfällt, ist das Erlernen einer Fremdsprache. Nehmen wir einmal an, wir lernen Spanisch. Wäh-

13. *Wolke des Nichtwissens*, Seite 173, zweiter Absatz.

rend der ersten Monate übersetzen wir einen spanischen Satz in Gedanken ins Deutsche, damit er Sinn macht; unsere Antwort übersetzen wir dann zurück ins Spanische. Doch es kommt eine Zeit, da der Zwischenschritt des Übersetzens wegfällt; wir hören direkt auf Spanisch und antworten auch direkt auf Spanisch. Das kontemplative Leben gleicht diesem Prozess.

Für eine Weile scheint das Ego-Selbst tatsächlich der beständige Vermittler zu sein. Wir schöpfen unser Wasser aus dem spirituellen Brunnen und tragen es nach Hause, um damit alle Vorteile zu wässern, die unserem täglichen Leben daraus erwachsen. Von hier aus übersetzen wir unseren Dank an Gott in Form wortloser oder gesprochener Gebete. Doch es kommt eine Zeit, da der egoische Übersetzer wegfällt und wir einfach *da* sind und direkt in der Muttersprache des Seins hören und antworten. Da ist Einheit. Das ist es, was im Wesentlichen mit »non-dualem Bewusstsein« gemeint ist. Dann ist dieser »innere Gesundbrunnen« kein Ort mehr, zu dem wir hingehen, sondern ein Ort, von dem wir *herkommen.* Es herrscht eine vollständig neue Bewusstseinsstruktur, die wahrnehmen kann, ohne das Feld erst einmal aufteilen zu müssen.

Von dieser Perspektive aus ist es ein bisschen entmutigend festzustellen, dass sich der Großteil unserer christlichen spirituellen Literatur, Andachtserfahrung, Mystik und spirituellen Übungen fest innerhalb des Feldes des geteilten oder »übersetzenden« Bewusstseins abspielt. Sogar unsere höchste Vision spiritueller Verwirklichung – der vereinte Zustand – wird typischerweise in affektiven Metaphern beschrieben (wie »mystische Vermählung«), was zu der Annahme führt, es ginge hier um eine ekstatische Vollendung »meiner« Seele in Gott, den höchstmöglichen Zustand seligmachender Herrlichkeit und Anmut.

Aber non-duales Bewusstsein ist kein Zustand. Es ist keine mystische Erfahrung. Es ist nicht notwendigerweise glückseligmachend. Wir können es nicht erlangen. Du kannst nicht transformiert davon zurückkommen, weil es kein »Du« mehr gibt, das transformiert werden könnte. Es ist keine Intensivierung des Einsseins. Es ist lediglich ein stilles Ausradieren der Linie, die das Feld überhaupt erst aufgeteilt hat.

Mir ist bewusst, dass dies ein zäher Bissen für den westlichen Verstand ist. So sehr wollen wir unseren Kuchen besitzen und ihn gleichzeitig essen – transformiert werden und gleichzeitig »überleben«, um unsere Geschichte zu erzählen. Doch unter dem oberflächlichen Geplapper gibt es einen vollkommen anderen Bewusstseinsbereich, eine andere Sphäre der Selbstheit, ein anderes Gespür für die Gegenwart Gottes, ein anderes Verständnis unserer Aufgaben als Mensch, das nicht dem Übersetzungsmechanismus des getrennten Selbsts mit seinen Erlebnissen des Einsseins unterliegt. Im Christentum hören wir nicht viele Menschen darüber reden. Meister Eckhart spricht eindeutig davon. In unseren Tagen spricht Bernadette Roberts davon. Und ich glaube, auch die *Wolke des Nichtwissens* spricht davon, jedoch auf eine Art und Weise, die wir noch gar nicht richtig begonnen haben wertzuschätzen.

Kapitel 9

Nichts außer Gott

(*Wolke,* Kapitel 3)

ALS ICH VOR VIELEN JAHRZEHNTEN ALS JUNGE SPIRITUELLE Suchende zum ersten Mal auf dieses Kapitel stieß, hielt ich jäh inne. Ich erinnere mich, wie niedergeschlagen ich war, als ich auf die Worte starrte, die mich aus diesen Seiten ansprangen: »Verlange nur nach Ihm und nach keiner Seiner Eigenschaften. [...] Weigere dich entschieden, an irgendetwas außer Ihm zu denken. [...] Bemühe dich entschieden, alle von Gott geschaffenen Wesen und was zu ihnen gehört zu vergessen.«[14]

Was sollte eine angehende junge Kontemplative damit anfangen? Selbstverständlich nahm ich die Unterweisung wortwörtlich: »Verlange nur nach Ihm und nach keiner Seiner Eigenschaften.« Ich war der Meinung, es bedeute, dass ich jeden Augenblick meiner Zeit über Gott nachdenken und alle anderen Gedanken verjagen müsse. Dann las ich einige Kapitel später, »Doch Gott kann nicht im Denken eines Menschen erfasst werden«,[15] und nun war ich vollends verwirrt!

14. Ebenda, Seite 39.
15. Ebenda, Kapitel 6, Seite 48.

Ich vermute, ich bin nicht die einzige kontemplative Christin, die sich mit den verwirrenden und teilweise widersprüchlichen Aufforderungen der *Wolke des Nichtwissens* abgequält hat. Doch das Rätsel beginnt sich von selbst aufzulösen, wenn wir erkennen, dass der Autor über die *Konfiguration* oder den Modus der Aufmerksamkeit spricht und nicht über den *Gegenstand* der Aufmerksamkeit. Wie im Gebet der Sammlung ist alles, was die Aufmerksamkeit auf einen Fokus bringt, ein »Gedanke«, und ein Gedanke blockiert das objektlose Gewahrsein, den einzigen Modus, in welchem wir zu Gott gelangen oder Ihn »erkennen« können. Unser Autor bittet uns also darum, unsere Aufmerksamkeit von allen äußeren Gegenständen zurückzuziehen, und dies nicht, weil die Objekte selbst es nicht wert wären, beachtet zu werden, sondern weil Aufmerksamkeit im Subjekt-Objekt-Modus niemals das Ziel des partizipativen Einsseins mit Gott erreichen kann.

Bis ich dies herausfand, dauerte es Jahrzehnte, und es geschah just, als ich auf dem Meditationskissen das Gebet der Sammlung praktizierte. Endlich war mir klargeworden, was der Autor tatsächlich sagen wollte. Es ist eine nahe Parallele zu dem, was mit unserem Blickfeld passiert, wenn wir in unseren Augen von den Zäpfchen zu den Stäbchen wechseln, vom scharfgestellten Fokus der Tagessicht zum peripheren Wahrnehmen der Nachtsicht. Wenn unser Autor uns auffordert: »Bemühe dich entschieden, alle von Gott geschaffenen Wesen und was zu ihnen gehört zu vergessen«, ist er nicht hartherzig, sondern rät uns lediglich, über das Gebet, das sich auf irgendwelche Gegenstände fokussiert (selbst auf solche, die der Aufmerksamkeit würdig sind!), hinauszukommen. In der klassischen Ausdrucksweise der christlichen kontemplativen Tradition praktizieren wir den Übergang vom *kataphatischen* Weg des Wissens (das heißt von einem gegenstandsfokussierten Bewusstsein) zu einem *apophatischen* oder »formlosen« (also objektlosen) Bewusstsein, das aus einem tieferen Vermögen der menschlichen Seele in Gott entspringt.

Die vom Autor bevorzugte Metapher für dieses Feld (oder diesen Modus) des objektlosen Gewahrseins ist »die Wolke des Nichtwissens«. Haben wir diesen Code erst einmal geknackt, beginnen wir, auch alles andere seiner Lehre zu verstehen.

Die Kapitel 3, 5 und 7 liefern die wesentlichen Bausteine seiner Darlegung und folglich meiner Argumentation. Schauen wir uns daher diese drei der insgesamt fünfundsiebzig Kapitel genauer an,

Absatz für Absatz, sodass Sie sich selbst ein Bild davon machen können, worauf ich hinauswill. Auch wenn meine Auslegung anfänglich unwahrscheinlich anmuten mag, ist sie tatsächlich im Text begründet – *wenn* Sie mit dem richtigen Text arbeiten. Das, was Sie nun in den nächsten Kapiteln lesen werden, ist, wenn nicht anders vermerkt, meine eigene direkte (das heißt möglichst buchstabengetreue) Übersetzung aus dem mittelenglischen Original der ursprünglichen Version der Early English Text Society.[16] Geändert habe ich nur *sehr* wenige Wörter, die heutzutage im Englischen nicht mehr zu finden sind und die ich mit den naheliegendsten modernen Äquivalenten ersetzt habe. Zugegebenermaßen ist das Ergebnis nicht annähernd so schwungvoll wie die Version von Carmen Acevedo Butcher, doch vermittelt es einen Eindruck in den ungeschliffenen Text, da es so weit wie möglich ohne interpretierende Neuerungen auskommt. Ich vermute, dass die Mehrheit der Leserschaft dem Text bisher ausschließlich durch diese verschiedenen interpretierenden Brillen begegnet ist, und denke daher, dass es aus unterschiedlichen Gründen nützlich sein könnte, die ursprüngliche Version weiter zu verbreiten.

Eine sanftmütige Regung der Liebe

> Richte dein Herz voll Vertrauen und {C.B.: mit einer sanftmütigen Regung der} Liebe auf Gott. Verlange nur nach Ihm {Beabsichtige nur Ihn} und nach keiner Seiner Eigenschaften {Güter}. Weigere dich entschieden, an irgendetwas außer Ihm zu denken, damit nichts außer Ihm allein dein Denken und dein Wollen erfülle. Bemühe dich entschieden, alle von Gott geschaffenen Wesen und was zu ihnen gehört zu vergessen. Richte dein Denken und dein Wollen auf keines von ihnen, beschäftige dich weder allgemein noch im Besonderen mit ihnen. Löse dich von ihnen {Lass sie sein}, und schenke ihnen keine Beachtung.[17]

16. Phyllis Hodgson [Hrsg.]: *The Cloud of Unknowing and The Book of Privy Counsel*, London: Oxford University Press, 1944. Dies ist die ursprüngliche mittelenglische Version der Early English Text Society, die auf einer Zusammenstellung der siebzehn erhaltenen Manuskripttexte basiert.

17. *Wolke des Nichtwissens*, Seite 39. [A.d.Ü.]: Diese deutsche Ausgabe in der Übersetzung von Willi Massa ist sehr nah an Cynthia Bourgeaults eigener Direkt-

Dieser erste Absatz des Kapitels 3 führt bereits die zugrunde liegende Idee ein, nach welcher der übliche Aufmerksamkeitsmodus in der Kontemplation einzustellen ist, »damit nichts außer Ihm allein dein Denken und dein Wollen erfülle.« Unser Autor identifiziert diesen anderen Weg des Wahrnehmens als einen im Herzen wohnenden und beschreibt dessen Modalität mit dem Wort »Liebe«. Doch wie wir in Kürze feststellen werden, verbindet er mit »Liebe« nichts, was die meisten von uns mit diesem Begriff assoziieren.

Die Aufforderung, »weigere dich entschieden, an irgendetwas außer Ihm zu denken«, bleibt zugegebenermaßen sogar in der buchstabengetreuesten Wiedergabe problematisch. Ganz offensichtlich war es dies auch für unseren Autor, denn drei Kapitel später korrigiert er sich in diesem Punkt und räumt ein: »Doch Gott kann nicht im Denken des Menschen erfasst werden.«[18] Verursacher des Problems ist das Wort »denken«. Der Cloud-Autor ringt um einen Ausdruck, der »sich bewusst sein« bedeutet; doch das Wort »denken« ist augenscheinlich nicht der richtige Anwärter für die Aufgabe, weil es ihn direkt wieder an das bindet, was er eigentlich als das Haupthindernis für den Bewusstseinszustand begreift, den er zu beschreiben versucht.

Ein vollständigeres Bild erhalten wir, sobald wir über die einzelnen Wörter hinausgehen und uns den Hinweisen zum grundsätzlicheren Kontext zuwenden. Während »an nichts, außer an Gott denken« noch einiges an Präzisierung benötigt (die in Kapitel 6 der *Wolke* nachgeliefert wird), ist die übergreifende Bedeutung bereits offensichtlich: Es geht darum, die Aufmerksamkeit daran zu hindern, zu bestimmten Objekten hinauszueilen, und sie stattdessen an einem tieferen Punkt im Inneren gesammelt zu halten. »Geschaffene Wesen« – hier wie durchgängig in der gesamten *Wolke* – sind *spezifische Brennpunkte* für die Aufmerksamkeit. Und ebenso wie im Gebet der Sammlung lautet die Anweisung: »Löse dich von ihnen {Lass sie sein}« (das heißt: »Bekämpfe keinen Gedanken«), *und fokussiere dich nicht darauf oder lass sie dein Verlangen nicht ködern* (»Bewahre keinen Gedanken«). Er versucht zu sagen: »Lass nicht zu, dass sich dein Bewusstsein teilt; lass dein Feld der Aufmerksamkeit sich nicht in Subjekt und Objekt spalten« – eine

übersetzung aus dem Mittelenglischen, auf die sie sich im Folgenden bezieht. Die seltenen relevanteren Abweichungen aus ihrer Feder sind in geschweiften Klammern in die Übertragung von Willi Massa eingefügt.

18. Ebenda, Kapitel 6, Seite 48.

an diesem Punkt unserer Erörterung und in diesem neuen Licht nun gut zu verstehende Botschaft.

Da ist noch ein kleiner, doch nicht unbedeutender Punkt: Im mittelenglischen Original lautet das »verlange nach Ihm« in dieser ersten Unterweisung *mene Himself,* das weder durch die Übersetzung »suche Ihn« (wie bei Progoff) noch durch »richte dich aus auf Ihn« (wie bei Butcher) genau getroffen wird. Die naheliegendste Übersetzung finden wir in »beabsichtige Ihn«, und dieses »Beabsichtigen« impliziert keinen Gegenstand oder Fokus, sondern eher die tieferliegende Absichtlichkeit, auf die sich unser Autor durch den gesamten Text hindurch als »nacktes Ausgerichtetsein auf Gott« bezieht. Und der Satz: »Beabsichtige nur Ihn und keines Seiner Güter«, muss nicht zwangsläufig bedeuten, dass diese Güter *Dinge* sind. Der langen spirituellen Tradition entsprechend können dies auch Tröstungen, Visionen, »Einblicke und Erleuchtungen«, Fantasien, ekstatische Zustände sein – alles, was zum spirituellen Reichtum, auch im Sinne von Privileg und Besitz, gehört.

Die Arbeit der Seele, die am allermeisten gefällt

> Ein solches Handeln des Menschen {Diese Arbeit der Seele}, tief im Innern, gefällt Gott am allermeisten. Alle Engel und Heiligen empfinden Freude darüber und werden sich bemühen, es nach Kräften zu unterstützen. Die widrigen Kräfte jedoch werden sich empört erheben, sobald du mit dieser Beschäftigung beginnst; auf alle möglichen Weisen versuchen sie, die Übung zu verhindern.
>
> Doch diese Kontemplation wird allen Menschen auf der Welt Nutzen bringen, unerklärlich, du weißt nicht wie. Selbst die Seelen im Reinigungsort werden Erleichterung durch sie erhalten. Kein anderes Tun wird dich selbst so sehr reinigen und läutern wie dieses. Und dabei ist dieses Tun so leicht und so schnell zu vollbringen, wenn durch Göttliche Unterstützung im Innern die Sehnsucht nach Gott spürbar wird; ohne diese Unterstützung freilich erscheint dir die Übung sehr schwer und fast unmöglich.[19]

19. Ebenda, Seite 39.

Dieser Abschnitt mag sich auf den ersten Blick so lesen, als würde hier das kontemplative Leben ziemlich gehypt. Es stellt sich jedoch heraus, dass diese Behauptungen auf einer sehr alten und mächtigen Überlieferungslinie der christlichen spirituellen Lehre beruhen, die darauf besteht, dass die Dämonen (ob sie nun als äußere oder innere Kräfte aufgefasst werden) uns nur *kraft unserer Vorstellung* erreichen können – oder, anders ausgedrückt, dadurch, dass wir es unserer Aufmerksamkeit erlauben, sich um einen Gegenstand unserer eigenen mentalen Schöpfung zu »schließen«. Ergreifen wir Gedanken oder Vorstellungen (*logismoi,* wie Euagrios, der Lehrer aus dem vierten Jahrhundert, sie nannte), wenn sie über unseren geistigen Bildschirm blitzen und nach unserer Aufmerksamkeit verlangen, dann hängen wir am Haken. Wenn wir sie nicht packen, können sie auch uns nicht packen.

Dies ist natürlich das genaue Gegenteil von dem, was wir neuerdings mitunter in der fundamentalistischen Rhetorik zu hören bekommen, mit der Menschen von der Meditationspraxis abgeschreckt werden sollen: »Wenn du deinen Verstand leer machst, wird dich der Teufel holen!« Abgesehen davon, dass objektloses Gewahrsein etwas ganz, ganz anderes ist, als den »Verstand leer zu machen«, kollidiert diese neuere, post-freudianische Taktik des Angsteinjagens[20] mit der traditionellen christlichen Lehre, dass die Leidenschaften nur dann ins Spiel kommen und Turbulenzen nach sich ziehen, wenn wir den Köder schlucken und uns auf ein Objekt unserer Vorstellung einlassen.

Tatsächlich, so sagt Symeon der Neue Theologe, der spirituelle Meister aus dem elften Jahrhundert (dem wir bereits im zweiten

20. Über diesen Aspekt führte ich einmal ein lebhaftes Gespräch mit der verstorbenen amerikanischen Religionsgelehrten und berühmten Schriftstellerin Phyllis Tickle (1934–2015), die nicht genau bestimmen konnte, wann der Slogan »Der Teufel wird dich holen, wenn du deinen Verstand leer machst« erstmalig auftrat. Sie vermutete ebenso wie ich, dass er eine Schöpfung der religiösen Erweckungsbewegungen im frühen zwanzigsten Jahrhundert sein könnte, zu denen auch die Pfingstbewegung und der weit verbreitete Glaube an Entrückung gehörte. Wir waren uns einig, dass er den deutlichen Fußabdruck des (seit Ende des neunzehnten Jahrhunderts gängigen) psychologischen Konzepts des Unterbewussten aufweist und dass er sich substanziell von den überlieferten Lehren der christlichen Tradition unterscheidet, die (gemäß Jesus und, wie wir gesehen haben, auch gemäß der Lehre von Symeon dem Neuen Theologen über die zweite Methode der Wachsamkeit und des Gebets) besagt, dass sich die Leidenschaften und die sündhaften Impulse aus dem *Herzen* erheben.

Teil dieses Buches begegnet sind), geraten Möchtegern-Wüsteneinsiedler manchmal genau deshalb in Schwierigkeiten, weil sie diese grundlegende Lektion nicht gelernt haben und die Einsamkeit suchen, bevor sie ihre eigenen Gedanken gemeistert haben. Wenn für den größten Teil seiner vorherigen Gebetszeit

> ein Mensch im Gebet steht, seine Hände, seine Augen und seinen Geist gen Himmel gerichtet, sich Göttlicher Gedanken erinnert, an himmlische Wohltaten, Hierarchien von Engeln und die Wohnstätten der Heiligen denkt, sich in Kürze alles in Erinnerung ruft, was er aus der Heiligen Schrift gelernt hat, und darüber nachdenkt, während er betet, zum Himmel schaut und somit seine Seele veranlasst, Gott zu ersehnen und zu lieben, von Zeit zu Zeit sogar Tränen vergießt und weint,[21]

dann ist großes Vertrauen in die Vorstellungskraft, verbunden mit starker Gefühlserregung, letzten Endes selbsttäuschend und kann zur Sucht werden, da sie dazu führt, dass man von Lichtern, süßen Düften und »ähnlich gelagerten Phänomenen« als Beweis für Gottes Gegenwart abhängig wird. »Wenn solch ein Mensch sich selbst dann in Stille begibt«, fügt Symeon schonungslos hinzu, »kann er es kaum vermeiden, den Verstand zu verlieren.«[22]

Der einzig sichere Weg, so rät uns Symeon, führt über die Entwicklung eines strikten mentalen Gleichmuts, in welchem das Denken nicht nach dem Köder schnappt, den die Vorstellungskraft vor uns hin- und herbaumeln lässt. Diese Fähigkeit nennt Symeon »Wachsamkeit des Herzens«. Es ist die Essenz der von ihm klar bevorzugten dritten Methode der Wachsamkeit und des Gebets. Und ebenso ist es die Essenz der Methode des Gebets der Sammlung.

Und was diese »Arbeit der Seele«, die die Engel erfreut, angeht, werden Sie, wenn Sie darüber nachdenken, zu dem Schluss kommen, dass die Wurzel von Streitsucht, Elend, Krieg und Übel *der in Identifizierung verhaftete Verstand* ist, der sich fest und leidenschaftlich um das wickelt, worauf er sich fixiert. Das kann ein Ideal

21. E. Kadloubovsky und E.M. Palmer [Hrsg. & Übers.]: *Writings from the Philokalia on Prayer of the Heart,* London und Boston: Faber and Faber, 1951, 1992, Seite 153.
22. Ebenda.

sein, ein Selbstbild, eine Sache, in der wir obsiegen wollen, ein Unrecht, das es wiedergutzumachen gilt – am Ende läuft es so ziemlich aufs Gleiche hinaus. Ich wage sogar zu behaupten, dass es auf diesem Planeten kein Elend gibt, das *nicht* aus einer derartig konfigurierten Aufmerksamkeit entspringt. Indem wir die Fähigkeit erlangen, »Gedanken sein zu lassen«, das Feld der Präsenz auf eine andere Art und Weise aufrechtzuerhalten, kommt eine neue Energieart zum Vorschein, die sich durch eine deutlich höhere Leuchtkraft und Reichweite auszeichnet. Innerhalb dieses Feldes konzentrierter »spiritueller Generativität« (wie die zeitgenössische Karmeliterin Constance Fitzgerald es nennt)[23] entdecken wir, dass wir nicht nur mit allen anderen Feldern derselben Art verbunden sind, sondern dass es tatsächlich auch möglich ist, andere existierende Reiche zu unterstützen und von ihnen Hilfe zu empfangen – sogar, was »die Seelen im Reinigungsort« angeht, wie es unser Autor richtig bemerkt.[24] Weit entfernt davon, das kontemplative Leben hypen zu wollen, formuliert er lediglich eine objektive Wahrheit über die Kraft der in einem ungeteilten Wahrnehmungsfeld aufrechterhaltenen Aufmerksamkeit.

Bevor wir diesen Abschnitt abschließen, sollten wir noch der Tatsache Beachtung schenken, dass unser Autor hier, wie konsequent durch die ganze *Wolke* hindurch, dieses kontemplative Engagement als eine »Arbeit« bezeichnet. Wir befinden uns noch weit vor der Zeit des Johannes vom Kreuz (1542–1591) und der sich damals entwickelnden Dichotomien von »erlangter« Gnade versus »eingegossener Gnade« [*gratia infusa*].[25] Nach Ansicht der *Wolke* wird vom aufstrebenden Kontemplierenden erwartet, aktiv an der Aufgabe teilzunehmen, »die Brille der Wahrnehmung zu reinigen« und zwar durch sein engagiertes Üben der gegebenen Praktiken, deren fundamentales Ziel gemäß Progoffs Auffassung »darin liegt, die Bindungen zu kappen, die das Individuum an die Welt seiner Sinne fesseln und es von seiner ewigwährenden Natur abhalten.«[26]

23. Constance Fitzgerald: "From Impasse to Prophetic Hope" in *Proceedings of the Catholic Theological Society of America* 64, 2009, Seite 41.

24. *Wolke des Nichtwissens*, Seite 39.

25. Einen kurzen Überblick über dieses mühselige spirituelle Problem finden Sie in meinem Buch *Centering Prayer and Inner Awakening*, Seiten 74–77.

26. Ira Progoff: *The Cloud of Unknowing*, Seite 25.

Eintritt in die Wolke

> Doch lass nicht nach, sondern gib dir so lange Mühe damit, bis das spürbare Verlangen wiederum kommt. Am Anfang deiner Übungspraxis empfindest du nichts als Dunkelheit, so etwas wie eine »Wolke des Nichtwissens«, wie eine Wolke, in der nichts zu erkennen ist. Du weißt nicht, was dies ist. In deinem Willen jedoch lebt eine reine Ausrichtung auf Gott, nichts anderes.
>
> Du magst dich noch so bemühen, es gibt eine Dunkelheit zwischen dir und deinem Gott. Dunkelheit und Wolke lassen nicht zu, Ihn mit dem Licht deines Erkennens deutlich zu erfassen, noch Ihn im Herzen selig zu spüren. Entschließe dich deshalb, in dieser Dunkelheit so lange wie möglich zu verweilen und unaufhörlich Ihn zu rufen, Den du liebst. Wenn du hoffst, Gott in diesem Leben schauen und erfahren zu können, wie Er ist, so kann dies doch immer nur in jener Wolke und Dunkelheit geschehen. Wenn du jedoch – wie ich dir geraten habe – eifrig übst, bin ich sicher, dass Gott in Seiner Güte dir die selige Schau Seiner selbst gewährt.[27]

Das Kapitel 3 der *Wolke* begann mit der berühmten Unterweisung des Autors: »Richte dein Herz voll Vertrauen und mit einer sanftmütigen Regung der Liebe auf Gott.« In diesem letzten Absatz kehrt er zum Thema der Liebe zurück, wirft uns dabei aber einen großen Schraubenschlüssel ins Getriebe unseres gewöhnlichen Verständnisses dieses Begriffs.

Wir sind versucht zu glauben, die *Wolke* fordere uns nur auf, »aus unseren Köpfen heraus- und in unsere Herzen hineinzugelangen«; und, wie wir gesehen haben, wurde es häufig genau so interpretiert: als ein klassisches Beispiel christlicher affektiver Mystik. Doch wer glaubt, dass die Liebe, über die der Autor hier spricht, affektiv sei (also verstanden als die emotionalen Eigenschaften des Fühlens und Wünschens), muss dann auch eine einleuchtende Erklärung finden für seine ausdrückliche Behauptung, dass wir Gott weder mit dem Licht unseres Verstandes erkennen *noch in unserem Herzen in süßer Liebesempfindung genießen können.*[28]

27. *Wolke des Nichtwissens,* Seiten 39–40.
28. Vergleiche ebenda, Kapitel 16, Seite 70.

Und der Cloud-Autor fügt noch ein weiteres Paradox hinzu: Obwohl für diese kontemplative »Arbeit« ein starkes Verlangen erforderlich ist, müssen wir doch arbeiten, bis wir dieses Verlangen verspüren! Der *emotionale Wunsch* ist hier offensichtlich nicht der bestimmende Faktor, wie es in der klassischen affektiven Mystik der Fall ist. Nein, es ist, wie er sagt, einfach ein »nacktes Ausgerichtetsein« auf einer tieferen Ebene unseres Wesens. Ich stimme Thomas Keatings Einschätzung zu, dass die Eigenschaft, von der unser Autor spricht, dem Willen näherliegt als dem Gefühl der Liebe; doch wir dürfen diese Eigenschaft nicht, wie es die klassische scholastische Theologie tut, mit der *Fähigkeit* des Willens gleichsetzen – und noch weniger mit Willens*kraft*. Vielmehr ist sie ein Vermögen zu direkter innerer Erkenntnis und zur Bereitschaft, das von einem viel tieferen Ort in uns ausgeht und es uns einfach nicht gestattet, die Arbeit *nicht* zu tun, ob es uns nun gefällt oder nicht. Diese »Liebe«, die unser Autor meint, ist von einer vollkommen anderen Ordnung; sie erhebt sich auf der anderen Seite der kataphatischen-apophatischen Wasserscheide.

In diesem abschließenden Abschnitt führt der Autor auch seine grundlegende Metapher ein: die »Wolke des Nichtwissens«, die in ihrem mittelenglischen Original *the clowde of unknowyng* lautet. Wie fast alle seine Bilder ist auch dieses voller Anspielungen und zeigt in wechselndem Licht unterschiedliche Facetten. Die unmittelbarste Bedeutung lautet, dass die Wolke ein Übersteuern oder Blockieren unserer normalen »Fähigkeiten« (wiederum im scholastischen Sinn des Begriffs) repräsentiert – in diesem Fall: die Fähigkeiten des Verstandes und des Gefühls.

Die Fähigkeiten sind grundlegende *Wege der Wahrnehmung*. Egal ob wir über Verstand, Gefühl, Gedächtnis oder Wille (die großen Vier) sprechen, sie alle arbeiten im Endeffekt mit der Aufmerksamkeit im Subjekt-Objekt-Modus. So funktioniert kataphatische Wahrnehmung nun mal. Sie setzt ein grundsätzliches Subjekt, ein »Ich«, voraus und nutzt eine dieser Modalitäten, um sich mit dem gewünschten Objekt zu verbinden – in diesem Fall mit Gott.

Der Cloud-Autor deutet an, dass unser bisheriger Wahrnehmungsmodus erlischt, wenn wir uns in diese neue »Arbeit« hineingeben. Es ist nicht so, dass Gott abwesend wäre, genauso wenig wie wir selbst; vielmehr ist die Wolke *zwischen* uns und Gott (wobei »zwischen«, wie Ira Progoff so aufschlussreich bemerkt, ein Begriff ist, der sowohl Verbindung als auch Trennung impliziert). Die

Wolke – verschwommen, diffus, beschützend, umhüllend – wird zum neuen Modus Operandi, in welchem wir die Göttliche Präsenz erfassen. Und wir müssen zugeben, dass es eine wirklich passende Metapher ist für diesen neuen, weich fließenden Wahrnehmungsmodus, diese Art spiritueller Nachtsicht, die es uns erlaubt zu sehen, ohne direkt auf das Objekt vor uns zu starren. Die Wolke des Nichtwissens ist, funktional wie metaphorisch, ein anschauliches Bild, um die Qualität des objektlosen Gewahrseins zu schildern.

Kapitel 10

Das Herz der Wolke

(*Wolke,* Kapitel 5–6)

WIE GESAGT LIEGT ES NICHT IN MEINER ABSICHT, EINEN vollständigen Kommentar zur *Wolke des Nichtwissens* zu liefern. Damit würde ich den Rahmen dieses Buches sprengen und von meinem eigentlichen Vorhaben abschweifen, das darin besteht, den Faden des objektlosen Gewahrseins zu verfolgen, der sich unterhalb der metaphorischen Oberfläche dieser bemerkenswert frühen mittelalterlichen Wegbeschreibung zum non-dualen Bewusstsein entlangzieht. Und weil dies mein Ziel ist, werde ich hier das Kapitel 4 der *Wolke* überspringen (und zwar durchaus ungern, denn es ist eines meiner Lieblingskapitel, auf das ich gegen Ende des Buches kurz zurückkommen werde), da dieses uns allzu weit vom eigentlichen Thema wegführen würde, und mich an dieser Stelle auf die Kapitel 5 und 6 konzentrieren, die uns direkt zum Nadelöhr bringen.

Diese Kapitel gehören zu den kürzesten der *Wolke* – sie umfassen zusammen lediglich fünf Absätze –, aber sie vermitteln das Wesen der Lehre mit brillanter Unmittelbarkeit und Kraft. Wenn Sie verstehen, worum es darin geht, wird sich Ihnen der Rest der *Wolke* von selbst erschließen. Im Kapitel 5 legt unser Autor den

Schwerpunkt auf das Zurückziehen der Aufmerksamkeit von allen äußeren Objekten. Im Kapitel 6 macht er mit uns einen Quantensprung voran in seine tiefgründige Intuition von Liebe – nicht als Zuneigung, sondern als ein vollkommen neuer Modus spirituellen Erkennens.

Eine Zielübung (Kapitel 5)

Der Text dieses kurzen Kapitels liefert den zentralen Beweis dafür, dass es dem Cloud-Autor in dieser Lehre in Wahrheit um die *Konfiguration der Aufmerksamkeit* geht. In der Darlegung seiner Richtlinien für die »Arbeit« der Kontemplation erklärt er im Grunde genommen die *Phänomenologie des objektlosen Gewahrseins.*

Die Wolke des Vergessens

> Willst du also in die »Wolke des Nichtwissens« eintreten und darin bleiben und wirken, worum ich dich bitte, so musst du dir auch eine »Wolke des Vergessens« schaffen, unter dir, zwischen dir und allen je geschaffenen Dingen, der Wolke vergleichbar, die sich über dir und {unter} deinem Gott befindet, nämlich der »Wolke des Nichtwissens«. Vielleicht meinst du, du wärst von Gott weit entfernt, weil die »Wolke des Nichtwissens« zwischen dir und Ihm steht. Doch bist du eigentlich viel weiter von Ihm entfernt, wenn keine »Wolke des Vergessens« zwischen dir und allen je geschaffenen Dingen steht.
>
> Immer wenn ich sage, »alle Kreaturen, die je geschaffen wurden«, meine ich nicht nur die geschaffenen Wesen selbst, sondern all ihr Tun und ihre Merkmale. Beschäftige dich mit gar nichts, weder mit materiellen noch mit geistigen Dingen noch mit all dem, was zu ihnen gehört oder von ihnen ausgeht, gleich ob es gut oder schlecht sei. Während der Übung muss alles mit der »Wolke des Vergessens« bedeckt sein.[29]

Hier formuliert unser Autor seine anfängliche Prämisse aus Kapitel 3 neu, nämlich dass es notwendig ist, unsere Aufmerksamkeit von

29. Ebenda, Seiten 46–47.

allen »geschaffenen Wesen« zurückzuziehen – das heißt von allen spezifischen Objekten der Aufmerksamkeit –, um dieses neue Terrain der Wahrnehmung zu betreten. Er empfiehlt anschaulich, sie in eine »Wolke des Vergessens« zu hüllen. Praktizierende des Gebets der Sammlung können mit dieser »zweiten« Wolke wahrscheinlich weitaus mehr anfangen als mit der Wolke des Nichtwissens selbst. Sie entspricht diesem leichten Willensakt – dem »Wiederscharfstellen der Kameralinse unserer Absicht«, wie Thomas Keating es ausdrückte –, zu dem es kommt, wenn wir erkennen, dass wir uns auf einen Gedanken eingelassen haben, und diesen sofort wieder loslassen. Alles wird wieder weit, sobald wir uns zurückbegeben in die Wolke des Vergessens. Auch wenn unsere *subjektive* Erfahrung dieses verschwommenen, diffusen Bewusstseins sich als sehr weit von Gott entfernt anfühlt, so versichert uns der Autor, befinden wir uns, in dieser Wolke kauernd, eigentlich viel näher an unserem Ziel, als wenn unsere Aufmerksamkeit permanent zu einem spezifischen Fokus nach außen gezogen wird, ganz egal, wie wertvoll dieser auch sei.

Der Bogenschütze und sein Ziel

> Zu gewissen Zeiten und bei bestimmten Gelegenheiten ist es selbstverständlich notwendig und nützlich, sich mit den Einzelheiten bestimmter Geschöpfe zu beschäftigen, doch bei der Kontemplation hat man davon wenig oder gar keinen Nutzen. Erinnerung oder Gedanken an irgendein von Gott geschaffenes Wesen oder was mit ihm zusammenhängt, gleichen einer Art geistigem Licht. Das Seelenauge blickt scharf darauf und ist fixiert wie das Auge des Schützen auf die Scheibe, auf die er zielt. Eines sage ich dir: Woran immer du denkst, es steht, solange du daran denkst, zwischen dir und deinem Gott. Je mehr du außer Gott noch anderes im Sinn hast, umso weiter bist du von Ihm entfernt.[30]

In diesem Absatz entwickelt er mittels des Bildes eines auf die Scheibe zielenden Bogenschützen seinen entscheidenden Punkt. Wie die Zielscheibe die Aufmerksamkeit des Schützens vollständig

30. Ebenda, Seite 47.

absorbiert, so wird jeder Gedanke oder jede Erinnerung eine Zielscheibe für »das Seelenauge«, wenn unsere Aufmerksamkeit in Gänze davon eingefangen wird. Mit diesem anschaulichen, kinästhetischen Bild demonstriert der Autor sein intuitives Verständnis der Aufmerksamkeitsdynamik und seinen scharfen Sinn für den Unterschied zwischen einer an ein mentales Objekt gebundenen Aufmerksamkeit und einer *freien Aufmerksamkeit* – das heißt einer Aufmerksamkeit, die als eine inhärente Eigenschaft des Bewusstseins fließt. Obwohl er den Begriff »objektloses Gewahrsein« nicht verwendet, erkennt er klar den Zustand und nutzt seine Metapher der Wolke des Nichtwissens (im vierzehnten Jahrhundert!) als eine bemerkenswert genaue Annäherung daran.

Das nackte Sein Gottes

> Im Grunde müsste man sagen: Bei der Kontemplation nützt es wenig oder nichts, an Gottes Güte und Erhabenheit zu denken, an unsere Liebe Frau oder an die Engel und Heiligen im Himmel, auch nicht an die Freude des Himmels. Es nützt dir wirklich nichts, ihnen deine besondere Aufmerksamkeit {Betrachtung} zu schenken in der Absicht, dadurch besser und schneller zum Ziel zu kommen. Eine Beschäftigung dieser Art nützt dir jetzt nichts. Natürlich ist es gut, Gottes Güte zu betrachten und Ihn dafür zu lieben und zu loben. Doch jetzt ist es viel besser, auf Sein nacktes, pures Sein zu achten und Ihn um Seiner selbst willen zu lieben und zu loben.[31]

Wenn wir erst einmal verstanden haben, dass unser Autor *tatsächlich* von der Konfiguration der Aufmerksamkeit spricht, wird es wesentlich ersichtlicher, weshalb Erinnerung und all die anderen wertvollen Gegenstände unserer spirituellen Aufmerksamkeit – Gott, unsere Liebe Frau, die Freuden des Himmels – »wenig oder nichts nützen.« Denn die Arbeit besteht präzise aus dem Lernen, wie die Aufmerksamkeit von den Objekten zurückzuziehen ist, damit sie auf einer weitaus tieferen Ebene spiritueller Wachsamkeit gesammelt und magnetisiert werden kann. Aus diesen Tiefen der Er-Innerung können wir anfangen, in Resonanz zu kommen mit

31. Ebenda.

dem, wie es der Autor ausdrückt, »nackten Sein« Gottes, und »Ihn um Seiner selbst willen lieben und loben.«

»Von der Liebe..., vom Denken aber nicht« (Kapitel 6)

> Du wirst nun fragen: »Wie soll ich über Ihn denken? Was ist Gott denn?« Da kann ich dir nur antworten: »Ich weiß es nicht.« Du hast mich mit deiner Frage in die gleiche »Dunkelheit«, in die gleiche »Wolke des Nichtwissens« versetzt, in der ich dich selbst gerne sähe. Wohl kann man alle Geschöpfe und ihre Werke, ja sogar die Werke Gottes selbst durch Seine Gnade erkennen, und es ist möglich, sie gedanklich zu erfassen. Doch Gott kann nicht im Denken des Menschen erfasst werden. Daher will ich alles Erkennen hinter mir lassen und meine Liebe auf Den richten, Der nicht gedacht werden kann. Denn Gott kann wohl geliebt, aber nicht gedacht werden. Von der Liebe lässt Er Sich umfassen und halten, vom Denken aber nicht. Natürlich ist es gut, über Gottes Güte und Erhabenheit nachzudenken, schon der Erkenntnisse wegen, die solche Betrachtungen mit sich bringen und die ja auch zur Kontemplation gehören. Doch in dieser Übung muss der Versuch, gedanklich vorzugehen, aufgegeben werden und alles mit einer »Wolke des Vergessens« zugedeckt werden. Schreite dann entschlossen und froh über die Dinge hinweg und versuche, mit einer innigen, zarten Regung der Liebe das Dunkel über dir zu durchdringen. Bohre dich {Schlage} mit der Speerspitze deiner liebenden Sehnsucht in {auf} diese dichte Wolke hinein. Lass nicht nach, mag kommen, was will.[32]

In diesem Kapitel nimmt der Cloud-Autor eine Feinabstimmung seiner früheren Unterweisung vor (jener, die mich so sehr verwirrte, als ich sie zum ersten Mal las), die lautete, dass wir an nichts anderes außer Gott denken sollen. Nun räumt er ohne Umschweife ein: »Doch Gott kann nicht im Denken des Menschen erfasst

32. Ebenda, Seite 48.

werden.« Der einzige Weg, mit Ihm in Berührung zu kommen, ist die Liebe. Was immer das heißen mag.

Normalerweise denken wir an Liebe als etwas, das mit Emotionen zu tun hat – mit unseren Gefühlen der Zuneigung. Doch wenn wir glauben, dies sei von unserem Autor gemeint, finden wir uns schnell in dem Sandbunker jener alten »Kopf-versus-Herz«-Klemme wieder. Wir mögen dann denken, die Botschaft laute hier, dass Gott nicht auf mentalen, kognitiven Wegen erreicht werden könne (und dies ist sicher zutreffend!), dass Er Sich aber zeigen werde, falls wir nur unsere Gefühle der Hingabe zu einer hinreichenden Begeisterung anfachten.

Doch unser Autor hat uns bereits in Kapitel 3 gewarnt, dass Gott auf *keinem* dieser Wege erkannt werden kann: »Dunkelheit und Wolke lassen nicht zu, Ihn mit dem Licht deines Erkennens deutlich zu erfassen, noch Ihn im Herzen selig zu spüren.« Was auch immer unser Autor mit dem Wort »Liebe« meint, es ist etwas von einer gänzlich anderen Ordnung als der unseres herkömmlichen Sinns von Hingabe und Zuneigung. Sie gehört nicht zu unseren kataphatischen Fähigkeiten (Erinnerung, Vernunft, Emotion, Wille); sie ist etwas, das von einem Ort auftaucht, der viel tiefer in der Seele liegt. (Um darauf hinzuweisen, verwendet der Autor häufig das Wort »nackt«, wie in »ein nacktes Ausgerichtetsein auf Gott« oder »Gottes nacktes Sein«.)

Der Dichter Rainer Maria Rilke riet uns einst bekanntermaßen, dass es besser sei, die Fragen zu leben, als nach einfachen Antworten zu suchen.[33] Und in der Frage »Was meint unser Autor mit ›Liebe‹?« zu leben, gehört zu den äußerst erleuchtenden Wegen, um tief in dieses Werk einzutreten (sowohl in das Werk des Verstehens dieses Buches als auch in das Werk unserer eigenen kontemplativen Transformation). Wenn wir Geduld aufbringen, wird die Bedeutung allmählich hervortreten wie ein Puzzle, dessen Teile sich nach und nach zusammenfügen.

Ich selbst vermute, auf Grundlage der modernen Neurowissenschaften wie auch meiner eigenen früheren Studien zur Aufmerksamkeit des Herzens, dass er mit »Liebe« tatsächlich das *herzzentrierte Erkennen* meint im Gegensatz zum binären, linearen und analytischen Modus des Erkennens durch das Gehirn. Und ein

33. In einem Brief an Franz Xaver Kappus vom 16. Juli 1903, Worpswede, in Rainer Maria Rilke: *Briefe an einen jungen Dichter,* Frankfurt: Insel, 1963.

herzzentriertes Erkennen, so sagen die Neurowissenschaften, ist in Wirklichkeit eine Art »Betriebssystem«, eine Weise, das Wahrnehmungsfeld so zu organisieren, dass wir holografisch wahrnehmen (durch elektromagnetische Resonanz) anstatt durch die Subjekt-Objekt-Unterscheidung, die so grundlegend für das gehirnzentrierte Erkennen ist. Herzzentriertes Erkennen ist die physiologische Grundvoraussetzung für die Entstehung eines stabilen non-dualen Bewusstseins.

Nichts davon war im vierzehnten Jahrhundert bekannt. Doch auch heute fangen wir gerade erst an zu begreifen, dass es bei nondualer Wahrnehmung nicht darum geht, *was* wir sehen, sondern darum, *wie* es gesehen wird; es ist keine »Erfahrung«, sondern ein ganz anderer Modus der Wahrnehmung. Vor diesem Hintergrund ist es verblüffend zu beobachten, wie dieser anonyme Mystiker intuitiv in Richtung eines Programms zur »Umschulung des Gehirns« arbeitete: durch das Zurückziehen der Aufmerksamkeit von Gegenständen (also einer Schwächung des mentalen Erkennens) und durch das Lernen, die Aufmerksamkeit zu sammeln in einem zentralen Reservoir spiritueller Wachsamkeit, der notwendigen physiologischen Voraussetzung für die Gehirn-Herz-Resonanz. Indem er diese Art der Aufmerksamkeit »Liebe« nennt, sagt er im Grunde genommen: »Es hat mit dem Herzen zu tun.« Suchen Sie nicht an einem anderen Ort.

Sich in diese Wolke bohren?

Die abschließenden Unterweisungen in diesem Kapitel sind zugegebenermaßen ein bisschen durcheinandergeworfen. Nachdem der Autor in den letzten beiden Kapiteln vor allem ausführte, dass diese Wolke immer »zwischen dir und deinem Gott« steht – und dass dies tatsächlich der normale Weg des Austauschs zwischen euch beiden während der Zeit deines irdischen Lebens sei –, ruft er uns nun dazu auf, mit einem scharfen Speer liebender Sehnsucht in sie hineinzubohren. Ganz plötzlich befinden wir uns in einem kriegerischen Modus (und dies ist die primäre Stelle, auf die ich mich beziehe, wenn ich behaupte, dass es sich beim anonymen Cloud-Autor nur um einen Mann handeln kann). Ich denke, dass er es seiner Metapher in dieser Passage erlaubt, etwas mit ihm durchzugehen. Andererseits erinnert sie mich an einen außergewöhnlichen Kommentar, den Thomas Merton in seinem Schriftwechsel mit dem Sufi-Mystiker Abdul Aziz verfasste. Diese Erklärung wirft meiner Meinung nach etwas Licht auf die an dieser Stelle leicht paradoxen Unterweisungen unseres Autors:

> Mein Gebet neigt stark in eine Richtung, die du *fanā'* [Entwerden oder Auslöschung in Gott] nennst. In meinem Herzen gibt es diesen großen Durst, das Nichtsein von allem, das nicht Gott ist, in Gänze zu erkennen. Dann ist mein Gebet wie ein Lob, das sich aus diesem Zentrum des Nichts und Stillschweigens erhebt. Wenn ich »selbst« noch präsent bin, erkennt dieses Ich ein Hindernis, wogegen ich nichts unternehmen kann, bis Er selbst dieses Hindernis entfernt. Wenn Er will, kann Er das Nichtsein in absolute Klarheit verwandeln. Wenn Er nicht will, scheint das Nichtsein selbst ein Gegenstand zu sein und bleibt ein Hindernis. Dies ist mein normaler Weg zu beten oder zu meditieren. Es ist nicht ein »über etwas nachdenken«, sondern ein unmittelbares Suchen des Antlitzes des Unsichtbaren, Der nicht gefunden werden kann, außer wir gehen in Ihm, Der unsichtbar ist, verloren.[34]

Wie Merton, scheint auch unser mittelalterlicher Autor zu bestätigen, dass sich die Wolke in Augenblicken schillernder Einheit letzten Endes auflösen kann. Doch diese Augenblicke direkt zu suchen, während wir noch in unserer gewöhnlichen Haut des kleinen Selbsts leben, ist nur eine Verlängerung unseres Aufenthalts in den Spiegelsälen phänomenaler Erfahrung. Streben wir nach diesem ungeteilten Wahrnehmungsfeld, welches für den Cloud-Autor die Essenz kontemplativer Arbeit ausmacht, müssen wir das erfahrende Selbst endgültig gehen lassen und akzeptieren, was auch immer folgen mag. Dieses »nackte, reine Ausgerichtetsein auf Gott« ist letztendlich tiefer als die schillerndste Wahrnehmung von Klarheit.

34. Thomas Merton: *The Hidden Ground of Love,* herausgegeben von William H. Shannon, New York: Farrar, Straus and Giroux, 1985, Seite 64.

Kapitel 11

Im Turnierkampf mit unseren Gedanken

(*Wolke,* Kapitel 7)

DIESES KAPITEL DER »WOLKE DES NICHTWISSENS« IST UNTER den Übenden des Gebets der Sammlung wahrscheinlich das bekannteste, weil es dessen direkte Quelle liefert. An dieser Stelle, in den Schlüsselabsätzen fünf und sechs, brachte William Meninger den Baustein ans Licht, der zum Eckpfeiler des Gebets der Sammlung wurde.

Aber dieses Kapitel birgt noch einen weiteren Schatz, der von den heutigen Praktizierenden des Gebets häufig übersehen wird, weil sie, um zu ihrem ersten wichtigsten Belegtext zu gelangen, die vier Absätze davor zu schnell überfliegen. In diesen vier Absätzen finden wir jedoch einen bühnenreifen Dialog zwischen dem Suchenden und einigen lästigen Gedanken, die ihn zum Scheitern bringen wollen. Der Dialog ist schon an sich lustig (und gerne würde ich eines Tages eine szenische Lesung daraus machen). Doch darüber hinaus offenbart er ein äußerst subtiles Verständnis davon, wie das Schlucken eines vor uns baumelnden Köders eines »attraktiven« Gedankens – sogar eines frommen oder heiligen Gedankens – dazu führen kann, dass wir den Zustand objektlosen Gewahrseins durcheinanderbringen, in unserer Umlaufbahn zu wanken beginnen und schließlich in das Feld des gewöhnlichen Bewusstseins zurückstürzen. (Als Christ aus dem vierzehnten Jahrhundert verwendete der Autor natürlich nicht diese Metapher, aber Sie werden sehen, wie gut sie das Absinken bewusster Aufmerksamkeit trifft, das er hier so anschaulich beschreibt.) In toto bieten diese vier Absätze die kraftvollste Validierung von Thomas Keatings berühmter herausfordernder Lehre hinsichtlich des Umgangs mit Einblicken und Erleuchtungen während der Zeit des Gebets der Sammlung, auf die ich je gestoßen bin.

»Verschwindet!«

> Es bleibt nicht aus, dass dir ablenkende Gedanken kommen, die sich zwischen dich und dieses Dunkel drängen. So etwa mit der Frage: »Was suchst du denn, und was ist deine Absicht?« Dann sage: »Ich suche allein Gott, und nach Ihm sehne ich mich und nach nichts als Ihm.« Fragen sie dich: »Wer ist Dieser?«, so sage ihnen: »Gott, Der mich erschaffen, erlöst und gnädig zu einem Leben der Liebe erwählt hat.« Sage ihnen: »Ihr versteht nichts von Gott«, und: »Verschwindet!« Bringe sie mit einer Regung der Liebe zu Gott schnell unter die »Wolke des Vergessens«, mögen sie dir auch recht fromm erscheinen und magst du auch den Eindruck haben, sie möchten dir helfen, Gott zu finden.
>
> Die Gedanken erinnern dich vielleicht in vielfacher Weise an Gottes unfassbare, große Güte und sagen dir, wie sanft und liebevoll, gnädig und verzeihend Er ist. Du kannst ihnen keinen größeren Gefallen tun, als ihnen zuzuhören. Sie werden ihr Garn immer weiterspinnen, {bis sie dich so weit heruntergebracht haben,} dich an das Leiden Christi {zu} erinnern und {dir} Gottes wunderbare Güte in Erinnerung {zu} rufen.[35]

Wenn »Herr Gedanke« mit seiner Verführung beginnt, ist der erste herumbaumelnde Köder schlicht und einfach die Versuchung, *über* Gott nachzudenken, anstatt in dieser Dunkelheit zu ruhen, bis unsere spirituelle Nachtsicht einsetzt. Es ist eine tief verwurzelte kataphatische Gewohnheit, während der Zeit des Betens über Gott nachzudenken – um Botschaften zu hören oder Göttliche Eigenschaften zu bestaunen –, und dieser schlaue Saboteur liefert »hilfreich« den Stoff, um uns zurück in die kataphatische Aufmerksamkeit zu locken. Nachdem er uns zunächst anscheinend zu einer unschuldigen oder gar heiligen Meditation über Gottes erhabene Qualitäten führt, hängen unsere Emotionen spätestens dann am Angelhaken, wenn er den Köder der Passion auswirft.

Wenn wir es unseren Emotionen erst einmal erlaubt haben, diesen Köder zu schucken, ist es nur noch ein kleiner Schritt bis in

35. *Wolke des Nichtwissens,* Seite 49.

einen Abgrund der Selbstreflexion und den damit verbundenen inneren Gefühlsaufruhr.

Dieser letzte Satz – »bis sie dich so weit heruntergebracht haben, dich an das Leiden Christi zu erinnern« – mag uns erschrecken. Und dies ist so beabsichtigt. Normalerweise denken wir über das Meditieren der Leidensgeschichte Christi als etwas, das uns *hinauf*bringt – hinein in den erhabensten und tiefsten Raum der Herzensgemeinschaft mit Christus. Doch der Scharfblick unseres Autors macht Sinn, wenn wir begreifen, dass es unsere *Bewusstseinsstufe* ist, die hier absteigt, die Kraft unserer gesammelten Aufmerksamkeit. Schauen wir, was als Nächstes kommt.

> Nichts regt sie mehr an, als ihnen Gehör zu schenken. Dann erinnern sie dich an dein früheres schlechtes Leben. Während du daran denkst und es vor dir siehst, erinnerst du dich an einen Ort, an dem du früher warst, bis du dich schließlich, ohne es zu bemerken, im Vielerlei deiner Gedanken völlig verlierst. Die Zerstreuung kommt daher, dass du den Gedanken Gehör schenktest, auf sie eingingst, sie aufnahmst und sie sich dann frei entfalten ließest.[36]

Carmen Acevedo Butchers Übersetzung der Passage ist brillant in ihrer Beschreibung dieses Hinabsinkens:

> Er [der Gedanke] mag nichts lieber, als deine Aufmerksamkeit zu schnappen, und wenn er erst merkt, dass du zuhörst, beginnt der Gedanke umherzuwandern. Er wird über die Leiden Christi plappern, dich immer mehr in sich hineinziehen, und dann wird er dir Gottes unfassbare, aufopferungsvolle Güte zeigen. Der Gedanke liebt es, wenn du ihm Gehör schenkst. Dann wird er dir zeigen, wie du früher gelebt hast, als du jämmerlich und sündhaft warst. Und während du an jene Tage zu denken beginnst, hilft er dir dabei, dir den Ort vorzustellen, an dem du früher warst, und bevor du es noch bemerkst, *sind deine Gedanken überall hin verstreut.*[37]

36. Ebenda.

37. Carmen Acevedo Butcher [Übers.]: *The Cloud of Unknowing,* Seiten 23–44. Die kursive Auszeichnung stammt von mir.

Beachten Sie, wie sich unsere Aufmerksamkeit in diesem Hinabsinken von »bewusst und freiwillig« zu »passiv und assoziativ« wandelt und einer Wetterfahne gleich bei der kleinsten Brise, mit jedem neuen mentalen Hauch, herumwirbelt. Mit der Passivität unserer Aufmerksamkeit ist die Zerstreuung und Auflösung unseres Reservoirs spiritueller Wachsamkeit (in der christlichen Tradition als »Sammlung« bezeichnet) faktisch garantiert. Es gleicht dem Ziehen des Stöpsels in einer Badewanne; schnell fließt das kostbare Wasser unserer gesammelten Aufmerksamkeit ab.

Der Autor schlägt ganz einfach vor, dass wir den Köder von vornherein gar nicht erst schlucken. Ganz egal, wie fromm oder unschuldig der Gedanke sein mag, wenn unsere Aufmerksamkeit hinauseilt, ihn zu begrüßen, befinden wir uns bereits auf einem rutschigen Weg in Richtung innerer Zerstreuung und der Auflösung unserer gesammelten Präsenz.

Das Gebet der Sammlung als Kontemplationslabor

Unser Autor legt die Messlatte zugegebenermaßen hoch – dermaßen hoch, dass wir versucht sind, einfach aufzugeben. Das Gebet der Sammlung kann uns dabei helfen, diese Lücke zu meistern, indem es das Training des totalen Eintauchens in das objektlose Gewahrsein einklammert in die Zeitspanne des Gebets, statt dass wir versuchen, es sieben Tage die Woche vierundzwanzig Stunden lang zu trainieren. Wenn wir es schaffen, die tägliche Schulung im Aufgeben der Gedanken zumindest während der zwanzig- bis dreißigminütigen Meditationszeiten durchzuhalten, wird sich die neuronale Neuverdrahtung allmählich einstellen, die es uns erlaubt, das Erkennungsvermögen des Herzens als Standardeinstellung zu stabilisieren. Doch dies braucht Zeit und wird eintreten, wenn es so weit ist, sanft und ganzheitlich. Bis dahin unterstützen wir das Werk nicht etwa dadurch, dass wir uns bemühen, während des ganzen normalen Arbeitstages keine Gedanken zu haben, sondern durch unsere Bereitschaft, konditionierte Muster, Hintergedanken und Schwarz-Weiß-Denken zu erkennen und sofort loszulassen, wann immer wir realisieren, dass wir in sie hinabgefallen sind.

Unser Autor ist kein Polemiker. Er versteht sehr gut das langsame, aber stetige Fortschreiten unserer Fähigkeit, eine andere

Bewusstseinsart zu stabilisieren, und er betont mehrfach die Notwendigkeit des kataphatischen Gebets und der moralischen Selbstbetrachtung als Grundlage dieser neuen Bewusstseinsart:

> Und dabei waren die Gedanken doch gut und heilig. Ja, so heilig sogar, dass jeder, der zur Kontemplation gelangen will, ohne zuvor solch tröstliche Betrachtungen über seine eigene Schwäche, das Leiden Christi und Gottes große Güte und Erhabenheit zu halten, ganz gewiss in die Irre ginge und sein Ziel verfehlte. Wenn aber jemand lange genug diese Betrachtungen geübt hat, wird es Zeit, sie hinter sich zu lassen, sie tief unter der »Wolke des Vergessens« zu verbergen und sie dort zu lassen, falls er je die »Wolke des Nichtwissens« durchdringen will, die zwischen ihm und seinem Gott liegt.[38]

Aber wenn wir den Trainingsplatz der Kontemplation betreten haben, ist es wichtig, uns über unser Ziel im Klaren zu sein – zumindest innerhalb des Labors des Gebets der Sammlung – und nicht im Spannungsfeld zwischen zwei verschiedenen Wahrnehmungsarten hängenzubleiben. Das ist der Grund für die scheinbare Unnachgiebigkeit der Unterweisungen unseres Autors. Wenn sich unser »nacktes Ausgerichtetsein« auf das Betreten dieses neuen Wahrnehmungsfeldes fokussiert, ist es von entscheidender Bedeutung, dass wir uns nicht wieder von unseren alten Aufmerksamkeitsmustern einlullen lassen.

> Wann immer dich die Gnade Gottes zur Kontemplation ruft, richte einfach dein Herz mit einer zarten Regung der Liebe auf Gott. Habe allein Gott im Sinn, Der dich erschaffen, erlöst und voll Gnade zur Kontemplation gerufen hat. Lass keine anderen Gedanken über Gott zu, auch nicht die oben erwähnten, es sei denn, du hättest ein ausgesprochenes Bedürfnis danach. Es genügt völlig ein nacktes, reines Ausgerichtetsein auf Gott, das kein anderes Motiv hat als Ihn selbst.[39]

38. *Wolke des Nichtwissens,* Seite 50.
39. Ebenda.
40. Ebenda.

»Nimm ein einsilbiges Wort«

Je größer die mentale und emotionale Komplexität des Gedankens, desto mehr Oberfläche besitzt er, auf dem unsere Aufmerksamkeit angreifen kann. Darum empfiehlt unser Autor, dass unser Gebetswort kurz und konzentriert sei – das ist die Anweisung, welche die Praxis des Gebets der Sammlung in Gang setzte:

> Falls du dieses Sehnen in ein Wort fassen willst, um es besser gegenwärtig halten zu können, nimm ein einsilbiges; das ist besser als eins mit zwei Silben. Je kürzer es ist, desto besser entspricht es dem Vollzug der Übung. Solch ein Wort wäre »Gott« oder »Lob« [Anmerkung des Übersetzers: Urtext: *love*]. Wähle eines von beiden oder auch ein anderes, das dich anspricht. Nimm dieses Wort so tief in dein Herz, dass es dort bleibt, was immer auch geschehe.[40]

Praktizierende des Gebets der Sammlung erkennen selbstverständlich sofort, dass diese ursprünglichen Unterweisungen ein wenig modifiziert wurden, denn in der heutigen Methode der Übung sind zwei- oder dreisilbige Worte und sogar kurze Phrasen (»Lass los«, »Sei hier«, »Vertrau der Liebe«) ebenfalls zulässig. Doch das grundlegende Prinzip bleibt unverändert: je kürzer, »desto besser entspricht es dem Vollzug der Übung.«

Fans der Johnston-Ausgabe sollten beachten, dass dies eine weitere jener Stellen ist, an denen subtile, aber wichtige Missdeutungen in die Übersetzung eingeführt wurden. Der Cloud-Autor sagt nicht: »Wähle ein Wort, das für dich von Bedeutung ist«, wie Johnston übersetzt. Er sagt: »Wähle eines von beiden (»Gott« oder »Lob« bzw. »Liebe«) oder auch ein anderes, das dich anspricht.« Das ist nicht dasselbe. Und er sagt auch nicht: »Nimm dieses Wort in deinen Geist«; er sagt, »Nimm dieses Wort {so tief} in dein *Herz*« – ein kleiner, aber entscheidender Unterschied bei unserem Versuch, dem impliziten Bewusstsein des Autors für das Herz als Sitz der non-dualen Wahrnehmung nachzuspüren.

Die Frage, ob das heilige Wort persönlich bedeutungsvoll sein soll, ist noch immer einer der Bereiche der Pädagogik des Gebets der Sammlung, in denen es deutliche Unterschiede zwischen den verschiedenen Auslegungsschulen gibt. Pater Basil Pennington legte großen Wert darauf, dass es sich um ein, wie er es nannte, »Liebeswort« handle, voller kognitiver und emotionaler Absicht – genau genommen um ein Wort, das die Weite und Tiefe der eigenen affektiven Beziehung zu Gott in einer einzigen höchst konzentrierten Kapsel umfasst. In dieser Hinsicht stimmt seine Lehre eindeutig mit der klassischen Pädagogik der monastischen Liebesmystik überein; seine »Liebe« drückt sich lediglich in einer konzentrierteren Form aus. In Thomas Keatings Schule des Gebets der Sammlung hingegen wird das Wort immer mehr zu einem schlichten »Platzhalter unserer Absicht«; es trägt dieses »nackte Ausgerichtetsein auf Gott« ohne zusätzliches kognitives oder emotionales Gepäck. Laut Keating kann Gepäck dieser Art die Absicht des Gebets sogar unterlaufen, indem Denken oder Selbstreflexion *stimuliert* werden.

Welche Deutung trifft es genauer? Ich selbst bin durch die Keating-Schule gegangen und so ist es wenig überraschend, dass ich mich zu diesem Ende des Interpretationsspektrums hingezogen fühle. Über meine Loyalität meinem Lehrer gegenüber hinaus begründe ich meine Haltung auch dadurch, dass ich über vier Jahrzehnte hinweg durchgehend bemerkt habe, dass die meisten Menschen im Gebet der Sammlung dann steckenblieben, wenn sie eine übereifrige Beziehung zu ihrem heiligen Wort pflegten. Es wird dann einfach zu kostbar, geht allzu sehr »nur um mich« oder ist überladen mit spiritueller Erwartung. So neigt es dazu, die Menschen auf der Ebene des kleinen Selbsts festzuhalten, wo sie ihr Gebet »korrekt ausführen«, anstatt sich unmittelbar in die eigentliche »nackte Ausrichtung« katapultieren zu lassen, was der wahre Boden unsers Gebets wie auch unserer Selbstheit ist. Die Leute kommen ins Stocken, wenn sie bemüht sind, ihr Wort »allzu aussagekräftig« aufzuladen. Also fürs Protokoll: Es ist wichtig zu beachten, dass unser mittelalterlicher Autor an keiner Stelle vorschreibt, das Wort müsse bedeutungsvoll sein. Es sollte lediglich angenehm sein – und kurz.

Ein spiritueller Krieger

Dieses Wort sei dir Schutzschild und Speer im Kampf wie im Frieden. Mit diesem Wort sollst du in die Wolke und in die Dunkelheit über dir eindringen und zugleich alle zerstreuen-

> den Gedanken abwehren und entschieden unter die »Wolke des Vergessens bringen«. Bedrängt dich ein Gedanke mit der Frage, was dein Tun für einen Sinn habe, antworte ihm nur mit diesem einen Wort. Wenn der Gedanke versucht, dir mit großem theologischem Wissen das Wort auszulegen und dir seinen Gehalt im Einzelnen zu beschreiben, sag ihm, du möchtest es lieber als Ganzes haben und nicht zerlegt oder erklärt {ruiniert (*undone*)}. Wenn du dich so verhältst, kannst du sicher sein, dass er dich nicht länger zerstreut. Warum? Einfach deshalb, weil du nicht zulässt, dass er sich an nährenden Betrachtungen, wie oben erwähnt, kräftigt.[41]

Wie Sie sich unterdessen sicherlich ausmalen können, stehe ich diesem letzten Absatz des Kapitels 7 mehr als nur ein wenig ambivalent gegenüber. Meine Aufgabe als Lehrerin des Gebets der Sammlung würde sich wesentlich leichter gestalten, wenn der Autor die Unterweisung einfach bei »Nimm dieses Wort so tief in dein Herz« belassen hätte. Abgesehen von der negativen Konnotation durch ihre militärische Bildsprache führte sie viele Praktizierende – und eine Zeit lang sogar Thomas Keating selbst[42] – auch zu der Schlussfolgerung, das Wort könne dazu verwendet werden, alle anderen Gedanken niederzuschlagen oder zu absorbieren, anstatt als einfacher Haltegurt für die eigene Absicht, um die herum die Gedanken kommen und gehen. Selbst unser Autor ist in diesem Punkt nicht hundertprozentig konsistent, und an Stellen wie dieser wird sich gerne auf die ziemlich schwache Rettungsklausel berufen, das Gebet der Sammlung *basiere* auf der *Wolke des Nichtwissens* und sei keine wortgetreue Wiedergabe. Die wahre Absicht unseres Autors bei der Verwendung der Bilderwelt des Kriegers, wie etwa im zweitletzten Satz des Kapitels 6 der *Wolke,* liegt darin, Qualitäten wie Standhaftigkeit und Entschlossenheit hervorzurufen, nicht Aggression und Gewalt (das Adverb

41. Ebenda, Seiten 50–51.

42. Als jemand, der stets auch populäre moderne Metaphern aufgriff, war Keating in den frühen 1990er-Jahren eine Zeit lang fasziniert vom Bild des Pac-Man, der berühmten alles fressenden Figur im gleichnamigen Videospiel, und empfahl in einer frühen Ausgabe seines Kerntextes *Open Mind, Open Heart* (Warwick, NY: Amity House, 1986), das heilige Wort wie den Pac-Man funktionieren zu lassen, der all die anderen Gedanken verschlingt. Später bewertete er es neu, und ich glaube, diese Metapher ist aus den jüngeren Ausgaben seiner Arbeiten verschwunden.

»entschlossen« lautet im mittelenglischen Original *stalworthly* oder neuenglisch *stalwartly:* »physisch stark«, »unerschütterlich«, »ausdauernd«, »robust«, »tapfer« oder »beherzt«). Und obwohl das heilige Wort in den Tiefen dieses »nackten Ausgerichtetseins« womöglich tatsächlich auf die Wolke des Nichtwissens »schlagen« mag, besteht seine eigentliche Funktion darin, »alle zerstreuenden Gedanken abzuwehren und entschieden unter die Wolke des Vergessens zu bringen«, mit anderen Worten, reinen Tisch zu machen. So gesehen stimmt die Bedeutung mit unserem heutigen Verständnis vom Gebet der Sammlung wieder überein. Auch der überraschende Treffer unseres Autors in seiner Replik auf diesen lästigen Gedanken – »Sag ihm, du möchtest es lieber als Ganzes haben und nicht zerlegt oder erklärt {ruiniert}« – beweist erneut sein intuitives Begreifen dieser pulverisierenden und zerlegenden Eigenschaften der Aufmerksamkeit in ihrem üblichen Subjekt-Objekt-Modus. Nicht nur sein heiliges Wort bevorzugt er als Ganzes, sondern auch sein Bewusstseinsfeld.

Noch ein letztes Mal ist es wichtig, eine Missinterpretation zu korrigieren, die durch die Johnston-Ausgabe befördert wurde. An keiner Stelle sagt unser Autor, so wie Johnstons Übersetzung suggeriert, dass die Gedanken verschwinden werden, »weil du dich geweigert hast, sie durch Auseinandersetzung mit ihnen zu entwickeln.« Es geht hier nicht um Auseinandersetzung. Das Problem ist die Verführungskunst der kataphatischen Meditation, die den Geist aus seinem Zustand objektloser Sammlung heraus- und in das narrative und emotionale Pathos hineinzieht. Dies ist der Punkt, den der Cloud-Autor mit gewissenhafter Genauigkeit im nächsten Kapitel entwickelt.

Kapitel 12

Die Kunst der Kontemplation

(*Wolke,* Kapitel 8)

FALLS SIE DAS GEBET DER SAMMLUNG PRAKTIZIEREN, AUCH wenn Sie erst damit begonnen haben, wird sich in Ihrem Geist untilgbar eingeprägt haben, dass Kontemplation ein »Ruhen in Gott« ist. Dies ist die schöne, einfache Erklärung, wie sie Thomas Keating aus einer Lehre des Papstes Gregor des Großen (540–604) zusammengefasst hat. Dieses »Ruhen« impliziert, dass wir über Denken, Gemütsregungen, Fühlen und Selbstbeobachtung hinausgegangen sind hin zu einem bloßen Gegenwärtigsein, das Keating gern in die Worte der prächtigen Zeilen aus Psalm 131 kleidete:

> Herr, mein Herz überhebt sich nicht, nicht hochmütig blicken meine Augen, ich gehe nicht um mit großen Dingen, mit Dingen, die mir nicht begreiflich sind. Vielmehr habe ich besänftigt, habe zur Ruhe gebracht meine Seele. Wie ein gestilltes Kind bei seiner Mutter, wie das gestillte Kind, so ist meine Seele in mir.

Aber wie alle Einstiegsempfehlungen ist auch diese eine Vereinfachung. Natürlich stimmt es, dass Kontemplation bedeutet, über die gewöhnlichen kataphatischen Übungen des Geistes und über das auf ihnen beruhende Selbstgefühl hinauszugelangen. Die Annahme, Kontemplation sei deswegen inhaltsfrei, ist jedoch eine Fehlinterpretation, die viele moderne Praktizierende des Gebets der Sammlung bestenfalls zu einer Unterschätzung – und schlimmstenfalls zu einer Herabsetzung – der tiefen, tatsächlich numinosen Ehrfurcht verleitete, mit dem die Mystik des christlichen Ostens und des christlichen Westens diesem Zustand begegnete. In der traditionellen mystischen Bewertung ist Kontemplation niemals einfach ein Synonym für die *via negativa,* den Weg der reinen Leere; sie wird herkömmlicherweise mit einer Art des Sehens oder

der »Schau« von ganz anderer Intensität assoziiert. Im Hesychasmus des christlichen Ostens wird damit ein direktes *Sehen* Gottes verbunden, ein Wissen vom Nous her, oder vom »höheren Intellekt«, das die Wiedervereinigung von Verstand und Herz auf einer Stufe einschließt, die weit über eine mentale oder emotionale Erkenntnis hinausgeht. Im Westen werden die affektiven Aspekte dieser inneren Vereinigung betont. Kontemplation ist eine Gnade, die durch das »Einssein mit Gott« entsteht und üblicherweise als »mystische Vermählung« interpretiert wird; sie ist eine zutiefst selig machende Verwirklichung erlangter Einheit. Im Osten wie im Westen wird das dauerhafte Erreichen dieses Zustands als eine außergewöhnliche Gnade angesehen, als die Reife einer langen Entwicklung der inneren Läuterung und Vorbereitung. Deswegen knirschen traditionell ausgebildete christliche Kontemplierende häufig mit den Zähnen, wenn Leute, die zweimal täglich zwanzig Minuten auf ihren Gebetskissen sitzen, sich ganz selbstverständlich als »Kontemplierende« bezeichnen. Kontemplation ist keine automatisch gewährte »Zugabe« einer praktizierten Meditationsmethode; es ist die Frucht einer langen Reise in eine völlig andere Wahrnehmungsordnung und -intensität.

Ich möchte nochmals meine Ansicht äußern, dass dieses traditionelle Rätsel (was denn Kontemplation überhaupt *ist*), das lange noch zusätzlich verkompliziert wurde durch die überschwängliche Sprache, mit der dieser Zustand normalerweise beschrieben wird, geklärt werden kann, indem wir Kontemplation mit dem Zustand non-dualer Wahrnehmung in Einklang bringen. Kontemplation ist beileibe nicht inhaltslos; es ist »bloß« so, dass ihr Inhalt vom Gehirn auf eine radikal andere Weise wahrgenommen und geordnet wird, die das Einstellen oder Überschreiben unserer normalen kataphatischen Fähigkeiten erfordert. Aus diesem Zustand kataphatischer Leere geht entweder eine Göttliche Ansprache oder Schau hervor (eine Vision, Offenbarung oder mystische Äußerung) oder aber eine tiefe apophatische Stille, die selbst Bände spricht.

Die westliche Tradition besteht darauf, dass Kontemplation tatsächlich spirituelles Einssein impliziert. Doch dies ist kein *affektives* Einssein, vielmehr ein Löschen der Wahrnehmung im Betriebssystem, das die Teilung überhaupt erst hervorrief: »Sie« fallen heraus und »Gott« fällt heraus; es gibt nur Einssein. Und dieses Einssein wird als vertraut und persönlich erlebt, weil wir es tatsächlich durch das Herz (als gereinigtem und aktiviertem »Organ spiritueller Wahrnehmung«) erfahren – und Vertrautheit ist die Muttersprache des Herzens.

Anders ausgedrückt: »Kontemplation« ist im Westen das funktionale Äquivalent zum dauerhaften non-dualen Bewusstsein im Osten. Es ist kein Zustand undifferenzierter Leere, sondern vielmehr ein Zustand tiefgründigen, leuchtenden Bewusstseins, in dem die verschiedenen Komponenten von einem einzigen strahlenden Einssein durchflutet und zusammengehalten werden wie Licht, das durch ein Buntglasfenster strömt.

Erstaunlicherweise scheint unser Autor aus dem vierzehnten Jahrhundert genau diese Vorstellung gehabt zu haben; und in Kapitel 8 der *Wolke* präsentiert er sein Argument auf eine Art und Weise, die uns, wenn wir erkannt haben, worauf er hinauswill, den Atem stocken lässt. In seiner verblüffend originellen Schilderung der »vier Stufen des kontemplativen Lebens« erkennen wir deutlich eine Vorahnung zeitgenössischer Straßenkarten der Bewusstseinsebenen. Denn diese vier »Stufen« umfassen im Wesentlichen eine aufsteigende Leiter selbstreflektierenden Bewusstseins, deren Sprossen fein gezeichnet und planvoll miteinander verflochten sind.

Schauen wir uns das genauer an.

»Sind sie gut oder schlecht?«

Jetzt wirst du mich fragen: »Wie soll ich die sich mir aufdrängenden Gedanken während dieser Übung beurteilen? Woran erkenne ich, ob sie gut oder schlecht sind? Wäre ein Gedanke schlecht, wundert es mich, dass er die Andacht eines Menschen vertieft. Denn manchmal finde ich wirklich Trost, wenn ich auf ihn höre, wenn ich dem lausche, was er mir sagt. Manchmal lösen die Gedanken über das Leiden Christi und meine Erbarmungswürdigkeit oder vieles andere eine Flut von Tränen aus, die mir heilig scheinen und guttun. Darum kann ich nicht glauben, dass ein solcher Gedanke schlecht sein soll. Wenn er also gut ist und mir mit seinem tröstlichen Gehalt guttut, wundere ich mich über deine Anweisung, ihn abzuwehren und tief unter die »Wolke des Vergessens« zu bringen.[43]

43. *Wolke des Nichtwissens,* Seite 52.

Unser Autor nimmt seine Erörterung genau dort wieder auf, wo er in Kapitel 7 aufgehört hat: Wenn dieser sich mir aufdrängende Gedanke meine Gottesverehrung und mein spirituelles Bewusstsein scheinbar zunehmen lässt, warum soll ich »ihn« dann loslassen? Was kann es schon schaden, wenn ich ihn annehme und mit ihm arbeite?

Diese gute Frage bewegt den Cloud-Autor, mit seiner Erklärung fortzufahren, dass das, was sich da ins Bewusstsein drängt, »eine klare, eindeutige Gedankenform deines natürlichen Verstandes [ist], der in der Vernunft tief in deiner Seele seine Wurzeln hat {ein scharfes und klares Betrachten deines natürlichen Verstandes, das sich in der Vernunft in deiner Seele ausdrückt}«. Anders gesagt (nämlich in der Terminologie, die ich hier eingeführt habe) sind es die kataphatischen Fähigkeiten, welche durch ihre eingebaute Programmierung der »Wahrnehmung durch Unterscheidung« die Welt begreifen. Im Grunde genommen ist dies keine schlechte Sache, doch aufgrund der Beschränkungen, mit dem dieses Betriebssystem behaftet ist, eine zweischneidige Angelegenheit. Eine alte Maxime der Sufis lautet: »Ein Messer ist weder gut noch schlecht, doch wehe dem, der es an der Klinge packt.« Ein Gedanke ist gut, so unser Autor zustimmend, wenn unser Verstand durch Gnade erhellt wird und er uns dabei hilft, in Demut, Hingabe und Staunen zu wachsen; nährt der Gedanke aber Stolz und irdische Eitelkeit, ist er schlecht. Die gleichlautenden Warnungen einer langen Linie christlicher mystischer Meister finden hier ihren Widerhall oder werden antizipiert.[44]

Doch der Autor lässt die Dinge damit nicht auf sich beruhen. In einem Versuch, dieses Paradoxon weiter zu konkretisieren, also warum der Gebrauch dieser natürlichen Fähigkeit des Verstandes unter bestimmten Bedingungen gut und unter anderen schlecht ist, legt er etwas dar, was als eine allerereste westliche Karte der Bewusstseinsebenen betrachtet werden kann:

> Fragst du mich, warum du den Gedanken unter der »Wolke des Vergessens« begraben sollst, da er doch von Natur aus gut ist, dir selbst guttut und bei richtiger Verwendung deiner

44. Zwei Jahrhunderte später wird Jakob Böhme diese Warnung fast wörtlich wiederholen in seiner »Vierten Abhandlung von der neuen Wiedergeburt« in Jakob Böhme: *Christosophia* oder *Der Weg zu Christo* [1621], Amsterdam 1731, Seite 109 ff.

> Andacht sehr fördert, so antworte ich dir: Es gibt zwei Lebensformen in der Gemeinschaft Christi (der heiligen Kirche): die aktive und die kontemplative. Das aktive Leben ist die niedere, das kontemplative Leben die höhere Form. In beiden Lebensformen gibt es je zwei Stufen, eine höhere und eine niedrigere. Diese zwei Lebensformen sind trotz der Unterschiede voneinander abhängig, da keine ohne die andere sein kann. Die obere Stufe im aktiven Leben ist zugleich die untere des kontemplativen Lebens. Darum kann ein Mensch nicht im vollendeten Sinn aktiv leben, ohne zugleich kontemplativ zu sein, und ebenfalls nicht wirklich kontemplativ (soweit das hier auf Erden überhaupt erreichbar ist), ohne in gewisser Weise aktiv zu leben. Das aktive Leben beginnt und endet in diesem Leben. Das kontemplative Leben jedoch wird zwar begonnen, kommt aber ewig an kein Ende, denn der Teil, den Maria erwählte, wird ihr nie mehr genommen werden.[45] Im aktiven Leben hat man viel Sorge und Mühe. Das kontemplative Leben dagegen ist voller Frieden und ganz auf das Eine, Notwendige ausgerichtet.[46]

Für einen kurzen Augenblick macht der Autor uns glauben, er greife auf die klischeehafte Zweiteilung in aktives (oder tätiges) und kontemplatives Leben zurück. Doch sofort zieht er uns den Teppich unter den Füßen weg, indem er jede Kategorie nochmals in einen niedrigeren und einen höheren Bereich unterteilt, wodurch wir ein vierfaches Schema erhalten: niedrig-aktiv, höher-aktiv, niedrig-kontemplativ, höher-kontemplativ. Und dann, als wolle er uns vollkommen durcheinanderbringen, entfernt er die Trennung zwischen den beiden mittleren Stufen, sodass diese sich überlagern und wir anstelle von vier getrennten Lagen nun deren Verkettung erhalten! Dieses Schema dient dem Autor zur Darlegung seiner bemerkenswerten Lehre.

Dieses Kapitel stellt für all jene eine gute Nachricht dar, die versuchen, über die herkömmliche Polarisierung zwischen den alternativen Lebensstilen »aktiv« und »kontemplativ« hinauszugelan-

45. Dieser Hinweis bezieht sich auf die Maria (aus der Geschichte von Maria und Martha) im Lukas-Evangelium 10.38–42, die in verzückter Kontemplation zu Jesu Füßen sitzt, der erklärt: »Maria hat den guten Teil gewählt, der wird ihr nicht genommen werden.«

46. *Wolke des Nichtwissens,* Seiten 53–54.

gen. Der Cloud-Autor drückt so genau wie nur möglich aus, dass beide Lebensstile ineinander eingebettet sind und dass ohne die rege Entfaltung des jeweils anderen keiner zur Gänze verwirklicht werden oder Ausdruck finden kann. Wir haben es hier mit einem wunderbar intuitiven Einblick in das zu tun, was Ken Wilber sechs Jahrhunderte später als »immanent und transzendent« definieren wird. Sogar auf der höchsten Ebene, so beteuert unser Autor, lassen wir das Aktive nicht hinter uns, da eine Person »nicht wirklich kontemplativ [sein kann], ohne in gewisser Weise aktiv zu leben.«

Weil das aktive oder tätige Leben so eng mit den Bedingungen unserer irdischen Existenz verbunden ist – einschließlich, wie wir noch sehen werden, unseres begrenzten Selbstgefühls und der kataphatischen Eigenschaften, welche dieses antreiben –, endet seine Laufzeit mit unserem physischen Tod. Das kontemplative Leben hingegen, das nicht an diese vom kataphatischen Betriebssystem erzeugte Raum-Zeit-Dimensionalität gebunden ist, unterliegt dieser Laufzeitbeschränkung nicht. Doch wir sollten beachten, wie unser Autor fast beiläufig die entscheidende Information einwirft, dass mit dem kontemplativen Leben, das mit unserem natürlichen aktiven sozusagen »verkettet« ist, bereits in diesem Leben begonnen werden muss. In dieser Hinsicht reiht er sich in die kleine Garde westlicher Lehrerinnen und Lehrer ein, die darauf bestehen, dass Kontemplation keine »Zugabe« ist, die wir automatisch mit dem Tod erlangen; der eigentliche Sinn unseres menschlichen Lebens besteht darin, mit dem Einsetzen dieser grundlegenden Bausteine einer nicht-begrenzten Wahrnehmung zu beginnen. Das irdische Leben ist der Schoß des non-dualen Bewusstseins.

Die Geburt der Selbstreflexion

Der Autor beschreibt danach jede dieser vier Stufen:

> Auf der niederen Stufe des aktiven Lebens bemüht sich der Mensch um Werke der Barmherzigkeit und tätiger Nächstenliebe. Die höhere Stufe des aktiven und zugleich die untere Stufe des kontemplativen Lebens ist auf ernste geistige Selbstbesinnung ausgerichtet. Reuevoll denkt man an die menschliche Hinfälligkeit, versenkt sich voll Mitempfinden in das Leiden Christi und seiner Heiligen, preist voller Dank die

> Herrlichkeit Göttlicher Gaben. Doch die höhere Stufe kontemplativen Lebens – soweit wir sie in diesem Leben erreichen können – steht ganz im Dunkel in der »Wolke des Nichtwissens«, mit reinem Liebesbegehren und blindem Sich-Ausrichten auf das reine Sein Gottes selbst.«[47]

Und er konkretisiert weiter:

> Auf der unteren Stufe aktiven Lebens lebt der Mensch außerhalb seines wahren Selbsts und bleibt hinter seinen Möglichkeiten zurück {unterhalb seiner selbst}. Auf der höheren Stufe des aktiven Lebens, zugleich der unteren Stufe kontemplativen Lebens, steht der Mensch in sich selbst und wahrhaftig bei sich. Auf der höheren Stufe kontemplativen Lebens übersteigt der Mensch sich selbst und reicht an Gott heran. Er übersteigt sich selbst, weil er entschlossen ist, mit Hilfe der Gnade dorthin zu gelangen, wohin er von Natur aus nicht kommen kann; das heißt, es ist sein Ziel, sich im Geist mit Gott zu einen, kraft der einenden Liebe, der Vereinigung Göttlichen und menschlichen Willens.[48]

Bei genauerer Betrachtung dieser drei Stufen wird deutlich, dass wir hier eine dreifache Karte des Bewusstseins vor uns haben, in deren Zentrum das Auftauchen der Fähigkeit zur Selbstreflexion liegt. Auf der niedrig-aktiven Stufe lebt ein Mensch sozusagen auf Autopilot und richtet sich rein äußerlich nach dem, was Glaube und Leben verlangen, allerdings ohne eine introspektive Dimension. Damit bleibt er »unterhalb seiner selbst« und lebt noch nicht auf dieser selbstreflektierenden Stufe, auf welcher das innere Leben sich zu entfalten beginnt.

Auf der höher-aktiven beziehungsweise niedrig-kontemplativen Stufe kommt die selbstreflektierende Fähigkeit zum Vorschein, und in diesem Erwachen »steht der Mensch in sich selbst und wahrhaftig bei sich.« Er erwacht hinein in eine bewusste Beziehung mit seiner eigenen Innerlichkeit, und die Keimlinge einer höheren Stufe werden sichtbar. Das »Ich denke, also bin ich«-Gen erwacht in ihm, einhergehend mit einer sich vertiefenden Fähigkeit, die Straßenkarten des spirituellen Lebens von innen heraus zu lesen.

47. Ebenda, Seite 54.
48. Ebenda, Seiten 54–55.

Dies ist die Stufe, auf die der Großteil der christlichen kataphatischen Praxis so schön ausgerichtet ist. Hierauf zielen die traditionellen Meditationsübungen ab, die *lectio Divina,* die »Gewissensprüfung«, das Beten des Rosenkranzes, die ignatianische Unterscheidung der Geister, das Gehen des Kreuzwegs und viele andere: auf die Entwicklung und Stabilisierung dieser erwachten Innerlichkeit.

Es gibt jedoch noch eine höhere Bewusstseinsstufe, die erreicht werden kann. Und obwohl unser Autor sie mit seinem üblichen Bestand an Metaphern beschreibt (»Wolke des Nichtwissens«, »reines Liebesbegehren«, »blindes Sich-Ausrichten auf das reine Sein Gottes selbst«), liefert das Schema einige neue Anhaltspunkte. Wir wissen, dass der Autor diese ausdrücklich als eine höhere Bewusstseinsstufe begreift; und zwar ist sie insofern höher, als dass (1) der Mensch »sich übersteigt« – das heißt, die Stufe des selbstreflektierenden Bewusstseins übersteigt – und (2) sie durch »Vereinung« gekennzeichnet ist – das heißt durch eine vollständige Übereinstimmung von »Göttlichem und menschlichem Willen«. Wir sollten beachten, dass unser Autor eine »Übereinstimmung« der Willen anführt, keine *Vereinigung* der Willen. Diese Unterscheidung scheint winzig, ist aber von Bedeutung, wenn wir verstehen, dass er nicht die Vorstellung von zwei unterschiedlichen Wesenheiten hegt, die in einer affektiven Vereinigung zusammenkommen, sondern vielmehr eine Art »blinden Sich-Ausrichtens« im Sinn hat (ein klassisches Verständnis der kontemplativen Wahrnehmung), welches die kataphatischen Fähigkeiten überschreibt und vermindert, aber trotzdem noch ›sieht‹. Damit finden wir deutliche Hinweise darauf, dass der Autor den hier betrachteten kontemplativen Zustand nicht einfach als den vereinigenden Zustand ansieht, wie er klassischerweise verstanden wird, sondern als *eine andere Wahrnehmungsart, welche die selbstreflektierende Eigenschaft aufhebt und über sie hinausgeht.*

Dieses Schema weist viele bemerkenswerte Aspekte auf; einer der auffälligsten ist die Genauigkeit, mit der es sich mit dem Szenario deckt, das sich in der heutigen Kultur um uns herum abspielt. Gesundheit, Wellness und Achtsamkeit sind die säkularen Schlagworte unserer Zeit, und es ist offensichtlich, dass der Kern dieser Geschäftigkeit, mit ihrem plötzlichen Erwachen für die eigene Innerlichkeit, sich genau auf dieser höher-aktiven Ebene entfaltet. Sei es durch Psychotherapie, Männerarbeit, Anonyme Alkoholiker, Yoga, Achtsamkeit zur Stressreduktion, Enneagramm-Arbeit, Traumarbeit, Seelenarbeit oder durch eine Vielzahl anderer Methoden – heutzutage wird vielen Menschen allmählich bewusst, dass das Leben tatsächlich eine innere wie auch eine äußere Reise ist. Obwohl diese Bewegungen in ihrem Ausdruck ganz überwiegend weltlich sind (sodass wir uns fragen mögen, ob das größte institutionelle Versagen der Kirche möglicherweise in ihrer Unfähigkeit liegt, eine Brücke zu schlagen von niedrig-aktiv zu höher-aktiv, das heißt von äußerlicher Observanz zu innerlicher Bewusstheit), versichert uns die Karte unseres Autors, dass dieses »Versäumnis« nachvollziehbar ist, weil der Impetus im aktiven oder weltlichen Quadranten dieser sich überlappenden Bereiche entspringt. Wenn er dort erst einmal entstanden ist, wird er sich ganz natürlich in Richtung des Niedrig-Kontemplativen verändern, sobald diese Wellness-Techniken sich vom Behüten des kleinen Selbsts lösen und sich für ein deutlich breiteres Spektrum der spirituellen Suche öffnen. Das intuitive Verständnis unseres Autors, dass dieser Fortschritt den Aspekt eines »Förderbandes« aufweist,[49] bei dem jede Stufe die nächste antizipiert und gewissermaßen auch auslöst, ist wiederum eine äußerst moderne Vorstellung. Sie legt nahe, dass die Schlüsselstrategie zur Förderung dieses erstaunlichen und sensitiven Vermögens darin besteht, den Gesichtskreis intakt zu halten: unser Territorium nicht in »weltliche« und »spirituelle« Sektoren zu unterteilen, sondern die ganze Skala als eine vereinheitlichte Sphäre inneren Erwachens zu begreifen.

Das Meistern der Stufen

Mit dieser zentralen Metapher kann der Autor nun hervorragend auf die Frage eingehen, warum gut bewährte Übungen irgendwann ihren Zweck nicht mehr erfüllen: Weil sie zu einer anderen Sprosse der Leiter gehören, und was auf der einen Stufe hilfreich gewesen sein mag, wird auf der nächsten kontraproduktiv. Wir haben es hier erneut mit einer Wahrheit zu tun, die sich im Leben bestätigt.

49. Diese Metapher für die progressive und verwobene Natur der spirituellen Entwicklung wurde von Ken Wilber eingeführt und ausführlich entwickelt in Kapitel 9 von *Integrale Spiritualität,* Seiten 184 ff.

> Um auf die höhere Stufe des aktiven Lebens zu gelangen, muss vorher die untere Stufe durchlebt sein. Man kann nur auf die höhere Stufe kontemplativen Lebens gelangen, wenn man die untere Stufe gemeistert hat.[50]

So gut und wertvoll sie für sich genommen auch sein mögen, die Meditationen und kataphatischen beziehungsweise selbstreflektierenden Übungen müssen eine Zeit lang unterlassen werden, damit der Weg zu dieser höher-kontemplativen Öffnung geebnet wird. Diese Übungen gehören zum Niedrig-Kontemplativen, und wenn wir uns ihnen weiterhin widmen, obwohl wir uns bereits im Übergang zu einer vollkommen anderen Wahrnehmungsart befinden, werden sie uns zurückziehen in das Betriebssystem und das Selbstgefühl, die der niedrigeren Bewusstseinsform entsprechen. Vom Schema der fortschreitenden Bewusstseinsstufen aus betrachtet, sind die Anweisungen des Autors absolut einleuchtend.

Wie ich zu Beginn dieses Kapitels schrieb, bejaht die christliche mystische Tradition einmütig, dass Kontemplation etwas Besonderes ist, eine außergewöhnliche und strahlende Errungenschaft im spirituellen Leben, deren Früchte normalerweise erst nach einer langen Reise der geistigen Vorbereitung erkennbar werden. Die *Wolke des Nichtwissens* stellt deshalb ein so bahnbrechendes Werk in der Phänomenologie des Bewusstseins dar, weil der Cloud-Autor implizit weiß, dass diese Verwirklichung, die typischerweise als eine »Gnade« wachsenden affektiven Einsseins mit Gott beschrieben wird, in Tat und Wahrheit *die Spitze einer höheren Bewusstseinsart ist, die über Selbstreflexion hinausgeht,* und dass die Stabilisierung dieses Zustandes mit der Aussetzung jener Praktiken zu tun hat, welche das natürliche oder kataphatische Betriebssystem des Verstandes aufrechterhalten. Wir haben es hier mit der ersten westlichen Taxonomie des Bewusstseins zu tun, welche Kontemplation implizit mit dem verbindet, was sechs Jahrhunderte später als »non-duales« oder »Bewusstsein der dritten Rangordnung« bezeichnet werden wird.[51] Sie ist wesentlich konkreter, praktischer und auf ihre eigene Art *quantitativer* als alles, was über mehrere Jahrhunderte folgen wird.

So kommt unser Autor zu dem Schluss:

50. *Wolke des Nichtwissens,* Seite 55.
51. Ken Wilber: *Integrale Spiritualität,* Seite 86.

> Daher bitte ich dich, weise einen solchen einsichtigen, klaren Gedanken von dir und bedecke ihn mit einer dichten »Wolke des Vergessens«, mag er auch noch so heilig erscheinen und den Eindruck erwecken, dich bei deinem Vorhaben zu unterstützen. Nein, nur Liebe vermag in diesem Leben bis zu Gott vorzudringen, nicht aber das Erkennen des Verstandes.[52]

Da ist es wieder, dieses Wort »Liebe«... Doch mittlerweile erfassen wir die Bedeutung, die unser Autor im Sinn hat, wesentlich genauer. Das »Erkennen des Verstandes«, von dem er hier spricht, ist ganz offensichtlich das konzeptionelle Wissen, welches auf dem Einüben kataphatischer Fähigkeiten beruht. Dieses mag als solches gut sein, doch es gehört zum höher-aktiven / niedrig-kontemplativen Bereich des kontemplativen Terrains, von welchem aus wir das Reich des Göttlichen Austauschs genauso wenig erreichen können wie eine alte Underwood-Schreibmaschine das Internet. Hierzu braucht es ein mächtigeres Betriebssystem: etwas, das auf eine andere Art wahrnimmt und erfasst. Und dieser anderen Wahrnehmungsart kommt das Wort »Liebe« am nächsten. Im folgenden Abschnitt wird der Cloud-Autor einige zentrale Teile des Puzzles einfügen, die uns verstehen lassen, was es mit dieser Liebe auf sich hat.

52. *Wolke des Nichtwissens,* Seite 55.

Kapitel 13

Das Geheimnis der Liebe

(*Wolke,* Kapitel 12–23)

EINGEBETTET IN DIESES ERSTE DRITTEL DER »WOLKE« findet sich eine bemerkenswerte Reihe von Kapiteln, die ich »die Magdalenische Sequenz« nenne. Sie zeichnen zusammengenommen ein Portrait von Maria Magdalena, das in seiner spirituellen Scharfsicht derart beispiellos und in seinem Verständnis so überaus modern ist, dass es erstaunt, wie zeitgenössische Magdalena-Kennerinnen und -Kenner es fortwährend übersehen konnten. Langsam, aber stetig baut unser Autor seinen Kasus Maria Magdalena auf als den *Typ* – die ikonische Verkörperung – der Art verklärter Liebe, die er in diesen ersten Kapiteln wachzurufen versucht. Wenn wir *Maria* verstehen, verstehen wir auch, wovon er ansonsten spricht, und umgekehrt. Darüber hinaus klingen sein Gespür für die Gegenseitigkeit der Beziehung zwischen ihr und Jesus sowie seine psychologische Einsicht, mit der er diese tiefe, sich wechselseitig durchdringende spirituelle Liebe beschreibt, ebenfalls auffällig modern und sollten Magdalenas heutige Fans jubeln lassen. Er vermag es, den ihr im Mittelalter zugeschriebenen Charakterzügen (reumütige Hure, sündhafte Frau) den authentischen Duft bewusster Liebe zu entlocken.

Leider ist es *trotz alledem* die Magdalena des Mittelalters, die wir hier betrachten: jenes traditionelle, zusammengeschusterte Bild, welches sie als eine Prostituierte, bußfertige Sünderin oder rekonvaleszente Besessene darstellt und als ein und dieselbe Person wie Maria von Bethanien, die während der Vorbereitungen zum Abendessen zu Ehren Jesu in verzückter Andacht zu dessen Füßen saß (Lukas, 10.38–42) und damit sich (und ihrer kontemplativen Berufung) die Charakterisierung eintrug »die den guten Teil gewählt hat, der ihr nicht genommen werden wird.« Die heutige Forschung lehnt dieses zusammengeschnipselte Portrait weitestgehend ab. Der Vorwurf der Hurerei wird mittlerweile ganz offiziell als Erfindung von Papst Gregor dem Großen aus dem sechsten Jahrhundert zurückgewiesen.[53] Noch immer tobt die Debatte rund um die Frage, ob es sich bei Maria Magdalena und Maria von Bethanien um dieselbe Person handelt (Ich persönlich gehöre zu jenen, die fest davon überzeugt sind, dass diese traditionelle Gleichsetzung stimmig ist.), und noch ist nicht das letzte Wort darüber gesprochen, ob die angebliche Austreibung ihrer sieben Dämonen jemals stattgefunden hat und, falls dem so war, welche Bedeutung diesem Vorgang beizumessen ist (Heilung einer psychischen Krankheit oder tiefgehende spirituelle Initiation). Auf dem Radar unseres mittelalterlichen Autors taucht jedenfalls nichts davon auf. Er springt mitten hinein in die traditionelle Überlieferung von Magdalena und bearbeitet sie im Stil eines tiefgründigen spirituellen Maestros, der er nun mal ist. Wenn Sie erste vorschnelle Reaktionen auf die stereotype mittelalterliche Magdalena vermeiden können, dann verspreche ich Ihnen: Das, was folgt, ist sehr weit von einem Klischee entfernt.

Kann uns Kontemplation sündenfrei machen?
(Kapitel 12)

Die Eröffnungssalve vernehmen wir in Kapitel 12 (und es handelt sich in der Tat um Explosives!), wo der Cloud-Autor zu einer in Kapitel 3 formulierten Behauptung zurückkehrt, um sie an dieser Stelle noch einmal zu betonen: Unter allen spirituellen Künsten nimmt die Kontemplation einen besonderen Platz ein, weil »sie die Kraft hat, die Ursache der Sünde zu beseitigen.«

Kann das stimmen? Selbstverständlich ist dies eine kühne Behauptung über das kontemplative Leben und geht mit einem massiven Risiko spiritueller Hybris und Selbsttäuschung einher. Doch wenn wir das Kleingedruckte sorgfältig studieren, werden wir erkennen, dass die hier vorgebrachte Behauptung eigentlich bescheidener ist – und erheblich anspruchsvoller:

> Willst du also stehen und nicht fallen, so schwäche niemals die Kraft deines Entschlusses und dringe ständig mit dem

53. Mehr dazu finden Sie in meinem Buch CYNTHIA BOURGEAULT: *The Meaning of Mary Magdalena,* Boulder, CO: Shambhala, 2010, Seiten 22–23; eine deutsche Version dieses Titels erscheint spätestens 2022 im Chalice Verlag.

> spitzen Speer deiner sehnenden Liebe in diese »Wolke des Nichtwissens« zwischen dir und deinem Gott. Weigere dich, an irgendetwas anderes zu denken als an Gott. Und lass diesen Gedanken nicht los, was immer auch geschehen mag. Denn nur diese Übung hat die Kraft, die Ursache der Sünde zu beseitigen.[54]

Unser Autor ist sehr präzise (und nachdem wir uns nun durch die Kapitel 3, 5, 6, 7 und 8 gearbeitet haben, können wir diese Präzisierung viel besser verstehen). Er stellt hier keine pauschale Behauptung über den kontemplativen »Lebensstil« auf. Vielmehr erörtert er eine spezifische Übung, nämlich: »Weigere dich, an irgendetwas anderes zu denken als an Gott«, was so viel heißt wie: Lass deine Gedanken nicht zu Gegenständen hinauslaufen, lass nicht zu, dass sich dein Aufmerksamkeitsfeld verzweigt. *Diese Übung* hat die Kraft, die Ursache der Sünde zu beseitigen, weil Sünde genau mit der zerstreuenden, nach außen gerichteten Neigung der Vorstellungskraft beginnt. Sich selbst einfach als »kontemplativ« zu bezeichnen, reicht gemäß dem Autor nicht; der Lackmustest besteht darin, die Auswärtsneigungen der Aufmerksamkeit zu hemmen und das Feld des objektlosen Gewahrseins aufrechterhalten zu können, welches die Sünde nicht betreten kann, weil sie darin nichts findet, woran sie sich festhalten kann.

Tatsächlich beharrt unser Autor darauf, dass äußerliche Praktiken – Fasten, Nachtwachen, Askese und sogar körperliche Verstümmelung – die Ursache der Sünde nicht ausrotten können, weil es ihnen nicht gelingt, das kleine Selbst, das »Ich«, bloßzustellen, das immer irgendein Anliegen hat, irgendein ureigenes Interesse. Aus dieser subtilen Selbstreferenzialität, die dem selbstreflektierenden Bewusstsein innewohnt, fließen Täuschung und Unehrlichkeit ein. In der Übersetzung von Ira Progoff lautet der letzte Satz des zweiten Absatzes folgendermaßen: »Egal, wie viele Tugenden ein Mensch haben mag, ohne sie [diese Übung] sind sie doch immer mit irgendeiner unaufrichtigen Absicht vermischt.«[55] Wie wir sehen, formuliert das mittelenglische Original diesen Punkt (im letzten Satz des folgenden Zitats) noch kraftvoller:

54. *Wolke des Nichtwissens,* Seite 62.

55. Ira Progoff: *The Cloud of Unknowing,* Seite 91. (Progoffs Ausgabe verwendet in Kapitel 12 eine leicht andere Nummerierung der Absätze.)

> Du magst fasten, soviel du willst, lange Nachtwachen halten, früh aufstehen, ganz hart dich betten und ein noch so raues Bußhemd tragen oder gar, falls es erlaubt wäre, dir die Augen ausstechen, die Zunge ausreißen, Ohren und Nase zustopfen, dein Geschlecht abschneiden, deinem Körper jegliche erdenkliche Gewalt zufügen, es würde dir nichts nützen, die Begierde und Neigung zum Bösen bleiben dennoch in dir. Was hast du Besonderes davon, wenn du aus Schmerz über deine Schuld und betroffen vom Schmerz Christi Tränenströme vergießt oder ständig mit deinen Gedanken bei den Freuden des Himmels weilst? Gewiss wird es dir viel Gutes, viel Hilfe und manche Gnade bringen, doch im Vergleich zu jener blinden Sehnsuchtsregung {Regung der Liebe} vermag das Genannte ohne diese Liebe wenig zu bringen. Die Übung der blinden, liebenden Ausrichtung auf Gott {Diese blinde Regung der Liebe} ohne diese zusätzlichen Gedanken ist »der beste Teil«, den Maria wählte.
>
> Diese genannten Gedanken nützen ohne kontemplative Übung wenig oder nichts. Diese reißt nicht nur die Wurzel der Sünde aus, soweit das hier auf Erden möglich ist, es lässt auch die Tugenden wachsen. Wenn man die Übung der blinden Liebe richtig vollzieht, sind in ihr alle Tugenden kunstvoll und vollkommen enthalten. Hätte ein Mensch noch so viele Tugenden, ohne diese Regung der Liebe wären sie doch alle durch ichbezogene Absicht beeinträchtigt und unvollkommen.[56]

Diese Anhaltspunkte versetzen uns nun in die Lage, weitaus genauer zu verstehen, was unser Autor mit dem Wort »blind« (wie beispielsweise in der »blinden Regung der Liebe«) meint. Offensichtlich bedeutet es: *frei von Einmischung des selbstreflektierenden »Ichs«, das Dinge immer subtil für seine eigenen Zweck auswählt und kolonialisiert.* Eine »blinde« Regung der Liebe findet in dieser höher-kontemplativen Bandbreite statt, wo ein Mensch sich »über sich selbst und unter seinem Gott befindet« – oder anders ausgedrückt, wo er bewusst ist in der Sphäre des objektlosen Bewusstseins anstatt im selbstreflektierenden Mechanismus, der das dualistische Selbstgefühl befeuert. Achten Sie auf den oben zitierten

56. *Wolke des Nichtwissens,* Seiten 62–63.

Absatz, wo der Autor bereits diese blinde Regung der Liebe mit »dem besten Teil von Maria« (Magdalena) vergleicht, womit er den ersten Faden seiner Webarbeit zieht. Von hier aus wird er schon bald sein Schwerpunktthema der kommenden drei Kapitel – und seinen Zugang zur Diskussion von Maria Magdalena – vorstellen, und zwar mit der Frage nach Tugendhaftigkeit, insbesondere der Tugend der Sanftmut.

Vollkommene und unvollkommene Sanftmut
(Kapitel 13–15)

Unsere Magdalenische Sequenz beginnt in Kapitel 13 mit einer Erörterung des Unterschiedes zwischen »vollkommener« und »unvollkommener« Sanftmut. Während dies auf den ersten Blick wie eine indirekte Einleitung anmuten mag, wird ihre Bedeutung für die vorliegende Frage – wie Gott »von der Liebe erreicht und nah gehalten« werden kann – schon bald in vollem Umfang sichtbar.

Bei Sanftmut – oder auch *Demut,* falls Sie [wie die deutsche Übersetzung der *Wolke*] dieses Wort bevorzugen – geht es laut dem Cloud-Autor vor allem um *Selbsterkenntnis.* »Wer sich sieht und einschätzt, wie er in Wirklichkeit ist, hat rechtes Selbstbewusstsein, echte Demut«, erklärt er. Es geht nicht um äußerliches Verhalten – und ganz gewiss nicht um unterwürfige und eine sich selbst herabwürdigende Manieriertheit. Es dreht sich durch und durch um die *innere Orientierung,* die unvermeidliche Frucht der Übereinstimmung mit dem wahren Norden unserer Selbstheit. Jenseits des bedürftigen und aufgeblasenen Egos liegt der nackte Seinsgrund – »die Wurzel der Wurzel deiner selbst« in den Worten des Poeten Rūmī –, und wenn wir in diesen uranfänglichen Grund einbrechen, fallen alle Ambitionen.

Es gibt gemäß unserem Autor zwei Wege, diese Sanftmut zu pflegen. Beide sind gut und notwendig, doch sie gehören zu vollkommen unterschiedlichen Ordnungen der Wirklichkeit. Der erste, den er »unvollkommene Sanftmut« nennt, wird durch die ernsthafte Reflexion der eigenen Sünden und Schwächen entwickelt. Was in der klassischen spirituellen Praxis als »Gewissenhaftigkeit« oder »Gewissensprüfung« bekannt war, ist uns heute eher als »moralische Bestandsaufnahme« vertraut – es geht aber um dasselbe. In dem Maß, in dem wir aufrichtig unsere eigenen selbstsüchtigen und verletzenden Verhaltensmuster ausfindig machen und »anerkennen«, können wir mit anderen nachsichtig sein. Ansprüche und Eigendünkel werden gemildert; an ihre Stelle tritt ein sich vertiefendes Gefühl der Solidarität mit anderen in unserer gemeinsamen menschlichen Zerbrechlichkeit.

Dies ist eine wichtige Arbeit, erinnert uns der Autor – eine Arbeit, die wir niemals abschließen. Tatsächlich können wir ohne diese Arbeit eine dauerhafte Stabilisierung eines Zustandes perfekter Sanftmut nicht erreichen:

> Ich sprach von unvollkommenem Selbstbewusstsein. Dennoch bemühe ich mich um Demut {Sanftmut} im Blick auf meine Schwäche als geschaffenes Wesen. Ich bin der Überzeugung, auf diese Weise viel schneller zum letzten Grund vollkommener Demut zu gelangen, als wenn alle Heiligen und Engel im Himmel und alle Gläubigen der Kirche in der Welt, alle Ordens- und Weltleute aller Stände zusammen den Himmel bestürmen würden, damit Gott mir die vollkommene Demut verleihe. Für einen sündigen Menschen aber ist es erst recht unmöglich, ohne die Stufe unvollkommener Demut zur rechten Selbsteinschätzung, zur wahren, absoluten Demut zu finden.[57]

Die zweite Art der Sanftmut, die er »vollkommen« nennt, entsteht aus einer ganz anderen Quelle. Sie erhebt sich aus einem plötzlichen Erfassen des wahren Ausmaßes der Dinge, aus einem *empfundenen Gefühl* für die Unermesslichkeit des Kosmos und die Weite der Göttlichen Liebe, vor deren Hintergrund alle unsere menschlichen Dramen und Bestrebungen zu bloßen Staubkörnchen werden – und »bei {deren} Schau die ganze Natur ein Schauer packt, die Gelehrten wie Narren stammeln und alle Engel und Heiligen wie geblendet sind«, wie er es in Kapitel 13 so anschaulich formuliert. Es ist das Herz, das schmerzt angesichts der Macht des Unendlichen und das erkennt, dass ich selbst es bin – dieser dünne Schleier meiner erschaffenen Selbstheit –, die das Paradies verbirgt, nach dem ich suche.

57. Ebenda, Seite 65.

Ein gutes Beispiel für vollkommene Sanftmut (das unser Autor jedoch nicht erwähnt) finden wir im letzten Kapitel im Buch Hiob. Während der gesamten vorangehenden Feuerprobe bewahrte Hiob seine Unschuld, und Gott hielt an Seinem Schweigen fest. Schließlich spricht Gott und Seine Antwort ist eine erstaunliche Bestätigung von Hiobs Integrität. Doch es ist keine gerichtliche Entlastung, kein: »Gut gemacht, du guter und treuer Diener.« Gott reißt, im übertragenen Sinn, Hiob vielmehr mit Sich hoch auf Adlerflügeln und gibt ihm eine persönliche Führung durch die Weite des Kosmos und die unergründliche Tiefe Göttlicher Kreativität. Hiob wird in das wahre Ausmaß der Dinge eingeführt; seine Antwort – »Vom Hörensagen nur hatte ich von Dir gehört, jetzt aber hat mein Auge Dich geschaut. Darum widerrufe ich. Ich bereue in Staub und Asche« (Hiob 42.5–6) – ist ein paradigmatischer Ausdruck vollkommener Demut.

Beachten Sie, dass vollkommene Sanftmut eine *Gefühlsempfindung* impliziert, in moderner Terminologie: eine Verlagerung hin zur Herzenserkenntnis. Unvollkommene Sanftmut ist die Domäne des Verstandes, der beschäftigt ist mit Vermessen, Beurteilen, Inventarisieren. Vollkommene Sanftmut ist an sich holografisch: Mittels einfühlender Resonanz können wir gleichzeitig das Ganze wie auch den Teil erfassen. Dies ist im höchsten Grad die Domäne der Herzenserkenntnis.

Natürlich verwendet der Cloud-Autor keine dieser Begrifflichkeiten. Aber unser Verdacht, dass sein Verständnis von »Liebe« etwas mit der Verschiebung von der mentalen, gegenstandsfokussierten Aufmerksamkeit hin zur objektlosen, holografischen Resonanz-Charakteristik der Herzenswahrnehmung zu tun haben muss, verdichtet sich, wenn er seine kühne Behauptung in Kapitel 14 (Absatz 3) wieder aufnimmt:

> Ich möchte dir deutlich machen, dass die blinde, nackte Regung der Liebe zu Gott, die mit lauterem Herzen auf die dunkle Wolke zwischen dir und Deinem Gott gerichtet ist, unter Nichtbeachtung all dessen, was weniger ist als Gott, auf unerklärbare Weise die Tugend vollkommener Demut {Sanftmut} enthält.

Wenn wir erst erkannt haben, dass »Liebe« sein Codewort für Herzenserkenntnis ist, ergibt sich der Rest des Bildes von selbst.

Nicht einfach, aber möglich
(Kapitel 15)

Nachdem der Autor die beiden Kategorien von Sanftmut eingeführt und deren unentwirrbare Wechselbeziehung betont hat, zeigt er in Kapitel 15 die richtige Beziehung zwischen ihnen auf – und lässt damit bereits den Grundgedanken seiner Argumentation erkennen:

> Glaube mir: Es gibt absolutes Selbstbewusstsein, vollkommene Demut {Sanftmut}, wie ich sie schilderte. Durch Gnade kann man sie schon in dieser Welt empfangen. Ich behaupte dies entgegen der falschen Auffassung jener, die meinen, es gäbe keinen tieferen Grund des Selbstbewusstseins, der rechten Selbsteinschätzung, als die Erinnerung an das Erleben unserer Schwäche und der Fehler unserer Vergangenheit.[58]

Unser Autor wird versuchen, ebendiese Behauptung zu widerlegen, indem er Maria Magdalena als »Beweisstück A« anführt.

Wenn Sie sich durch das Kapitel 15 arbeiten, bedenken Sie bitte, dass »unsere Liebe Frau, die heilige Maria«, auf die er sich in diesem Kapitel bezieht, die Mutter Jesu meint und noch nicht Maria Magdalena.

»Einzig, weil sie viel liebte«
(Kapitel 16)

Dieses Kapitel bringt uns wortwörtlich und auch sinnbildlich zum Kern unserer Erörterung. Die Darlegung in diesen bitteren Absätzen ist derart erhellend und aufschlussreich, dass dieser Teil durchaus als das Epizentrum verstanden werden kann, und zwar nicht nur der Magdalenischen Sequenz, sondern in gewisser Weise des gesamten Buches. Wenn wir uns sorgfältig mit diesem Kapitel beschäftigen, im Stil der *lectio Divina,* werden wir zu spüren beginnen, was unser Autor mit seiner grundlegenden Anweisung zu übermitteln versucht: »Richte einfach dein Herz mit einer zarten Regung der Liebe auf Gott.«

58. Ebenda, Seite 67.

> Steht nicht Maria Magdalena stellvertretend für alle reumütigen Sünder, die zum kontemplativen Leben gerufen sind? Sagte nicht unser Herr zu ihr: »Deine Sünden sind dir vergeben«? Das sagte er jedoch nicht, weil sie ihre begangenen Sünden tief betrauerte und bereute, noch wegen der Demütigung, die sie angesichts ihrer Sünden empfand, oder weil ihr Schmerz so tief war. Weswegen also? Einzig, weil sie liebte. Schau: Daran lässt sich erkennen, was diese verborgene Regung der Liebe zu Gott bei unserem Herrn erreichen kann, mehr als alles andere Tun, das man sich vorstellen mag.[59]

»Einzig, weil sie viel liebte.« Mit dieser schlichten Skizzierung setzt unser Autor Maria Magdalena genau ins Herz seines Paradigmas von der unvollkommenen und der vollkommenen Sanftmut, und der von ihm behutsam bestellte Boden beginnt plötzlich, Früchte zu tragen. Obwohl sie im Bereich »unvollkommene Sanftmut« sicherlich einiges vorzuweisen hat, ist es dieses andere – dieses Erahnen des wahren Ausmaßes der Dinge –, das sie durchhalten lässt. Dieser wichtige Absatz geht folgendermaßen weiter:

> Natürlich hat sie große Trauer empfunden, bittere Tränen um ihre Sünden geweint und sich in Gedanken an ihre Armseligkeit gedemütigt. Sollten nicht auch wir, die wir ein Leben lang erbarmungswürdige Sünder waren, tiefe, große Trauer empfinden ob unserer Schuld und in Erinnerung an unsere Erbarmungswürdigkeit recht demütig werden? Aber wie? Sicher auf die gleiche Weise wie Maria Magdalena. Sicherlich konnte sie nie die Trauer ob ihrer Sünde loswerden. Ihr ganzes Leben begleitete diese sie, wo immer sie sich befand, gebündelt und tief im Grund ihrer Seele, sodass sie sie niemals zu vergessen vermochte. Und doch muss man sagen – und die Schrift bezeugt es –, dass sie einen noch größeren Schmerz empfand, eine noch tiefere Sehnsucht, ein noch tieferes Seufzen, dass sie fast starb, weil sie immer noch nicht genug lieben konnte, obgleich sie doch schon so große Liebe besaß. Wundere dich nicht darüber: So ergeht es allen, die wirklich lieben. Je mehr sie lieben, umso mehr verlangen sie danach zu lieben.[60]

59. Ebenda, Seite 69.
60. Ebenda, Seiten 69–70.

Wie wir sehen, führt dieser Absatz in eine außergewöhnliche Reflexion über die beiden Arten von Bedauern: »Unvollkommene« Trauer, verursacht durch das Bedauern der eigenen Sünden, wird der »vollkommenen« Trauer gegenübergestellt, die bewirkt wird durch das Ertragen des unvermittelten Schmerzes der Sehnsucht. In einer bemerkenswert scharfsinnigen Beobachtung des unendlichen Vermögens der Liebe zieht der Autor den Schluss: »Wundere dich nicht darüber: So ergeht es allen, die wirklich lieben. Je mehr sie lieben, umso mehr verlangen sie danach zu lieben.« Wahre Liebe könnte in der Tat definiert werden als das Vermögen, unendliches Verlangen zu ertragen.

Der nächste Absatz ist ein Mittelenglisch-Klassiker. Fast jede moderne Übersetzung (und die von Carmen Butcher ist hier mit Abstand die beste) schleift in gewissem Maße unabsichtlich die ungemilderte, draufgängerische Derbheit des mittelenglischen Originals ab – und damit gleichzeitig den lebensrettenden Schuss Humor. Hier der Text:

> In ihrem Herzen wusste Maria Magdalena mit schmerzlicher Gewissheit, dass sie die erbarmungswürdigste aller Sünderinnen war und dass ihre Schuld sie von Gott, Den sie so innig liebte, getrennt hatte. Sie wusste, dass diese Sünden zugleich die entscheidende Ursache ihrer Sehnsucht der unerfüllten Liebe waren. Aber stieg sie etwa deshalb von der Höhe ihrer großen Sehnsucht in die Tiefe ihres sündhaften Lebens hinunter, wühlte sie etwa in diesem übelriechenden Schlamm, in der Kloake {im widerlichen, stinkenden Morast} ihrer Sünden herum, um eine Sünde nach der anderen herauszufischen, sie zu betrauern und zu beweinen? Nein, das tat sie nicht. Warum? Weil Gott sie gnadenhaft im Innersten ihrer Seele wissen ließ, dass sie auf diese Weise niemals zum Ziel gelangen würde. Viel eher wäre in ihr eine Neigung für neue Sünden erwachsen anstelle der völligen Vergebung ihrer Schuld durch das Werk kontemplativer Liebeshingabe. {Wenn sie dies getan hätte, hätte sie womöglich in sich die Fähigkeit heraufbeschworen, öfter zu sündigen, statt sich durch diese Arbeit irgendeine Vergebung ihrer Sünden zu erkaufen.} [61]

61. Ebenda. Seite 70.

Schenken wir der psychologischen Scharfsicht besondere Aufmerksamkeit, die der Autor hier zeigt, sowohl in seinem Verständnis, dass die Sünden selbst eine substanzielle Ursache ihres gegenwärtigen Leidens waren (gemäß dem alten Sprichwort: »Wir werden *durch,* nicht *für* unsere Sünden bestraft!«), als auch in seiner Einsicht, dass, von den Sünden besessen zu sein, viel eher dazu führen würde, ihnen Energie zu verleihen, anstatt sie zu heilen – eine faszinierende mittelalterliche Vorahnung dessen, was wir heute als »Opferpsychologie« bezeichnen könnten.

Wenn wir nun dabeibleiben und über die in jedem Satz verpackten außergewöhnlichen Einsichten nachdenken, enthüllt der letzte Absatz den Schlüssel zum Geheimnis:

> Deshalb machte sie ihre Liebe und ihr sehnendes Verlangen an dieser »Wolke des Nichtwissens« fest und lernte zu lieben, was sie {in diesem Leben wahrscheinlich} weder mit dem Licht ihres Verstandes erkennen noch in ihrem Herzen in süßer Liebesempfindung genießen konnte.[62]

Sie *verzichtet* nicht auf ihre Liebe und ihr sehnendes Verlangen. Sie *lässt sie los* und vertraut sie der sanften Umhüllung der Weisheit der Wolke an. Dieser Satz wiederholt im Grunde genommen eine Zeile aus Kapitel 3, deren Bedeutung aber in dem hier ausgeführten Zusammenhang wesentlich klarer wird. Wir sprechen hier offensichtlich nicht über Verstand versus Emotionen; die Liebe, die sie fühlt, ist keine »süße Liebesempfindung«. Hier wird über die kataphatischen Fähigkeiten hinausgegangen und eine vollkommen neue Wahrnehmungsmodalität eingeführt.

> Häufig vergaß sie völlig, dass sie jemals eine Sünderin war.[62]

Selbstreflexion – also die mentale Fähigkeit, außerhalb von sich selbst zu stehen und sich selbst als Objekt der eigenen Aufmerksamkeit zu betrachten – hat sich zusammen mit dem von der Selbstheit erschaffenen Trugbild aufgelöst. Die Subjekt-Objekt-Pole des Bewusstseins haben sich in einer reinen Subjektivität wieder vereinigt.

62. Ebenda.
63. Ebenda, Seiten 70–71.

> Ich nehme an, sie war {sehr häufig} so sehr in sehnsüchtiger Liebe zu Jesu Gottheit verzückt, dass sie selbst die Schönheit seiner menschlichen Gestalt nicht beachtete, wie er {in der er} so voller Liebe vor ihr saß, erzählend und lehrend, und [dass sie] auch nichts anderes wahrnahm, ob Dinge oder Geistiges.[63]

Maria Magdalena befindet sich eindeutig in einem »veränderten Bewusstseinszustand«. Doch ist dieser nicht einer mystischen Entrückung zuzuschreiben, die typischerweise als ekstatische emotionale Erfahrung interpretiert wird. In Bezug auf die Phänomenologie des Bewusstseins, wie sie unser Autor entwickelt, ist das wesentliche Kennzeichen dieser Wahrnehmungsart, dass die Subjekt-Objekt-Dichotomie einer diffusen Bewusstheit weicht, in der wir nichts Besonderes »sehen«, sondern vollkommen in Resonanz mit der unendlichen Quelle der Liebe treten. Obwohl dieser Wahrnehmungsmodus (im Wesentlichen die Verschiebung von Kopfes- zu Herzenserkenntnis) einen Menschen unerwartet (als eine »mystische Erfahrung«) überraschen kann, ist es auch möglich – und geschieht sogar vorzugsweise –, in einen anhaltenden Bewusstseinsmodus hineinzuwachsen (Ken Wilber würde dies eine »Stufe« nennen anstatt einen »Zustand«), der nicht von paranormalen Erfahrungen abhängt, sondern stetig ausgebildet werden kann, indem wir lernen, unsere Aufmerksamkeit von äußeren Gegenständen abzuziehen und sie gelassen im wartenden Kelch unseres Herzens gesammelt zu halten. Diese Neuausrichtung unserer Aufmerksamkeit ist die Essenz der Kontemplations»arbeit«, wie der Cloud-Autor sie versteht, und ihre Früchte sind unsere Initiation in das Mysterium der Liebe.

»Der beste Teil«

(Kapitel 17–23)

Nachdem nun der Höhepunkt dieser Erörterung erreicht ist, sind die verbleibenden Kapitel der Magdalenischen Sequenz eher *“business as usual”* und rücken die übrigen obligatorischen Details zurecht. Kapitel 17 bekräftigt noch einmal die traditionelle Interpretation Maria Magdalenas als Beispiel par excellence für das kontemplative Leben, macht diese aber insbesondere an ihrer Fähigkeit fest, innerhalb der »Wolke des Nichtwissens« zu verweilen:

> Ich sage dir: In diesem Leben gibt es niemanden, wie lauter und tief er auch in mystischer Versenkung und Liebe zur Gottheit entrückt wurde – noch wird es künftig je geschehen –, dass hierbei {bei dem} nicht diese hohe unbegreifliche »Wolke des Nichtwissens« zwischen ihm und Gott liegt. In diese Wolke richtet{e} Maria das verborgene Verlangen ihres liebenden Herzens. Warum? Weil dies der »beste Teil« ist, den es in diesem Leben geben kann, {der der} mystische{n} Kontemplation.[64]

Im Verlauf der Kapitel 18 bis 21 wird das uns vertraute Gebiet bearbeitet, auf dem Maria und Martha als jeweilige Beispiele für das kontemplative respektive das aktive Leben dienen. Obwohl die Schlussfolgerungen unseres Autors im Wesentlichen den Erwartungen entsprechen, schafft er es dennoch, in Kapitel 21 eine interessante Wendung hinzuzufügen, wenn er darüber nachsinnt, was es wohl bedeuten möge, wenn uns die Schrift lehrt, dass Maria den *besten* Teil gewählt hat. Er argumentiert, dass das »Beste« nur von Bedeutung ist, wenn drei Kategorien existieren (gut, besser, am besten), und nutzt dieses Sprungbrett, um sein »dreifaches« Modell des spirituellen Lebens wiederaufzunehmen, das er in Kapitel 8 der *Wolke* bereits vorstellte (niedrig-aktiv, höher-aktiv / niedrig-kontemplativ, höher-kontemplativ), und um den Vorrang des kontemplativen Weges zu bekräftigen.

Kapitel 22 wird heutigen Fans von Maria Magdalena Überraschung und Vergnügen zugleich sein, weil es versucht, einer Liebesgeschichte zwischen ihr und Jesus nachzuspüren. Ohne zu zögern, springt der Cloud-Autor mitten hinein:

> Jesus und Maria {Magdalena} waren in tiefer Liebe verbunden. Groß war ihre Liebe zu ihm, größer jedoch die seine zu ihr. Wer ihre Beziehung genau ansieht (nicht wie ein frivoler Mensch sie vielleicht erzählen möchte, sondern wie es das Evangelium bezeugt, das die Wahrheit sagt), wird erkennen [...] {Hättest du die Blicke gesehen, die sie untereinander aus-

64. Ebenda, Seite 73.

> tauschten, dann wüsstest du es. Kein Klatsch ist dies; es ist das Evangelium.}[65]

Und die Gründe für diese Schlussfolgerung? Was Maria angeht: Weil sie Jesus so vollständig liebte, dass nicht einmal die Engel sie zu trösten vermochten, als sie zu Ostern am Grab nach ihm suchte: »Wer wirklich den König der Engel sucht, lässt sich selbst von Engeln davon nicht abhalten« (!). Und aufseiten Jesu: »Er konnte nicht dulden, dass irgendjemand, und sei es die eigene Schwester, gegen Maria sprach. Er selber hat sie verteidigt.«[66] Unser Autor spürt hier eindeutig eine Energie ihrer Beziehung, die persönlich und zutiefst gegenseitig ist, und weigert sich, diese Beziehung auf das Lehrer-Schüler-Modell zu reduzieren, als welches sie traditionellerweise beschrieben wird. Auch hier stimmt seine spirituelle Erkenntnis mit seiner psychologischen Scharfsicht überein und wird durch diese noch vertieft.

Kapitel 23 der *Wolke* beendet diese Sequenz mit einer wunderschönen Reflexion über Gottes Fürsorge für jene, die, wie Maria Magdalena, den Weg der vollkommenen Sanftmut suchen – denn hieraus wird sich alles Übrige ergeben:

> Jedem, der wie Maria ein wirklich kontemplatives Leben führen möchte, sage ich noch einmal: Gründe deine Demut auf den Gedanken der unvorstellbaren Größe Gottes und Seiner Vollkommenheit und nicht auf den Gedanken an dein Sündersein. Das wäre unvollkommene Demut. Sieh also zu, dass dein eigentliches Augenmerk {deine Aufmerksamkeit} ganz auf die Größe Gottes statt auf deine Kreatürlichkeit gerichtet ist. Denen, die aus vollkommener Demut leben, wird nichts mangeln, weder in leiblicher noch in geistiger Fülle. {Jene haben Gott, in denen Fülle ist, und} Wer Ihn besitzt, braucht nichts anderes auf dieser Welt. Davon spricht dieses Buch.[67]

Natürlich hören wir hier die direkte Vorahnung jener mächtigen Zeilen, die zwei Jahrhunderte später von Teresa von Ávila verfasst werden sollten und heute durch einen der beliebtesten Taizé-

65. Ebenda, Seite 80.
66. Ebenda, Seite 81.
67. Ebenda, Seiten 82–83.

Gesänge weltweit unauslöschlich in die Herzen der Menschen eingebrannt sind:[68]

Nada te turbe, nada te'espante;
Quien a Dios tiene nada le falta.
Nada te turbe, nada te'espante,
Solo Dios basta.

Nichts soll dich ängsten, nichts soll dich quälen:
Wer sich an Gott hält, dem wird nichts fehlen.
Nichts soll dich ängsten, nichts soll dich quälen;
Dich trägt Gott.[69]

Schlussfolgerung

Mit dieser Magdalenischen Sequenz sind wir ans Ende des ersten Drittels der *Wolke des Nichtwissens* gelangt – und unser Interpretationsschlüssel ist vollständig. Aus diesen Hinweisen in den ersten Kapiteln, die im lebendigen Emblem von Maria Magdalena so prachtvoll miteinander verwoben sind, ergibt sich alles, was wir brauchen, um die Reise nun selbstständig fortzusetzen und die weiteren Anweisungen, Verfeinerungen und gelegentlichen Anpassungen anhand des folgenden Glossars analysieren zu können:

blind: Frei von der Beeinträchtigung durch das selbstreflektierende »Ich«, das für seine eigenen Zwecke unterschwellig immer Dinge auswählt und kolonialisiert.
Gedanke: Aufmerksamkeit, die im Subjekt-Objekt-Modus konfiguriert ist.
Geschöpf, Kreatur: Jeder Gegenstand der Aufmerksamkeit, egal ob konkret oder abstrakt, empfindungsfähig oder körperlos.
Kontemplative(r): Eine Person, die sich aktiv damit beschäftigt, den Geist in einem Zustand objektlosen Gewahrseins zu stabilisieren.

68. Die Gemeinschaft von Taizé ist ein im Südosten Frankreichs beheimateter ökumenischer Mönchsorden, der Menschen unterschiedlicher Herkunft und Glaubensrichtungen zum gemeinsamen Gottesdienst einlädt. Sie ist bekannt für ihre vielsprachigen kontemplativen Hymnen und Gesänge. Dieser spanische Gesang gibt ein Gedicht von Teresa von Ávila wieder.

69. Deutsche Übersetzung: Susanne Kramer. https://www.evangeliums.net/lieder/lied_nada_te_turbe_nichts_soll_dich_aengsten.html

Liebe: Ein Bewusstseinszustand, der in einer Gefühlsresonanz verankert ist, jedoch frei von emotionaler Affektivität, Subjekt-Objekt-Bewusstsein oder einem persönlichen Selbstzentrum. »Liebe« ist die vom Autor gewählte Metapher für diese absolut andere Wahrnehmungsart, holografisch in ihrer Funktionsweise und unendlich in ihrer Weite. Dieses Bewusstsein, das sich in sich selbst stabilisiert, verleiht im Wesentlichen Immunität gegen die Verwüstungen von Zeit und Linearität: »Und so gewiss ist die Seele da, wo ihre Liebe ist, wie sie gewiss im Leib ist, der durch sie lebt und dem sie erst das Leben gibt.«[70] Obwohl der Cloud-Autor kein systematisches Bewusstsein dafür zeigt, dass dieser alternative Bewusstseinsmodus im Herzen zentriert ist (in seinem Text geht er tatsächlich an keiner Stelle näher auf das Herz ein), zieht er durchaus eine Verbindung und zwar durch seine häufig wiederholte Anweisung: »Richte einfach dein Herz mit einer zarten Regung der Liebe auf Gott« – in seiner Erkenntnis, dass das heilige Wort »so tief in das *Herz*« genommen werden muss,[71] und in seiner Erkenntnis, dass diese andere Art von Wirklichkeit »eher gefühlt, denn gesehen werden [kann]« (Kapitel 68).

nackt (wie im »nackten, reinen Ausgerichtetsein auf Gott«): Nicht unter dem Einfluss der kataphatischen Fähigkeiten (Erinnerung, Vernunft, Emotion, Wille), sondern aus einer tieferen Ebene des inneren Seins zum Vorschein kommend, das nichts verlangt und dem nicht widerstanden werden kann.

Wolke des Nichtwissens: Die vom Autor gewählte Metapher für diffuses oder objektloses Gewahrsein – also eine Bewusstseinsform, die ohne einen bestimmten Gegenstand bewusst bleibt. Sie nimmt vorweg, was wir heute als »non-duales Bewusstsein« bezeichnen.

Wolke des Vergessens: Die vom Autor verwendete Metapher für die Disziplin, Objekte der Aufmerksamkeit loszulassen und den Geist in seinen Zustand des objektlosen Gewahrseins zurückzuversetzen.

zarte Regung der Liebe: Die spirituelle Aufmerksamkeit erhebt sich spontan aus dieser tiefen inneren Quelle.

70. Wolfgang Riehle [Übers.]: *Das Buch von der mystischen Kontemplation genannt Die Wolke des Nichtwissens,* Kapitel 60.

71. *Wolke des Nichtwissens,* Seite 50.

Das Glossar soll einen Eindruck vermitteln und ist keinesfalls vollständig. Doch mit dieser Orientierungshilfe möchte ich Sie ermutigen, tiefer in das wundersame Gebiet hineinzuwandern und einen Denker zu erforschen, dessen schiere Ursprünglichkeit und Brillanz noch stärker zum Vorschein kommen, wenn er von den traditionellen Kategorien christlicher Liebesmystik befreit wird und wir ihn als einen aufgehenden Stern am Firmament des nondualen Erwachens betrachten.

Kapitel 14

Die Trauer über das Dasein

(*Wolke,* Kapitel 43–44)

AUF DEN VORANGEGANGENEN SEITEN HABEN WIR (VON EINIgen Auslassungen abgesehen) die ersten dreiundzwanzig Kapitel der *Wolke des Nichtwissens* abgedeckt, ein bisschen weniger als ein Drittel des Buches. Doch sind es genau diese Kapitel, welche das Fundament der Lehre des Autors legen, und so hoffe ich, dass es von nun an, nach deren eingehender Betrachtung, etwas leichter sein wird, durch den Rest der *Wolke* zu segeln.

Der Autor wird häufig auf diese zentralen Bausteine seiner Lehre zurückkommen, während wir noch Weiteres finden werden zur Verwendung des heiligen Wortes im kontemplativen Gebet: Gründe, warum kürzere Worte besser sind als lange, hilfreiche Vorschläge zum Umgang mit Versuchungen während des Gebets sowie manchen weisen und tief durchdachten Ratschlag hinsichtlich der richtigen Kontrolle unseres Körpers, insbesondere beim Eintreten heftiger Ekstase und starken Verlangens. Er wird uns erneut warnen vor den Gefahren der undisziplinierten Verwendung der Vorstellungskraft in dieser Linie kontemplativer Arbeit und wettern gegen jene, die glauben, Gott allein kraft ihres reinen Denkens erreichen zu können. Und immer wieder wird er die Note der »vollkommenen Sanftmut« anklingen lassen als den Prüfstein kontemplativen Lebens.

Dennoch mögen wir vollkommen überrascht sein, wenn er (beginnend in Kapitel 43 und sich steigernd in Kapitel 44) in einen Abschnitt hineingleitet, in dem er unser innerstes persönliches Selbstgefühl als »zähe, dunkle Masse« beziehungsweise »widerlichen, stinkenden Haufen Sünde« bezeichnet und uns ermutigt: »Lösche die Gedanken an [...] dein eigenes Ich.« Für moderne Ohren kling dies unvermeidlich nach einer beachtlichen Dosis mittelalterlichen Selbsthasses – zweifelsohne noch verschlimmert durch psychologische Verdrängung und spirituelles Vermeiden![72] Doch falls wir uns vor diesen allzu schnellen Schlussfolgerungen hüten können, begreifen wir, dass unser Autor eigentlich etwas wesentlich Subtileres beschreibt.

Hier einige der offenkundig problematischeren Textstellen:

> Gehe also auf folgende Weise vor: Wende dich von allem ab und trenne dich von allem, was dir durch den Sinn geht und was du vorhast [Absichtslosigkeit]. Es geht einzig und allein um Gott. Was nicht Gott ist, mag es sein was immer, ist ein Hindernis zwischen dir und deinem Gott. Wundere dich nicht, wenn {in dir} schließlich Widerwille und Abneigung gegen dich entsteht, da sich doch deine Sündhaftigkeit gleich einer zähen, dunklen Masse {einem widerlichen, stinkenden Haufen Sünde} zwischen dich und deinen Gott drängt. Diese zähe, dunkle Masse – oder besser dieses Hindernis – ist dein kleines Ich. Es ist mit deinem Wesen untrennbar verbunden und eins mit ihm.
>
> Deshalb lösche {reiße ein} das Bewusstsein, lösche die Gedanken an die vielen Dinge und deren Beachtung, insbesondere aber an dein eigenes Ich. Denn mit dem Bewusstsein und der Beachtung deines Ichs sind die Gedanken und die Beachtung aller übrigen Dinge eng verbunden. Es ist allerdings möglich, leichter alles Übrige zu vergessen als dich selber. {Der Lohn für das Erreichen von all dem ist das leichte Vergessen von allen anderen Kreaturen.}[73]

72. »Spirituelles Vermeiden« oder »Umgehen« (*spiritual bypassing*) ist ein Begriff, den der amerikanische buddhistische Psychologe und Psychotherapeut John Welwood (1943–2019) einführte [A.d.Ü.].

73. *Wolke des Nichtwissens,* Kapitel 43, Seiten 114–115.

> Jeder Mensch hat Anlässe genug zu trauern. Die wirkliche Wurzel der Trauer liegt aber im Erkennen und im Gewahren seines (von Gott getrennten) Seins. {Doch am meisten Anlass zu Trauer hat der, der weiß und spürt, dass er ist.} Verglichen mit dieser Trauer, ist jeder andere Kummer belanglos.[74]

> Immer, wenn einer mit lauterem Herzen – so weit das hier auf Erden möglich ist – Gott wahrhaft erkennen und erfahren möchte und dann erlebt, dass es ihm unmöglich ist, weil die zähe Masse {der widerliche, stinkende Haufen Sünde} seines Ichs ihn dabei festhält, packt ihn diese Trauer. Es ist der irdische Mensch [der »Adam«, das Wesen aus Erde], von dem man sich trennen muss, dem man den Gehorsam verweigern muss, wenn man ein wirklicher Jünger Gottes sein will und von Ihm auf der Berghöhe [Anmerkung von Willi Massa: Gemeint ist der Sinai, wo Moses das Lebensgesetz von Gott empfing.] im rechten Leben unterwiesen werden möchte. Es ist eine verzweifelte Trauer.[75]

Diese »Trauer über das Dasein«, wie er sie in Kapitel 44 bezeichnet, ist von einer vollkommen anderen Art von Wirklichkeit als persönliche Schuld und Schande. So wie wir bereits an früherer Stelle vom Unterschied zwischen »unvollkommener« und »vollkommener« Sanftmut sprachen, existiert eine parallele Situation zwischen dem, was wir als »unvollkommene« und »vollkommene« Trauer bezeichnen könnten. Schuld und Selbsthass gehören zum Spielfeld der »unvollkommenen« Trauer; sie erwachsen aus einem Erkennen des eigenen persönlichen Versagens und Verschuldens. Die »vollkommene« Trauer hingegen, die unser Autor hier erwähnt, ist eigentlich ein *empfundenes Gefühlsbewusstsein,* dass wir *selbst* der Schleier sind, der das Paradies verhüllt, nach dem wir suchen. In einer qualvollen Zwickmühle empfinden wir mit unserem ganzen Wesen, wie genau der Schwerthieb, der uns in individuelles Bewusstsein und Identität bringt, uns gleichzeitig vom Ganzen trennt. Indem wir dieses fremde, unbekannte Gebiet mit unserer Herzenserkenntnis erforschen (allein mit unserem Verstand finden wir keinen Zugang), werden wir tatsächlich den Raum spüren und

74. Ebenda, Kapitel 44, Seite 116.
75. Ebenda, Kapitel 44, Seiten 116–117.

das Gewicht empfinden, das unser geschaffenes Wesen in das strahlende und fließende Feld Göttlicher Liebe aufnimmt. Wir empfinden uns selbst – wie unser Autor es sagt – wie eine »Masse« oder einen «Haufen«, mit Volumen und Dichte, und das Resultat ist fast immer ein scharfer Stich der Trauer. Aber es ist keine persönliche Trauer, sondern vielmehr eine zutiefst leuchtende und transpersonale Würdigung der »Kosten« der Göttlichen Liebe.

Und der Cloud-Autor ruft uns in Erinnerung: Es ist heiliger Boden, der hier durchquert wird, schmerzvoll, aber reinigend. Denn wir stehen tatsächlich an den äußeren Grenzen unseres Selbstbewusstseins, zumindest, soweit es im endlichen Fleisch ertragen werden kann:

> Die Trauer reinigt {wenn sie erlangt wird} das Innere {die Seele} des Menschen, befreit ihn von der Trennung von Gott und deren Auswirkungen. Diese Trauer öffnet die Seele zum Empfang jener befreienden Freude, die ihn über das Bewusstsein von sich selbst und das Gewahren seines Ichs hinausreißt. Wer in diese Trauer tief hineingeht, findet in ihrem Kern ein heiliges Verlangen [nach Gott]; sonst könnte sie kein Mensch auf Erden ertragen.[76]

Auch darf sie nicht mit Depression oder – Gott bewahre! – Selbstmordabsichten verwechselt werden:

> Der Mensch weint und jammert, bäumt sich dagegen auf, verwünscht sich selbst und erlebt sich als eine so schwere Last, dass es ihm gleichgültig ist, was aus ihm wird, wenn doch nur Gottes Wille sich an ihm erfülle. Trotz dieser Trauer hat er nicht den Wunsch, seinem Leben ein Ende zu machen {aufzuhören da zu sein [wörtlich: nicht zu sein]}. Das wäre Verblendung und Entehrung Gottes. Im Gegenteil, er freut sich, dass er lebt, und dankt Gott aus ganzem Herzen für das große {und wertvolle} Geschenk seines Lebens {Daseins}. Dennoch sehnt er sich zugleich danach, vom Bewusstsein und Gewahren seiner selbst {seines Daseins} befreit zu sein.[77]

76. Ebenda, Seite 116.
77. Ebenda, Seite 117.

Nur sehr wenige christliche Autorinnen und Autoren, auch auf den mystischen Vorposten, haben dieses Terrain erforscht, und die, die es tatsächlich taten, wurden fast immer missverstanden. Ein typisches Beispiel unserer Tage ist Bernadette Roberts, deren Beschreibung ihrer Reise zum »Nicht-Selbst« in der Regel als ein Fallenlassen des Ego-Selbsts interpretiert wird und nicht als ein Durchdringen des Schleiers des selbstreflektierenden Bewusstseins.

Thomas Merton ist ein weiterer zeitgenössischer Mystiker, der in den letzten Jahren seines Lebens zu einer äußerst deutlichen Würdigung dieses Zustandes des »Nicht-Selbsts« gelangte. Seine herausragende und zugleich herausfordernde Reflexion über *fanā'* (die »Auslöschung des Selbsts« oder das »Entwerden in Gott« in der islamischen Mystik) im Rahmen eines Schriftwechsels mit dem Islamwissenschaftler Abdul Aziz deckt dasselbe Gebiet ab, das wir gerade durchquert haben. Ich zitierte sie bereits, als wir uns dem Kapitel 6 der *Wolke* widmeten, doch wir sollten die Reflexion in diesem umfassenderen Zusammenhang noch einmal hören:

> Mein Gebet neigt stark in eine Richtung, die du *fanā'* [Entwerden oder Auslöschung in Gott] nennst. In meinem Herzen gibt es diesen großen Durst, das Nichtsein von allem, das nicht Gott ist, in Gänze zu erkennen. Dann ist mein Gebet wie ein Lob, das sich aus diesem Zentrum des Nichts und Stillschweigens erhebt. Wenn ich »selbst« noch präsent bin, erkennt dieses Ich ein Hindernis, wogegen ich nichts unternehmen kann, bis Er selbst dieses Hindernis entfernt. Wenn Er will, kann Er das Nichtsein in absolute Klarheit verwandeln. Wenn Er nicht will, scheint das Nichtsein selbst ein Gegenstand zu sein und bleibt ein Hindernis. Dies ist mein normaler Weg zu beten oder zu meditieren. Es ist nicht ein »über etwas nachdenken«, sondern ein unmittelbares Suchen des Antlitzes des Unsichtbaren, Der nicht gefunden werden kann, außer wir gehen in Ihm, Der unsichtbar ist, verloren.[78]

Wenn Sie sich die Zeit nehmen, diese schwierige Stelle durchzuarbeiten, wird der Rest der *Wolke* ziemlich leicht zu verstehen sein – jedenfalls, wenn Sie im Hinterkopf behalten, dass wir es hier mit einem aus dem vierzehnten Jahrhundert stammenden Wegbereiter

78. Thomas Merton: *The Hidden Ground of Love,* Seite 64.

von etwas zu tun haben, das wir heute als »Phänomenologie des Bewusstseins« bezeichnen würden – und zwar insbesondere eines Bewusstseins an jenem zentralen Übergangspunkt von der gehirnzentrierten zur herzzentrierten Erkenntnis. In dieser Hinsicht ist unser mittelalterlicher Autor der Zeit derart weit voraus, dass wir kaum mithalten können. Doch in Anbetracht der bekräftigenden Indizien aus den modernen Neurowissenschaften sowie einer wesentlich genaueren Sprache, um Aufmerksamkeit, objektloses Gewahrsein und Herzenserkenntnis zu beschreiben, können wir über die Treffsicherheit der Vorstellungen unseres Autors nur staunen: alles in allem eine gute Werbung für das tiefe intuitive Wissen, das die Frucht einer hingebungsvollen kontemplativen Praxis ist.

Coda

Das elastische Universum

(*Wolke,* Kapitel 4)

ICH HABE ANFANGS DARAUF HINGEWIESEN, DASS ICH AM ENDE dieses Buches zum Kapitel 4 der *Wolke* zurückkehren werde. Nun, da wären wir.

Irgendwie ist es schade, dass unser mittelalterlicher Autor den Stoff dieses Kapitels so früh in den Text eingefügt hat, eingeklemmt zwischen seinen geradlinigeren Kommentaren in Kapitel 3 und 5. Dieses Kapitel 4 ist wirklich eine Achterbahn. Falls wir uns dadurch total verwirrt fühlen, ist es absolut in Ordnung, zu seinem letzten Absatz vorzublättern (der fast ohne Holpern genauso gut auf den letzten Absatz von Kapitel 3 hätte folgen können) und von hier direkt mit Kapitel 5 weiterzumachen.

Doch falls wir für diesen Umweg bereit sind, liegt hier eine aus dem vierzehnten Jahrhundert stammende ganz außergewöhnliche Andeutung einer Idee vor uns, die erst sechs Jahrhunderte später ihre umfassende Artikulierung erhalten sollte. Im Wesentlichen haben wir es hier nämlich mit einem mittelalterlichen Anlauf auf Einsteins Relativitätstheorie zu tun oder auf die Elastizität der Zeit!

»Die Zeit ist für den Menschen geschaffen und nicht der Mensch für die Zeit«, bemerkt unser Autor.[79] Auch wenn sich dies nach einer Binsenweisheit anhört (»Der Sabbat wurde für den Menschen gemacht, nicht der Mensch für den Sabbat«), entwickelt er diesen Satz ganz gewiss nicht nach gewohnten Grundsätzen. Stattdessen stellt er folgende bemerkenswerte Behauptung auf: Zeit ist eine *Funktion des Willens.* Sie entspringt in Form einzelner Pakete (»Regungen der Seele«, wie er sie nennt) – ein Augenblick aus jeder Regung.

> Von dir wird Rechenschaft gefordert, wie du die Zeit, die dir gegeben ist, verwendet hast. Mit Recht hast du diesen Zeitmoment [der reinen Gegenwart] zu verantworten; denn es ist genau der Zeitmoment, in dem sich dein Wille, die Hauptkraft deiner Seele, mit einem einzigen Impuls Gott zuwendet. Es kann in einer Stunde nur so viele Willensimpulse und Absichtsakte der Grundkraft des Willes geben, wie es kleinste Zeit-Nus {Zeit-Atome} gibt.
>
> Wärst du durch Gnade zurückversetzt in den Ursprungszustand des Menschen, wie er vor der Trennung war, dann wärst du aufgrund dieser Gnade Herr über alle deine Willensimpulse und Absichtsakte; keine würde vergeudet, sondern alle würden zum Gipfel allen Suchens hinstreben, dem höchsten Ziel menschlichen Wünschens und Verlangens, nämlich Gott.[80]

Falls Sie jemals festgestellt haben, wie sich die Zeit beschleunigt, wenn Sie mit ihr im Fluss sind, und wie sie sich auf ein Schneckentempo verlangsamt, wenn Sie sich dagegen wehren (wenn Sie beispielsweise beim Einkaufen in einer Schlange stehen oder einem langweiligen Vortrag zuhören müssen), ist Ihnen der Geschmack dieses Elastizitätsprinzips vertraut.

Und am allerstärksten, so sagt unser Autor, beschleunigt sich die Zeit – sogar bis zu dem Punkt, an dem sie verschwindet –, wenn wir in Kontemplation sind. Er widerlegt den Eindruck, dass diese

79. *Wolke des Nichtwissens,* Seite 42.
80. Ebenda, Seite 41.

Arbeit zeitraubend sei, und behauptet im Prinzip, es brauche bloß eine Nanosekunde dafür! Seine Begründung ist einfach: Wenn jede Regung des Willens mit der Quelle ihres Verlangens wiedervereinigt ist und in ihr aufgeht, gibt es keine Zeit mehr. Wir werden aus der Linearität hinauskatapultiert, hinein ins ewige Jetzt.

In diesem Sinn ist Kontemplation – echte Kontemplation, die keine Träumerei auf dem Meditationskissen ist – im Wesentlichen eine Erfahrung »außerhalb der Zeit«. Nicht der Tod schluckt die Zeit, sondern *die vollständige Wiedervereinigung der Willen.*

Was das Kapitel derart herausfordernd macht, ist, dass es so schwer ist zu glauben, dass man tatsächlich gerade liest, was man liest! Es ist schwer zu glauben, dass ein anonymer mittelalterlicher Mystiker solch eine unheimlich aktuelle Vorstellung von Zeit haben kann. Aber wenn wir vor seinen erstaunlichen Einsichten sitzen, unseren analytischen Verstand auf »Pause« schalten und unser Herz weit öffnen, wird sich das Bild, so denke ich, zu vervollständigen beginnen.

Wie es weitergeht

DIESES BUCH RICHTET SICH VON ANFANG BIS ENDE GLEIchermaßen an zwei Gruppen: an diejenigen, die das Gebet der Sammlung praktizieren, und an jene, die dies nicht tun. Auf diesen letzten Seiten möchte ich einige abschließende Gedanken mit jeder dieser Gruppen teilen.

Für Praktizierende

Wenn Sie zu den Praktizierenden gehören, werden Sie wahrscheinlich bemerkt haben (zweifelsohne mit mehr als nur ein bisschen Angst und Zittern), dass sich die Bewegung des Gebets der Sammlung an einem Epochenwechsel befindet. Die erste Gründergeneration ist glücklicherweise größtenteils noch unter uns, und der von Contemplative Outreach entwickelte Lehrplan sowie die organisatorische Infrastruktur stellen eine solide Grundlage dar. Doch wenn die Bewegung wirklich überleben und florieren will – zumindest so organisch, wie sie es von sich behauptet[81] –, muss sie sich intensiv um die Förderung einer neuen Generation von Führungskräften kümmern, die zu wachsen und die Lehre zu erweitern vermögen und nicht nur das wiedergeben, was sie erhalten haben. Das verlangt Mut, Flexibilität und ein Vertrauen darauf, dass jene Fähigkeiten zur tiefen inneren Einstimmung, die durch das Gebet der Sammlung entwickelt werden, auch weiterhin Früchte tragen werden.

Verkörpern, verkörpern, verkörpern!

Angesichts einer neuen Generation von Praktizierenden ist, so denke ich, eine tiefere Verkörperung der Übung notwendig. Noch immer praktizieren zu viele das Gebet der Sammlung in ihren Köpfen, absorbiert von Überlegungen, wie sie »ihr« heiliges Wort richtig anwenden können, oder darum ringend, einen gedankenfreien inneren Zustand zu erreichen, den sie dann gleichsetzen mit der »Zustimmung zur Gegenwart und zum Handeln Gottes«. Wenn die kenotische Natur des Gebets erst einmal begriffen und ihr vertraut wird – *wirklich* begriffen und vertraut –, verschwindet all dies. Wenn das »Loslassen« zu einer verkörperten Haltung wird, anstatt eine geistige zu bleiben, die während der Meditationszeit angestrebt wird, dann fällt das Gebet der Sammlung augenblicklich aus dem Kopf hinunter in ein Resonanzzentrum im mittleren Brustbereich (zwischen Herz und Solar Plexus). Der Verstand kommt zur Ruhe, weil er nicht länger mit Sorgen belastet ist. Und auch der Leistungsdruck fällt weg, da der Fokus nicht mehr darauf gerichtet ist, innere Stille oder irgendein anderes spirituelles Desiderat zu erzielen, sondern schlicht und einfach darauf, in Solidarität mit Jesu eigenem kenotischen Herzen loszulassen. »Zehntausend Gelegenheiten, zu Gott zurückzukehren!« Die Übung verändert sich von etwas, was wir *durchführen,* hin zu etwas, was wir *geben.*

81. Erinnern wir uns an ihr Motto vor rund einem Jahrzehnt: »Contemplative Outreach ist keine Organisation, sondern ein *Organismus!*«

Was ist mit dem Atem?

Dies ist ein Dauerbrenner im Unterrichten des Gebets der Sammlung. Thomas Keatings herausfordernder Ratschlag, den Atem ebenfalls einfach loszulassen (es dem Atem zu erlauben, flach zu werden oder sogar zwischenzeitlich auszusetzen), liegt offensichtlich so quer zu jedem anderen Meditationsweg, dass sogar erfahrene Praktizierende sich davor scheuen. Und weil bewusstes Atmen zugegebenermaßen für das Bewusstsein eine derart große Bedeutung hat, ist es schwer einzugestehen, dass das Gebet der Sammlung so wenig Gebrauch davon macht. Daher sehen wir uns mit der ständigen Versuchung konfrontiert, das Gebet der Sammlung mit irgendeiner Form von Atemübung zu kombinieren, typischerweise mit ein paar tiefen Atemzügen oder sogar einigen Minuten bewussten Atmens zu Beginn der Meditationszeit.

Nachdem ich selbst jahrelang damit experimentiert habe (da ich meine erste spirituelle Ausbildung im Gurdjieff-Werk erhielt, in welchem bewusstes Atmen eine der Hauptstützen ist), bin ich zu dem Schluss gelangt, dass es absolut in Ordnung ist, wenn Praktizierende des Gebets der Sammlung mit dem Atem arbeiten; allerdings sollte dies nicht direkt mit der eigentlichen Periode des Gebets der Sammlung verbunden werden – *zumindest nicht mit deren Anfang*. Sobald bewusstes Atmen eingeführt wird, stören die beiden Bandbreiten der Aufmerksamkeit sich gegenseitig: Der Atem bringt eine lebhaftere »Ich bin hier«-Aufmerksamkeit mit sich, wodurch die Befreiung in den vollkommenen Zustand des inneren Loslassens verzögert wird, der das charakteristische Merkmal des Gebets der Sammlung ist. Die »Ich bin hier«-Präsenz ist in den meisten Meditationsübungen grundlegend, doch im Gebet der Sammlung ist es das kenotische Loslassen, das den Nutzen hervorbringt. Sie sollten darauf vertrauen, statt versuchen, auf Nummer sicher zu gehen.

Falls es Sie interessiert: Meine eigene Praxis hat sich im Lauf der Jahre zu einer Art Hybrid entwickelt, in dem ich erst am *Schluss* des Gebets der Sammlung in bewusstes Atmen übergehe. Während der rund zwanzig Minuten, in denen ich mich »offiziell« im Gebet der Sammlung befinde, geschieht dieses in vollständigem kenotischem Loslassen. Atem, Aufmerksamkeit, »Ich bin hier«-Präsenz: all dies lasse ich los. Wenn dann die eigentliche Zeit des Gebets der

Sammlung vorüber ist, wechsle ich (meistens) allmählich in eine Version des Jesusgebets und sage beim Einatmen innerlich »Heiliges Herz Gottes« und beim Ausatmen »Herr Jesus Christus, erbarme dich meiner.« (Durch mein heiliges Wort »Herz« gestaltet sich dieser Übergang nahtlos.) Indem ich dann meine Aufmerksamkeit langsam auf den Atem und auf das Empfinden der Anrufung lenke, die durch mein Herz fließt, ergibt sich ein sehr starker (häufig bewegender) Übergang zurück in mein Alltagsleben.

Dies ist jedoch auf keinen Fall als allgemein empfohlene Methode gemeint, und einigen (die gerade erst mit dem Gebet der Sammlung begonnen haben oder die mit theologischen Problemen rund um ihre Beziehung zu Jesus beschäftigt sind) würde ich raten, sie unbedingt bleiben zu lassen. Das Gebet der Sammlung ist deshalb so schlicht, weil es einfach eine zwanzigminütige reine kenotische Übung ist. Außerhalb dieser simplen, klar definierten Grenzen können Sie tun, was Ihnen gefällt, und auf jeden Fall mit dem Atem und mit Aufmerksamkeitsübungen arbeiten, falls Sie dies wollen. Solche Übungen unterstützen gewiss Ihre Fähigkeit, diese kenotische Haltung während des Tages zu verkörpern.

Doch bei allem Eifer, dem Gebet der Sammlung etwas »Besonderes« hinzufügen zu wollen, ist es empfehlenswert, einen gelegentlichen Seitenblick auf Thomas Keating zu werfen, dessen Atem während der Meditation mehr als vierzig Jahre lang regelmäßig »flach wurde« und dessen Leuchtkraft und Seinsfülle dennoch für alle Welt deutlich sichtbar bleiben. Angesichts seines Beispiels würde es schwerfallen zu behaupten, dass das Gebet der Sammlung als solches uns nicht dorthin bringen könne.

Non-duales Menschsein

Eine weitere wachsende Herausforderung für eine kommende Generation von Praktizierenden des Gebets der Sammlung besteht in der Notwendigkeit eines aktualisierten und erweiterten Verständnisses von Menschsein, das zur non-dualen Zielrichtung dieses Gebets passt. Thomas Keatings in den 1980er-Jahren entwickelte *Divine Therapy* ist eine kraftvolle Lehre, die klar auf das abzielt, was der Autor in der *Wolke des Nichtwissens* beschreibt und was wir als »höher-aktive / niedrig-kontemplative Bandbreite« interpretiert haben. Diese »Göttliche Therapie« bekräftigt und fördert die Geburt des selbstreflektierenden Bewusstseins und führt die Praktizierenden auf eine befreiende Reise aus der Falle des falschen Selbsts in Richtung eines höher-egoischen Funktionierens. Die Lehre hat Tausenden von Menschen buchstäblich das Leben gerettet, weil sie sich hervorragend in aktuelle Recovery-Ansätze zur »Wiedergesundung« einfügt und den Übergang von psychotherapeutischen Modellen hin zu authentischer spiritueller Arbeit ebnet. Doch sie richtet sich noch immer auf das egoisch generierte »narrative« Selbst, das allzu oft sein hart erarbeitetes höher-egoisches Funktionieren mit dem wahren Selbst verwechselt. Ich habe Praktizierende des Gebets der Sammlung beobachtet, die bei dieser Thematik hängen blieben – in manchen Fällen sogar über Jahrzehnte! –, und das ist schade, weil die Übung als solche sie bereits darauf vorbereitet hatte, darüber hinauszugelangen, hinein in den echten höher-kontemplativen Quadranten, wo sich ein Mensch »über sich selbst und unter seinem Gott« befindet. Da das Gebet der Sammlung ohnehin auf das non-duale Menschsein ausgerichtet ist, wird es für die nächste Generation von Lehrerinnen und Lehrern von ausschlaggebender Bedeutung sein, den konzeptionellen Rahmen zu schaffen, um diesen Übergang zu unterstützen, und dazu gehört auch eine größere Aufmerksamkeit auf bezeugende Präsenz, objektloses Gewahrsein und das Vermögen, ganz und weise jenseits des Erzählens und des Dramas unserer persönlichen Geschichte zu leben.

Für Nicht-Praktizierende

Ich möchte Sie um Verzeihung bitten, falls das, was ich zu sagen habe, eintönig gleichbleibend klingt. Ich hoffe, dieses Buch hat Ihnen ein besseres Gefühl für das Charakteristische des Gebets der Sammlung vermitteln können und für seine Grundlagen, denen es seine Integrität und Wirksamkeit verdankt. Nach den üblichen Erwartungen an eine Meditationspraxis beurteilt, macht das Gebet der Sammlung sicherlich den Eindruck eines seltsamen Vogels. Es kann frustrierend unscharf, einschläfernd oder abgehoben wirken. Die Praktizierenden können ihren Tagträumen nachhängen, manchmal sogar während einer langen Zeit, bevor die Verbindung zu ihrer eigenen tiefen Absicht endlich hergestellt ist. Doch wenn man es innerhalb seines eigenen Bezugsrahmens beurteilt, gewinnt das Gebet der Sammlung an Schärfe und die Methodik hinter seiner scheinbaren Extravaganz fängt an, Sinn zu ergeben.

Der Fokus des Gebets der Sammlung liegt natürlich auf der Kenosis, der radikalen »Selbstentäußerung« oder dem Nichtverhaftetsein, worin für Paulus die Essenz der »Annahme der Gesinnung Jesu« liegt. Ganz einfach ausgedrückt, ist das Gebet der Sammlung im Wesentlichen »Kenosis in Meditationsform«: eine Einstiegsstufe zur authentischen Teilhabe am Geist Christi durch den konkreten Akt des Loslassens von Gedanken – das heißt von Gegenständen unserer Aufmerksamkeit. Das ist schon alles, worum es im Gebet der Sammlung geht, doch dieses »alles« spricht Bände. Vor diesem Hintergrund der Kenosis werden seine Anweisungen nachvollziehbar. Ängste, die von christlichen Fundamentalisten geschürt werden, dass das Gebet der Sammlung dem Narzissmus Vorschub leiste, oder von Lehrern und Lehrerinnen traditioneller östlicher Methoden, dass es zu einem dauerhaften Zustand des »Verstandessenkens«[82] führen würde, sind alle gleichermaßen unangebracht. Tatsächlich finden wir darin nicht jene Bandbreite an heller, klarer Aufmerksamkeit, wie sie bei spirituellen Methoden so geschätzt werden, die Bewusstsein mit Helligkeit verknüpfen. Doch wenn Bewusstsein mit *Vertrautheit* verbunden wird – der direkten Wahrnehmung einer strahlenden »Du-heit«, die alles durchflutet, alle Dinge in Liebe zusammenfügt –, dann schauen wir wirklich auf ein anderes konzeptionelles Modell, auf eines, in dem die uranfänglichen Antworten (sogar in der Meditation) Selbsthingabe und ein Kniefall des Herzens sind. Das Gebet der Sammlung steht und fällt mit der Intensität unseres Engagements im Sinne dieses Modells.

Für beide Gruppen

Und dies bringt mich zu meinem letzten Punkt. Zu behaupten, dass dieses vertraute, relationale Verständnis des Erreichens der höchsten Bewusstseinszustände ein Unikat des Christentums sei, wäre definitiv falsch. Allerdings ist es für das Christentum sicherlich *grundlegend* und die Triebfeder, die alles andere am Laufen hält. Wenn wir die mystische Tradition des Christentums durch

82. Vergleiche Fußnote 5, Seite 46.

die Brillen zeitgenössischer Modelle betrachten, zeigt sich diese personalisierte, herzzentrierte Perspektive allzu häufig nicht besonders gut. Oft wird sie als eine niedrige Stufe eines Dualismus interpretiert, der noch immer fest unter dem Einfluss des persönlichen Begehrens und der Affektivität steht. Was offenbar nicht bemerkt wird, ist, dass das, was im Schatten aller überschwänglichen Vorstellungen von mystischer Vermählung und selig machenden Visionen tatsächlich zur Diskussion steht, nicht der Zustand der Verwirklichung des einzelnen Mystikers ist, sondern *die Natur des Bewusstseins als solchem.* Es ist nicht kühl, sondern *warm,* nicht unpersönlich oder sogar transpersönlich, behauptet die westliche Tradition, sondern erstaunlich *über*persönlich. »Reine Vertrautheit«, so drückt es Robert Sardello aus.

Wie die meisten von Ihnen unterdessen zweifellos erkannt haben, betrifft mein wirkliches Anliegen, das ich mit diesem Buch verfolge, nicht nur das Gebet der Sammlung, sondern das Interpretationsfenster, welches dieses zur gesamten non-dualen Tradition des Christentums aufstößt, zu dessen wohl bestgehütetem Geheimnis. Meine Arbeit mit der *Wolke des Nichtwissens* war in dieser Hinsicht ein Pilotprojekt, und ich hoffe, dass sie den Weg für weitere Neubetrachtungen ebnen wird, die meines Erachtens längst überfällig sind. Dieses fruchtbare Territorium liegt noch immer verborgen unter einer wenig einladenden Sprache und einem theologischen Überbau. Wie wir bei der *Wolke* sehen konnten, ist eine gewisse Dekodierung durchaus angebracht.

Ich bin dankbar, dass mir für diese Arbeit neue Werkzeuge aus den aktuellen Neurowissenschaften, der integralen Philosophie und der Phänomenologie zur Verfügung standen. Sie ermöglichen uns, die christliche mystische Tradition auf eine vollkommen neue Weise zu beschreiben, sie aus ihren tief verschanzten metaphysischen Perspektiven herauszulösen und wichtige neue Peillinien für ihre Validierung und für den interspirituellen Dialog zu erschließen. In der *Wolke des Nichtwissens* eine Pionierarbeit in Bewusstseinsphänomenologie zu sehen, ist eine Hypothese, die aufzustellen mir vor dreißig Jahren noch unmöglich gewesen wäre; damals hatte ich noch nicht genug Boden unter meinen akademischen Füßen. Ich hoffe, Sie werden mir beipflichten, dass die *Wolke* mit dieser neuen Zuschreibung wesentlich mehr Licht auf unser christliches non-duales Erbe wirft, als es ihr in ihrer bisherigen Rolle als bloßes Beispiel westlicher affektiver Mystik möglich war.

Doch ist es auch wichtig, sich daran zu erinnern, dass diese neuen Straßenkarten größtenteils von östlichen metaphysischen Modellen abgeleitet wurden, die dem intuitiven kenotischen Weg des Christentums im Großen und Ganzen nicht gerecht werden. Mein erster Wunsch im Hinblick auf eine Begradigung des Spielfelds wäre eine neue Karte der Bewusstseinsebenen, eine, die das Non-Duale (Ken Wilbers »dritte Rangordnung«) nicht bloß als eine Erweiterung der kognitiven Linie darstellt, sondern *als eine völlig neue Linie,* die (sehr wahrscheinlich) von der kognitiven Linie auf der integralen Ebene[83] abzweigt und visuell verdeutlicht, dass die Verlagerung des Bewusstseins auf diese neue Linie Fähigkeiten erfordert, die durch die kenotische Praxis erschlossen (oder zumindest gesteigert) werden. Diese würden eine allgemeine spirituelle Absicht des Nichtverhaftetseins einschließen, kombiniert mit einem physiologischen *Hinuntersinken* und *Sammeln* der Energie in der Region des Herzens und des Solar Plexus.

Da diese spezifischeren Forschungsfragen mit einer stetig zunehmenden technischen Ausgereiftheit auf dem Gebiet der Neurowissenschaften einhergehen, vermute ich, dass wir in absehbarer Zeit eine erweiterte Straßenkarte für die Reise zur Non-Dualität präsentiert bekommen, die auch neue Wege aufzeigen wird, christliche mystische Texte zu bewerten und zu nutzen. Sogar die überschwängliche Liebesmystik, die auf den gegenwärtigen Karten als eine personalistische und daher niedrigere Bewusstseinsebene abgestempelt wird, trägt in Wirklichkeit, so vermute ich, metaphorisch gesprochen die Saat jener nicht verhandelbaren christlichen Versicherung, dass Leuchtkraft Liebe ist; die beiden sind untrennbar. Und Liebe erfordert die Teilnahme des Herzens.

Auf jeden Fall steht uns mit dem Gebet der Sammlung, das die kenotische Praxis jederzeit in einem einfachen, aber besonders reinen Format zur Verfügung stellt, und ebenso mit der *Wolke des Nichtwissens* der Weg nun offen, zurückzukehren zu unseren klassischen christlichen mystischen Texten und sie mit neuen Augen zu betrachten – und was noch wichtiger ist, mit einem neuen Herzen.

83. Die faszinierendere Möglichkeit ist die, dass die Hinzufügung dieses neuen »Herzmodus« der Wahrnehmung keine neue Linie, sondern eine neue *Dimension* wäre, welche das ganze Diagramm in ein dreidimensionales verwandelt.

Bibliografie

Diese Bibliografie beinhaltet vor allem die Bücher, aus denen hier im Text zitiert wurde, ergänzt um eine ausgewählte Liste weiterer Schlüsselwerke aus relevanten Bereichen. Sie erhebt keinen Anspruch auf Vollständigkeit, sondern bietet lediglich eine Grundlage für weitere Nachforschungen.

AMIS, ROBIN [Hrsg.]: *Theophan the Recluse: Writings on Prayer of the Heart*, Newburyport, MA: Praxis Press, 1992.

BÖHME, JAKOB: *Christosophia* oder *Der Weg zu Christo* [1621], Amsterdam 1731.

BOOTH, PHILIP: "Heading Out" in: *Selves*, New York: Penguin Books, 1990.

BOURGEAULT, CYNTHIA: *Das Auge des Herzens: Eine spirituelle Reise ins Reich des Imaginativen*, Xanten: Chalice Verlag, 2021.

BOURGEAULT, CYNTHIA: "Beatrice Bruteau's 'Prayer and Identity'" in *Sewanee Theological Review* 50:3, Pentecost 2007.

BOURGEAULT, CYNTHIA: *Centering Prayer and Inner Awakening*, Cambridge, MA: Cowley Publications, 2004.

BOURGEAULT, CYNTHIA: *Die Heilige Dreifaltigkeit und das Gesetz der Drei: Der Schlüssel zum Geheimnis des Christentums*, Xanten: Chalice Verlag, 2021.

BOURGEAULT, CYNTHIA: *Jesus: Meister der Weisheit – Was er wirklich lehrte über die Verwandlung unseres Herzens*, Xanten: Chalice Verlag, 2020.

BOURGEAULT, CYNTHIA: *The Meaning of Mary Magdalena*, Boulder, CO: Shambhala, 2010; die deutsche Version erscheint voraussichtlich 2022 im Chalice Verlag.

BUHNER, STEPHEN HARROD: *The Secret Teachings of Plants: The Intelligence of the Heart in the Direct Perception of Nature*, Rochester, VT: Bear and Company, 2004.

BUTCHER, CARMEN ACEVEDO [Übers.]: *The Cloud of Unknowing*, Boston: Shambhala Publications, 2009.

CASSIAN, JOHN: *Conferences,* übersetzt von Colm Luibheid, Mahwah, NJ: Paulist Press, 1985.

CHU-CONG, JOSEPH: *The Contemplative Experience,* New York: Crossroad, 1999.

DREITCER, ANDREW und FIELD, BRENT und SPEZIO, MICHAEL: "Mindfulness as Heartfulness: Recovering Remembrance, *Imitatio,* and Love for Mindfulness in Interdisciplinary Contemplative Studies" (unveröffenlicht).

DYCKHOFF, PETER [Hrsg.]: *Wolke des Nichtwissens: Eintauchen in geistliches Leben,* Freiburg, Basel, Wien: Herder, 2020.

FELDMEIER, PETER: "Centering Prayer and the Christian Contemplative Tradition" in *Spiritual Life* (Winter 2003).

FITZGERALD, CONSTANCE: "From Impasse to Prophetic Hope" in *Proceedings of the Catholic Theological Society of America* 64, 2009, Seite 41.

FRENETTE, DAVID: *The Path of Centering Prayer,* Boulder, CO: Sounds True, 2012.

GRIFFITH, SIDNEY H.: "Merton, Massignon, and the Challenge of Islam" in BARKER, ROB und HENRY, GRAY [Hrsg.]: *Merton and Sufism: The Untold Story,* Louisville, KY: Fons Vitae, 1999.

HART, PATRICK [Hrsg.]: *Thomas Merton, Monk,* Garden City, NY: Image Books, 1976.

HELMINSKI, KABIR: *Living Presence: A Sufi Way to Mindfulness and the Essential Self,* New York: Jeremy Tarcher, 1992.

HODGSON, PHYLLIS [Hrsg.]: *The Cloud of Unknowing and The Book of Privy Counsel,* London: Oxford University Press, 1944.

JÄGER, WILLIGIS [Hrsg.]: *Wolke des Nichtwissens – Der Klassiker der Kontemplation,* übersetzt von Willi Massa, Freiburg im Breisgau: Kreuz Verlag in der Verlag Herder GmbH, 2012.

JOHNSTON, WILLIAM [Hrsg.]: *The Cloud of Unknowing and The Book of Privy Counsel,* New York: Doubleday, 2005.

KADLOUBOVSKY, E. und PALMER, E.M. [Hrsg. & Übers.]: *Writings from the Philokalia on Prayer of the Heart,* London und Boston: Faber and Faber, 1951, 1992.

KADLOUBOVSKY, E. und PALMER, E.M. [Hrsg.]: *The Art of Prayer: An Orthodox Anthology,* London: Faber and Faber, 1966.

KADLOUBOVSKY, E. und PALMER, E.M. [Hrsg. & Übers.]: *Unseen Warfare – as edited by Nicodemus of the Holy Mountain and revised by Theophan the Recluse,* New York: St. Vladimir's Seminary Press, 1987.

KEATING, THOMAS [et al.]: *Spirituality, Contemplation, and Transformation: Writings on Centering Prayer*, New York: Lantern Books, 2008.

KEATING, THOMAS und PENNINGTON, BASIL: *Finding Grace at the Center,* Woodstock, VT: Skylight Paths, 2007.

LIPSEY, ROGER: *Gurdjieff in neuem Licht: Sein Leben, sein Werk, sein Vermächtnis,* Xanten: Chalice Verlag, 2020.

LOUCHAKOVA, OLGA: "The Essence of Prayer of the Heart" in LOZOWICK, LEE: *Gasping for Air in a Vacuum,* Chino Valley, AZ: Hohm Press, 2004, Seiten 37–48.

MASSA, WILLI [Hrsg.]: *Buch der Kontemplation genannt Wolke des Nichtwissens und Brief persönlicher Führung: Anleitung zur Meditation,* Freiburg, Basel, Wien: Herder, 1999.

MAY, GERALD: *Will and Spirit,* San Francisco: Harper and Row, 1982.

MCDONNELL, THOMAS P. [Hrsg.]: *A Thomas Merton Reader,* New York: Doubleday / Image Books, 1989.

MERTON, THOMAS: *Open Mind, Open Heart,* Warwick, NY: Amity House, 1986.

MERTON, THOMAS: *The Hidden Ground of Love,* herausgegeben von William H. Shannon, New York: Farrar, Straus and Giroux, 1985.

MERTON, THOMAS: *The Inner Experience: Notes on Contemplation,* herausgegeben von William H. Shannon, San Francisco: HarperCollins, 2003.

MILES-YEPEZ, NATHANIEL [Hrsg.]: *The Common Heart: An Experience of Interreligious Dialogue,* New York: Lantern Books, 2006.

MITCHELL, DONALD W. und WISEMAN, JAMES A. [Hrsg.]: *The Gethsemani-Encounter: A Dialogue on the Spiritual Life by Buddhist and Christian Monastics,* New York: Continuum, 1999.

NEEDLEMAN, JACOB: *Lost Christianity,* New York: Doubleday, 1980; deutsch: *Die sanfte Revolution des Glaubens,* Frankfurt am Main: Krüger, 1997.

NEWBERG, ANDREW und WALDMAN, MARK ROBERT: *How God Changes Your Brain,* New York: Ballantine Books, 2009; deutsch: *Der Fingerabdruck Gottes: Wie religiöse und spirituelle Erfahrungen unser Gehirn verändern,* München: Kailash, 2010.

NICOLL, MAURICE: *Psychological Commentaries on the Teachings of Ouspensky and Gurdjieff,* Boston / London: Shambhala, 1984.

Ouspensky, P.D.: *Auf der Suche nach dem Wunderbaren – Perspektiven der Welterfahrung und der Selbsterkenntnis,* Bern, München Wien: Otto-Walther-Verlag, 1993.

Panikkar, Raimon: *Christophany,* Maryknoll, NY: Orbis Books, 2004.

Pearce, Joseph Chilton: *The Biology of Transcendence: A Blueprint of the Human Spirit,* Rochester, VT: Park Street Press, 2002.

Progoff, Ira: *The Cloud of Unknowing: A New Translation of a Classic Guide to Spiritual Experience Revealing the Dynamics of the Inner Life from a Particular Historical and Religious Point of View,* New York: Julian Press, 1957.

Riehle, Wolfgang [Übers.]: *Das Buch von der mystischen Kontemplation genannt Die Wolke des Nichtwissens, worin die Seele sich mit Gott vereint,* Einsiedeln: Johannes Verlag, 1980.

Rilke, Rainer Maria: *Briefe an einen jungen Dichter,* Frankfurt: Insel-Verlag, 1963.

Rilke, Rainer Maria: »Die erste Elegie« in *Rainer Maria Rilke – Gesammelte Werke,* Stuttgart: Reclam Bibliothek, 2015.

Roberts, Bernadette: *The Path to No-Self,* Boston: Shambhala, 1985.

Rūmī, Dschalāl ad-Dīn: *Von allem und vom Einen,* übersetzt von Annemarie Schimmel, München: Diederichs, 1988.

Sardello, Robert: *Silence: The Mystery of Wholeness,* Benson, NC: Goldenstone Press, 2006; deutsch: *Ganzheit als Mysterium,* Norderstedt: Books on Demand, 2018.

Strakosch, Elisabeth [Hrsg.]: *Lady Julian of Norwich, Offenbarungen von Göttlicher Liebe. In der ursprünglichen Fassung zum ersten Mal übersetzt.* Einsiedeln: Johannes Verlag, 2018.

Strakosch, Elisabeth [Hrsg.]: *Die Wolke des Nichtwissens: Ein anonymes englisches Werk aus dem 14. Jahrhundert,* Einsiedeln: Johannes Verlag, 1958.

Symeon the New Theologian: "Three Methods of Attention and Prayer" in *Writings from the Philokalia on Prayer of the Heart,* übersetzt von E. Kadloubovsky and G.E.H. Palmer, London: Faber and Faber, 1992.

Thomas, Dylan: "This Side of the Truth" in *The Collected Poems of Dylan Thomas,* New York: New Directions, 1946.

Tolle, Eckhart: *The Power of Now: A Guide to Spiritual Enlightenment,* Vancouver, BC: Namaste, 1997; deutsch: *Jetzt! Die Kraft der Gegenwart,* Bielefeld: Kamphausen, 2000.

WELWOOD, JOHN: *Toward a Psychology of Awakening,* Boston: Shambhala Publications, 2002.
WILBER, KEN: *Integrale Spiritualität,* München: Kösel, 2007.
WILBER, KEN: *Up from Eden;* deutsch: *Halbzeit der Evolution,* Frankfurt am Main: Fischer-Taschenbuch-Verlag, 2009.

Über die Autorin

Cynthia Bourgeault ist eine amerikanische zeitgenössische Mystikerin, Leiterin von Einkehrtagen und international bekannte Autorin und Referentin. Die Doktorin der Mediävistik und Priesterin der episkopalen anglikanischen Kirche lebt in einer Einsiedelei auf Eagle Island vor der Küste von Maine und hält weltweit eine große Zahl von Vorträgen und Seminaren zum Thema des christlichen kontemplativen Pfades. Neben ihrer wissenschaftlichen und theologischen Ausbildung studierte sie viele Jahre in einer Gurdjieff-Schule und beschäftigte sich auch intensiv mit dem Sufismus sowie den mystischen Traditionen des Ostens. Sie engagiert sich für den interspirituellen und interreligiösen Dialog und ist eine der führenden Lehrerinnen der Praxis des Gebets der Sammlung (oder des Zentrierenden Gebets) nach Thomas Keating, Bruno Barnhart und Richard Rohr, mit denen sie jahrelang eng zusammengearbeitet hat. Cynthia Bourgeault war eine Gründungsdirektorin der Aspen Wisdom School wie auch der Contemplative Society bei Vancouver, Kanada, wo sie lange als Lehrerin und Beraterin tätig war. Sie hat zahlreiche Artikel für internationale Fachmagazine sowie rund ein Dutzend Bücher zur kontemplativen Praxis und zur christlichen Weisheitstradition verfasst.

Weiterführende Informationen unter
www.cynthiabourgeault.org

Register

T

U

Titelblatt eines Manuskripts der Wolke des Nichtwissens *aus der Mitte des fünfzehnten Jahrhunderts. Quelle: British Library, Harley MS 959. Der Titel des Werks (Clowde of Unknowyng) findet sich unterstrichen auf der zweiten und dritten Zeile von oben*

This is a boke of cotemplacyō
þe whych is clepyd þe clowde
of unknowyng, yn þe whych
a soule is oned to god yn love.
of þe whych is þe prologe. xxv

Glorye be to god þe fathyr, ho
noure & worschype to þe son,
lovyng & preysyng to þe ho
ly gost. & all devoute thakyng to þe
holy trinite. Amē. Lorde god to who
all hertys ben opyn, & unto who
all wyll spekyth, & un to whō no
privy thyng is hyd. I beseche the so
for to clense þe yntent of myne hert,
& so to lyztyn my soule wt þe onspeke
abyll yefte of þy grace, þt I may perfi
tly love the & preyse the worþyly,
& so to wryte of the at þis tyme.
as is most to þi plesyng. Amen.

WEITERE TITEL IM CHALICE VERLAG

Wenn Sie all das, was Sie über Jesus zu wissen *glauben,* beiseitelegen und die Evangelien lesen, als wäre es das erste Mal, geschieht Bemerkenswertes: Jesus begegnet Ihnen als ein Meister der Weisheit, der eine Transformation von Herz und Bewusstsein lehrt, welche die Kraft hat, unser Leben vollständig zu verwandeln. Cynthia Bourgeault, die episkopale anglikanische Priesterin und Kontemplationslehrerin, bietet eine mystisch inspirierte und wissenschaftlich fundierte Neubetrachtung der Frohen Botschaft Christi: eine exzellente Auslegung der glänzenden Vision des Jesus von Nazareth, die mutig aufräumt mit den überkommenen Dogmen einer patriarchalischen und paternalistischen Theologie und die innere Bedeutung der christlichen Mysterien frisch und intelligent beleuchtet. Unter Einbezug der jüngsten Erkenntnisse der Bibelforschung, neuer Quellen wie der Evangelien des Thomas und der Maria Magdalena sowie von spirituellen Einsichten auch aus anderen Weisheitstraditionen erklärt die Autorin mit viel Esprit und einer guten Prise Humor, wie wir die Worte und Gleichnisse Jesu über den Verstand in unser Herz bringen und sie in unserem Alltagsleben aufblühen lassen können. In einem großen Praxisteil gibt sie zusätzlich wertvolle Anleitungen aus ihrer jahrelangen Erfahrung mit Übungen wie dem zentrierenden Gebet oder dem Gebet der Sammlung, der Textmeditation der *lectio Divina* sowie der »Willkommensübung« und dem Chanten oder Singen von heiligen Texten wie den Psalmen.

ISBN 978-3-942914-44-4
260 Seiten

Das für viele Menschen schwer zu verstehende christliche Dogma der Dreifaltigkeit aus brillanten neuen Perspektiven beleuchtet. Auf Basis der visionären Einsichten der großen Mystiker Jakob Böhme und G.I. Gurdjieff entwickelt die Autorin bahnbrechende Interpretationsmodelle für ein zeitgemäßes, non-duales und fruchtbares Verständnis der Trinität. Dabei erklärt sie das traditionelle Bild von »Vater, Sohn und Heiligem Geist« nicht etwa für obsolet, sondern erweitert es grundlegend von einem erstarrten Standbild zu einem dynamischen Prozess der Transformation, in welchem die Göttliche Liebe sich unablässig entfaltet – bis in den gegenwärtigen Augenblick und darüber hinaus. Mithilfe ihrer ternären Metaphysik beschreibt Cynthia Bourgeault eine Geschichte des Universums, die theologische und naturwissenschaftliche Erkenntnisse miteinander versöhnt, und schreckt auch nicht vor schwierigen Fragen zurück: Wie fing alles an, und was geschah davor? Handelt es sich bei Jesu »Himmelreich« möglicherweise um eine höhere Ebene des Bewusstseins? Wie führt eine neu verstandene Trinität zu einem intelligenten Gleichgewicht der Geschlechter? Welche Ausblicke eröffnet sie auf den individuellen Tod und auf die apokalyptische »Erfüllung der Zeiten« einer globalisierten Welt in der Krise? Die Autorin entzündet einen Hoffnungsschimmer und wirft vielleicht sogar einen Rettungsring aus für ein aufgeklärtes Christentum im einundzwanzigsten Jahrhundert.

ISBN 978-3-942914-45-1
288 Seiten

»In meines Vaters Haus sind viele Wohnungen.« Eine Entdeckungsreise durch alle Reiche der Schöpfung, von denen jedes eine besondere Aufgabe im Prozess der Selbsterkenntnis Gottes hat. Zentral ist dabei jener Ort, »wo sich die beiden Meere treffen«: die Welt des Imaginativen zwischen dem Sichtbaren und dem Unsichtbaren, wo sich ein wunderbarer Austausch abspielt. Um dem Sinn unseres Daseins und unserer Verantwortung – als Individuen und als Gemeinschaft – im Rahmen der Evolution gerecht zu werden, müssen wir die Funktion des imaginativen Reichs als Teil der Wirklichkeit verstehen lernen. Das Organ, das uns dazu befähigt, ist das menschliche Herz, dessen Spiegel wir durch die Läuterung unseres Lebenswandels polieren. Und das Gefährt, das uns über diese imaginative Wasserscheide hinaustragen kann, ist die menschliche Seele, die wir uns in diesem irdischen Leben erarbeiten und kräftigen müssen. Auf Basis von non-dualem metaphysischem Kartenmaterial (aus Christentum, Sufismus und den Lehren Gurdjieffs, Teilhard de Chardins und Ken Wilbers) erläutert die Autorin das Wesen des Imaginativen, das mit dem Auge des Herzens gut sichtbar und den mystischen Traditionen bestens vertraut ist. Dabei zeigt sie auf, wie wir unser Herz öffnen und einstimmen können auf die höheren Welten, durch die sich die erhabene Schönheit Gottes ausdrückt in unserer kostbaren Besonderheit als menschliche Individuen wie auch in unserer gegenseitigen Verbundenheit.

ISBN 978-3-942914-48-2
228 Seiten

Ein weises Wort besagt: Die dunkelste Stunde liegt kurz vor der Morgendämmerung. Ebenso wissen wir: Alles Leben beginnt im Dunkel. Warum also fürchten wir die Dunkelheit und versuchen so angestrengt, sie zu meiden? Könnte es sein, dass wir große Möglichkeiten vertun, wenn wir den dunklen Aspekten und Phasen unseres Lebens um jeden Preis zu entfliehen versuchen? Noch bevor Licht war, war Gott. Tatsächlich erschuf Er alles – das Universum, die Welt und uns als Sein Abbild, Sein Gleichnis und Seinen Atem – aus der tiefsten Dunkelheit heraus. In diesem geistreichen und ermutigenden Buch untersucht der Mystiker, Priester, Theologe und Psychologe Paul Coutinho, weshalb selbst gläubige Menschen sich vor Zeiten des Dunkels, des Schmerzes, der Veränderung und des Sterbens fürchten, wo wir doch alle wissen müssten, dass ohne Dunkelheit auch kein Licht auf unseren Lebensweg fallen und uns nach Hause leiten könnte. Mit seinem undogmatischen östlichen Blick auf eine gelebte christliche Spiritualität und anhand eindrücklicher Geschichten aus seiner eigenen Lebens- und Berufserfahrung in Indien und den USA zeigt uns der Autor, wie wir unsere Angst vor diesem Dunkel überwinden und gestärkt aus persönlichen Krisen hervorgehen können. Indem wir die wichtige Rolle der Dunkelheit auf unserer spirituellen Reise verstehen lernen, vermögen wir die Göttliche Liebe an Orten und zu Zeiten zu erfahren, wo wir sie am wenigsten vermuten.

ISBN 978-3-905272-25-3
148 Seiten

WEITERE TITEL IM CHALICE VERLAG

Ein mutiger Glaube erfordert einen großen Gott. In welche beschränkten Vorstellungen und Konzepte haben Sie das Göttliche eingesperrt? Falls Ihre Beziehung zu Gott distanziert oder beiläufig und Ihre Erfahrung des Göttlichen im Leben lau oder berechenbar geworden sind, lädt Paul Coutinho Sie ein, daran zu glauben, dass Gott größer ist – viel, viel größer! Jenseits von theologischem Dogmatismus und konfessioneller Schrebergärtnerei ist dieses Buch eine grandiose Aufforderung, in unserem Glauben tiefer zu leben und stärker zu wachsen, indem wir einen Gott umarmen, Dessen Liebe wahrhaftig keine Schranken kennt. Der aus Indien stammende und in den USA lehrende Priester, Psychologe und Theologe begeistert mit seinen Schriften und Vorträgen, die sich – mit einem östlichen Blick auf unsere westliche Spiritualität – der unermüdlichen Suche des Herzens nach dem Göttlichen widmen und unserem Verlangen, das Leben in seiner ganzen Fülle zu erfahren. *Wie groß ist dein Gott?* ist ein wunderbarer Wegweiser aus engen Bachläufen hinaus in den Fluss des Lebens und ins offene Meer des Göttlichen. Der Autor ermutigt uns mit aus dem Leben gegriffenen Geschichten, einer guten Prise Humor und wertvollen Inspirationen für unseren persönlichen Alltag, Herz und Verstand zu gebrauchen, sodass wir die unermessliche Weite Gottes erfahren können. Wir beginnen zu erkennen, dass eine immer tiefere Beziehung mit dem Göttlichen der wahre Zweck jeglicher Religion ist.

ISBN 978-3-942914-24-6
172 Seiten

Die in Expertenkreisen hochgelobte Biografie des griechisch-armenischen Mystikers, Autors, Choreografen und aufgeklärten Provokateurs G.I. Gurdjieff (1866–1949). Als einer der originellsten spirituellen Lehrer im modernen Westen pflegte er gute Beziehungen zu vielen bedeutenden Künstlerinnen und Künstlern, wie dem Architekten Frank Lloyd Wright oder der Schriftstellerin Katherine Mansfield, und beeinflusste nachhaltig Hunderte von Studentinnen und Studenten. Der Kunsthistoriker und Biograf Roger Lipsey, der sich ein halbes Jahrhundert lang intensiv mit dessen Lehre, Leben und Vermächtnis beschäftigt hat, legt hier ein objektives und einfühlsames Porträt vor, das uns die charismatische und geheimnisvolle Figur Gurdjieffs als einen mitfühlenden Menschenkenner, anspruchsvollen Denker und wahren Weisen nahebringt. Dabei widmet sich der Autor auch ausführlich der teils beißenden Kritik aus Kreisen von Intellektuellen und religiösen Traditionalisten, die ihn jahrzehntelang bewusst in ein falsches Licht rückten. Auf Basis umfangreicher, bislang teils unveröffentlichter Quellen werden Gurdjieffs Bildungsreisen durch Zentralasien, sein Lehrinstitut in Frankreich sowie die Entwicklung seiner rhythmischen Bewegungen, seiner einzigartigen Musik und seiner wegweisenden Lehre nachgezeichnet. Eine Pflichtlektüre für alle »Mitarbeiterinnen und Mitarbeiter des Lebens«.

ISBN 978-3-942914-40-6
416 Seiten · 16 Abbildungen

Inmitten der Wirren des Ersten Weltkriegs und der Russischen Revolution schließen sich die Sängerin und der Komponist Olga und Thomas de Hartmann in Sankt Petersburg dem geheimnisvollen spirituellen Lehrer G. I. Gurdjieff an und weichen ihm siebzehn Jahre lang nicht mehr von der Seite. Nach ihrer abenteuerlichen, als wissenschaftliche Expedition getarnten Flucht aus dem untergehenden Zarenreich gelangt die eingeschworene Gruppe von Wahrheitssuchern über den Kaukasus, die Türkei und Berlin nach Frankreich und bis in die USA. Dabei erdulden die ehemaligen Aristokraten psychische und körperliche Prüfungen, Krankheit, Armut und Hunger, während sie unter der weisen Leitung ihres Meisters an einer Vervollkommnung ihres Wesens arbeiten und mit schier übermenschlicher Kraft nach Selbsterkenntnis streben. Als Vertraute des charismatischen Lebenslehrers sind sie maßgeblich beteiligt am Aufbau von dessen »Institut für die harmonische Entwicklung des Menschen« und an der Entstehung seiner einzigartigen rhythmischen Bewegungen, seiner Herz und Seele berührenden Musik und seiner Schriften. Diese sehr persönlichen Aufzeichnungen ihrer äußeren und inneren Reise als wichtigste frühe Weggefährten Gurdjieffs ergeben ein beeindruckendes Zeitzeugnis und eine äußerst spannende Lektüre, die authentische Einblicke gewährt in außergewöhnliche Lebensgeschichten rund um eine der faszinierendsten und rätselhaftesten Figuren des zwanzigsten Jahrhunderts.

ISBN 978-3-942914-39-0
380 Seiten · 60 Abbildungen

Das Johannesevangelium ist einer der bekanntesten und schwierigsten Texte des Neuen Testaments und hat mit seiner poetischen Schönheit und tiefen Spiritualität schon sehr viele Interpreten beschäftigt. Von besonderer Kraft und klarer Vision ist die Deutung von Johannes Scotus Eriugena, des irischen Weisen aus dem neunten Jahrhundert. Seine *Homilie* über den Prolog dieses Evangeliums, die im Mittelalter sehr einflussreich war, ist eines der frühesten Zeugnisse der keltisch-christlichen Mystik und deutet die Schrift außergewöhnlich originell und inspiriert. Auf den Schwingen des Adlers (dem traditionellen christlichen Symbol für Johannes) trägt uns Eriugena empor und lässt uns den Ursprung des Universums und unser eigenes Wesen aus einer Perspektive schauen, die weit über die Welt der Erscheinungen hinausgeht. Für Eriugena ist Gott transzendent in Seinem unerschaffenen Wesen und gleichzeitig immanent in Seiner erschaffenen Natur. Diese hat sich im Anfang von Gott entfremdet und ist nun aufgefordert, zu Ihm zurückzukehren. Jesus, das Fleisch gewordene Wort, erinnert den Menschen an sein wahres Wesen und seine Bestimmung zur Rückkehr in die Einheit allen Seins.

Dieses Buch erschließt die Homilie Eriugenas in der wunderbaren Übersetzung und mit den ausführlichen Reflexionen von Christopher Bamford, dem renommierten Autor und Herausgeber auf dem Gebiet der westlichen Spiritualität.

ISBN 978-3-905272-86-4
228 Seiten

Um uns von der alles vereinenden Liebe Gottes ansprechen zu lassen, brauchen wir die mitfühlenden Augen und die verständnisvollen Ohren eines großen, offenen Herzens. Ein solches pocht in Johannes Maria Reißmüller und bewegt den modernen Mystiker und Lehrer der (ur-)christlichen Kontemplationserfahrung nach der Tradition von Willigis Jäger und der »Wolke des Nichtwissens«. In dieser kostbaren Sammlung authentischer Eingebungen schildert der so Angesprochene in lyrischen Worten die Einsichten und Inspirationen, die ihm über die Jahre in seinem täglichen stillen Gebet gewährt wurden. Dabei legt er ein ergreifendes Zeugnis ab von der Wirklichkeit der ineinander verwobenen höheren Welten, die nicht getrennt sind von unserem Leben im irdischen Alltag, sondern Teil einer Ganzheit, die sich unserer liebevollen Achtsamkeit offenbaren kann im Geisteswind, der weht, wo er will, und in allen Wundern der Schöpfung: im Klang eines Engelchores, in den Worten der Heiligen und Propheten, im Blätterrauschen eines Baumes oder im kreisenden Flug eines Bussards. Sie alle rufen uns von den Abwegen unserer oberflächlichen Verirrung zurück auf den geraden Weg des tiefgründigen Vertrauens. »Es ist die Mutter allen Seins, der du dein Leben anvertraust. Es ist die Mutter allen Seins, die dir die Liebe nun einhaucht. Es ist ein Wunder an dir geschehen, denn du kannst wahrhaft wieder sehen.«

ISBN 978-3-942914-44-9
272 Seiten

Nach seiner glänzenden Biografie über Dag Hammarskjöld (1905–1961), den parteilosen schwedischen Diplomaten, zweiten Generalsekretär der Vereinten Nationen und spirituellen Denker und Autor, der auf einer Friedensmission in Afrika unter mysteriösen Umständen bei einem Flugzeugabsturz ums Leben kam, legt Roger Lipsey mit diesem Buch ein kluges Vademecum vor über dessen Gedanken zur Kunst der ethischen Führung, die in der heutigen Zeit von Populismus und wiederaufkeimendem Nationalismus vielleicht bedeutsamer sind als jemals zuvor. »In einer Zeit, in der politische Führung sich in vielen Kontexten den schlimmsten und ätzendsten Facetten der Unterhaltungsindustrie angleicht und das Ideal des Dienstes am Allgemeinwohl geringgeschätzt, ja gar missachtet wird, ist es wichtig zu wissen, wo wir nach Hoffnung und neuen Zielen suchen sollen. Dag Hammarskjölds herausragendes Beispiel einer Staatskunst, die gleichzeitig klug, demütig, beherzt, geduldig und gewagt war, haben wir heute so nötig wie Wasser in der Wüste. Roger Lipsey zeigt in diesem begrüßenswerten Buch leidenschaftlich und mit vorbildlicher Klarheit auf, was wir von Hammarskjöld konkret lernen können und wofür genau wir Verantwortung übernehmen sollten« (Rowan Williams, Politiker, Theologe und ehemaliger Erzbischof von Canterbury). »Ich bin mittlerweile zur Erkenntnis gelangt, dass ich im Vergleich zu ihm nur ein kleiner Mensch bin. Er war der größte Staatsmann unseres Jahrhunderts« (John F. Kennedy über Dag Hammarskjöld).

ISBN 978-3-942914-47-5
152 Seiten

WEITERE TITEL IM CHALICE VERLAG

»Das gesamte *Masnawī* endlich auf Deutsch in Versform – eines der wichtigsten Werke in der Geschichte der religiösen Literatur.«

Navid Kermani
Friedenspreisträger des Deutschen Buchhandels

❧

Das *Masnawī* des großen persischen Dichters Dschalāl ad-Dīn Rūmī zählt nicht nur zu den Schlüsselwerken des Sufismus und den hellsten Glanzlichtern orientalischer Lyrik und islamischer Poesie, es gehört ebenso zu den bedeutendsten Werken der Weltliteratur und hat über Jahrhunderte hinweg Bewunderung in allen Kulturkreisen gefunden. Die hier in einer zweibändigen Gesamtausgabe von insgesamt über 1500 Seiten vorliegende kongeniale Übertragung aus dem persischen Original ist die erste deutsche Versübersetzung des *Masnawīs* mit seinen sechs Büchern zu je rund viertausend Doppelversen und ist vollständig in Blankversen gehalten, der in der deutschen wie auch in der englischen Literatur klassischen reimlosen Versform.

❧

»Wenn es je einen inspirierten Dichter unter den Muslimen gegeben hat, so war es gewisslich Rūmī. Er soll seine Verse größtenteils in einer Art Verzückung diktiert haben. Seine Bildersprache spiegelt die gesamte Bildungswelt seiner Zeit. Man ist immer wieder überrascht, wie frisch und lebendig die Dialoge wirken.«

Annemarie Schimmel
Friedenspreisträgerin des Deutschen Buchhandels

978-3-942914-51-2
760 Seiten

978-3-942914-52-9
ca. 800 Seiten

WEITERE TITEL IM CHALICE VERLAG

Im spirituellen Schrifttum des Islams stellt die *Abhandlung über die Liebe* einen Höhepunkt dar; sie ist im Ganzen wie im Detail ein vollendetes Meisterwerk. Alles, was vor Ibn ʿArabī zu diesem, insbesondere für das esoterische Verständnis des Korans so zentralen Thema gesagt wurde, fasst der »größte Meister« hier zusammen, geht aber noch weit darüber hinaus. Kein spiritueller Lehrer hat seither derart wirklichkeitsgetreue, ursprüngliche, tiefgründige und vollständige Sichtweisen auf das Wesen und die Essenz der Liebe dargestellt.

In dem hier zum ersten Mal auf Deutsch vorliegenden Kapitel 178 seiner umfangreichen *Mekkanischen Eröffnungen* beleuchtet der »Lehrer der Sufis« alle Formen der Liebe, die natürliche oder physische, die spirituelle und die Göttliche. Die falsche, im Westen – heutzutage wie auch in der Vergangenheit – verbreitete Meinung, der Islam sei lediglich eine Religion der Strenge und formaler Vorschriften, in der Göttliche Transzendenz alles derart aufsauge, dass ein menschliches Wesen nicht einmal mehr an der Liebe teilhaben könne, wird hier mit großer Einblickskraft in die tiefsten Zusammenhänge und in poetischer Sprache richtiggestellt.

ISBN 978-3-905272-74-1
280 Seiten

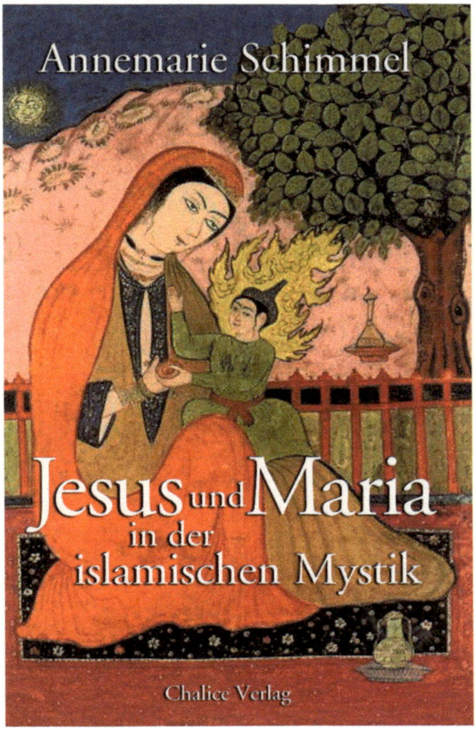

Nur wenige Christen wissen, dass Jesus in 15 Suren und 93 Versen des Korans erwähnt wird und Maria gar die einzige darin namentlich genannte Frau ist. Jesus gilt im Islam als der letzte Prophet vor Mohammed und als ein großer Gesandter, ja sogar als »Geist und Wort Gottes«. Auch wenn sie die christliche Vorstellung der Gottessohnschaft nicht teilen können und die Geschichte der Kreuzigung anders erzählen, bezeugen viele Muslime, so wie es auch Mohammed getan hat, ihren großen Respekt vor der Jungfrau Maria und ihrem Sohn Jesus, der nach islamischem Verständnis am Jüngsten Tag wiederkehren, den Antichristen besiegen und die Menschen zum wahren Glauben führen wird. Dabei eröffnen die insbesondere im Sufismus verbreiteten, höchst interessanten Interpretationen der Verkündigung, der Empfängnis und der Geburt Jesu, seiner Wundertätigkeit und seiner Funktion und Bedeutung als *rūḥ Allāh* überraschende Einblicke, die für manche Christen sehr inspirierend sein dürften. Die weltbekannte Orientalistin Annemarie Schimmel präsentiert hier die religiösen, volkstümlichen und literarischen Bilder und Erzählungen der islamischen Welt über Jesus und Maria in einer umfassenden Darstellung und mit einer großen Auswahl wundervoll übersetzter und lehrreich kommentierter Textstellen. Damit veranschaulicht sie, von welch immenser Bedeutung diese beiden zentralen Gestalten für einen verständnisvollen und fruchtbaren christlich-islamischen Dialog sind.

ISBN 978-3-942914-30-7
164 Seiten

Sex ist eine der machtvollsten Kräfte in unserem Leben, und doch vermögen nur die wenigsten Menschen, ihn ganzheitlich zu betrachten. Weit über Fortpflanzung und Vergnügen hinaus kommt ihm besondere Bedeutung für die spirituelle Transformation des Menschen zu. Suchenden, denen sich zu diesem Thema schwierige Fragen stellen, bietet dieses Buch neue Denkanstöße und überraschende Blickwinkel auf eines der größten Wunder und tiefsten Rätsel der Schöpfung. In den hier zusammengestellten Auszügen aus seinen Vorträgen behandelt der Naturwissenschaftler, Philosoph und spirituelle Lehrer Bennett Themen wie den Ursprung der Sexualität, ihr Verhältnis zur Liebe, die Bedeutung des Geschlechtsakts, die komplementären Rollen von Mann, Frau und Kind, Ehe und Partnerschaft, Fortpflanzung, Elternschaft, Kreativität, »negativen Sex« sowie psychologische und gesellschaftliche Aspekte.

»Die innere Spaltung des Menschen ist die Trennung seiner geistigen und materiellen Hälften. Sie führt zur Unzufriedenheit und Suche, die seine Transformation erst ermöglichen. Die wirkliche Freude am Sex liegt weder in gedanklicher Stimulation noch in emotionaler Erregung, sondern in verbesserter Klarheit, Kraft und Stärke der Erfahrung auf allen Ebenen. Im Geschlechtsakt können wir wahrhaft wir selbst sein, und dies sollte uns in Sachen Sex sehr feinfühlig machen.«

ISBN 978-3-942914-06-2
120 Seiten

Ein Schatz tiefer Einsichten aus spiritueller Perspektive in das große Mysterium des Atems. Inspirierende Vorträge, praktische Übungsanleitungen und eine Auswahl poetischer Texte aus unterschiedlichsten Traditionen laden uns ein, den Atem als Wunder auf vielen Ebenen zu erforschen.

Was ist dieser Atem? Welche Bedeutung liegt in diesem Leben spendenden Geheimnis? Wie wichtig ist das bewusste Atmen für echte spirituelle Transformation? Was sagt uns die Tatsache, dass unser Leben all seine Möglichkeiten zwischen einem Einatmen und einem Ausatmen entfaltet? Wie hängt das alles mit dem Rhythmus des Universums und der Zeit zusammen? Welche Rolle spielt der Atem im »Werden des Seins« aus dem immerwährenden »Schoß des Augenblicks«? Wie können wir Nahrung einatmen und sie ins alchimistische Exilier destillieren, das wir für die nachhaltige Verwandlung unseres Lebens brauchen? Wie können wir ausatmen, um die Atmosphäre in einem Raum oder in einer Situation zu verändern, in Verantwortung für unsere Mitmenschen und für die »kommende Welt«? Was könnte es bedeuten, dass Jesus »auf dem Wasser wandelte« und dass »Atem und Geist eins sind«? Welches ist die esoterische Beziehung zwischen Maria, Jesus, dem Geist Gottes, *rūḥ Allāh,* und Christus?

Vor dem Hintergrund seines lebenslangen Studiums der inneren Essenz der Sufi-Lehren liefert uns der Autor Gedankenanstöße und praktische Tipps zur Atemarbeit in unserem Alltag.

ISBN 978-3-942914-09-3
172 Seiten

Guter Geschmack will gelernt sein: *Le bon-goût s'apprend.* Das gilt insbesondere für das spirituelle Schmecken der Einheit des Seins. In dieser einzigartigen Anthologie beschreiben liebestrunkene Sufis, wahrheitshungrige Gnostiker, erkenntnisdurstige Geisterseher und verschmitzt-weise Skandalgurus, hingebungsvolle Brotbäcker, humorbegnadete Geschichtenerzähler, ägäisverzauberte Lebensreisende und extremfastende Meisterspione Möglichkeiten und Wege, das Feine vom Groben zu unterscheiden, das Obere mit dem Unteren zu verbinden und so die scheinbare Trennlinie zwischen dem Körperlichen und dem Spirituellen zu überwinden. Wenn wir die ›Küchenarbeit an uns selbst‹ in der richtigen, nämlich dienenden Haltung angehen, kultivieren wir in uns diesen guten, feinen Geschmack für die Nähe Gottes. Bewusstes Kochen und Gekochtwerden lässt uns die Heiligkeit in der Transformation von Äußerem und Innerem entdecken.

Neben Ausgesuchtem von Dschalāl ad-Dīn Rūmī, Bahauddin Walad, Hafis, Khalil Gibran, Bülent Rauf, Reshad Feild, Muzaffer Ozak, G.I. Gurdjieff, P.D. Ouspensky, Idries Shah, Osho, Scotus Eriugena, Emanuel Swedenborg oder Henry Miller finden sich hier zum ersten Mal auf Deutsch vorliegende Trouvaillen von Annemarie Schimmel, Muḥyīddīn Ibn 'Arabī, John G. Bennett, Christopher Bamford und Paul Dukes.

ISBN 978-3-942914-20-8
324 Seiten

Was ist das Wesen des Kindes? Was bedeutet Kind*heit* als Archetyp, als spirituelles Ideal und lebendige Wirklichkeit? Wie können wir Kindern helfen, das zu werden, was zu sein sie von der Schöpfung gedacht sind? Was können wir von ihnen lernen, da wir doch aufgerufen sind, zu werden wie sie? Wie können wir ihnen in liebender Achtsamkeit begegnen und ihnen die Art von Nahrung verschaffen, die sie in unserer Zeit brauchen? Dieses Lesebuch bietet Denkanstöße, Erfahrungsberichte und Verhaltensvorschläge aus dem Weisheitsschatz der mystischen Überlieferungen der verschiedenen Religionen wie auch von maßgeblichen Wegbereitenden einer neuen ganzheitlichen Pädagogik. Nicht nur Eltern, Betreuende und Erziehende sind hier angesprochen, sondern alle, die die »versöhnende Kraft des Kindes« (Gurdjieff) verstehen möchten, die »Achtung haben vor den Geheimnissen und den Schwankungen der schweren Arbeit des Wachsens« (Janusz Korczak) und die es sich zur Aufgabe machen, das Kind als »lebendiges menschliches Bild der Wahrheit zu umsorgen« (Bülent Rauf). Und weil letztlich »alle Bildung Selbstbildung ist« (Edith Stein), geht es dabei immer auch um unser »inneres« Kind, das, »wenn die Zeit reif ist, in uns geboren wird« (Reshad Feild). Dieses Buch kann uns helfen, zu verstehen und unsere Kinder zu lehren, was Gott zu jeder und jedem Einzelnen von uns sagt: »Du bist Mein Schmuck; du bist Meine Schönheit; du bist Meine Vollkommenheit; du bist Mein Name« (al-Dschīlī).

ISBN 978-3-942914-34-5
480 Seiten